Hazrat Inayat Khan

HEILUNG
AUS DER TIEFE DER SEELE

Mystik und geistige Heilung

Hazrat Inayat Khan

HEILUNG AUS DER TIEFE DER SEELE

Mystik und geistige Heilung

Vorwort:
Shaikh al-Mashaik Mahmood Khan

VERLAG
HEILBRONN

Titel der englischen Originalausgabe:
Sufi Teachings by Hazrat Inayat Khan
Editor and Publisher: John Fabian

ISBN 978-1469972077, e-Publication

Hazrat Inayat Khan
Heilung aus der Tiefe der Seele
– Mystik und geistige Heilung –
Vorwort: Shaikh al-Mashaik Mahmood Khan
Übersetzung: Amaité Anna-Elisabeth Willand
Lektorat: Susanne Dieminger, Uta Maria Baur, Vural Sahin
Umschlag: Martina Berge, www.martinaberge.de
Umschlag unter Verwendung eines Bildmotives aus AdobeStock (180546702)
Satz: Josef Ries

Verlag Heilbronn
D-82398 Polling
www.verlag-heilbronn.de
info@verlag-heilbronn.de
Verkehrsnummer: 14894

Kontakt nach dem Produktsicherheitsgesetz:
Verlag Heilbronn
Kaiser-Heinrich-Straße 37
D-82398 Polling
info@verlag-heilbronn.de

ISBN 978-3-936246-37-7
2. Auflg. 2020

Gedruckt in Tschechien

MIX
Papier aus verantwortungsvollen Quellen
FSC® C005833
FSC www.fsc.org

Mystik ist der Weg, die Wahrheit zu erkennen.

So wie es unerlässlich ist,
den Körper zu waschen und zu reinigen,
so wichtig oder sogar noch wichtiger ist es,
den denkenden Geist oder das Gemüt zu klären.
Den Geist oder das Gemüt zu klären,
trägt zur Gesundung sowohl des Körpers
als auch des Gemütes bei.

Unter den zahlreichen Methoden,
Erkenntnis zu gewinnen, sind vier grundlegende:
über das Herz, den Geist, durch Aktivität und durch Ruhen.
Wir müssen aus diesen vier verschiedenen Methoden
wählen, um uns selbst zu entwickeln und uns für die Reise
auf dem Weg vorzubereiten,
dem einzigen Weg, der Mystik genannt wird.

INHALT

VORWORT

Hazrat Inayat Khan (Baroda 1882 - Delhi 1927), Philosoph der Mystik und „Gentleman-Musiker“, wurde auch als der „Mozart der Mystik“ bezeichnet, originell, aber treffend. Beides sind von spielerischer Leichtigkeit durchdrungen, welche zu den grandiosesten Ergebnissen führt, wie sie nur durch die unvergleichliche Beherrschung nicht nur der technischen Grundlagen, sondern auch der wesentlichen Kernsubstanz, die vermittelt werden soll, erreicht wird.

Um den Inhalt der Werke vollständig erschließen zu können, diesen so zu genießen und den vollen Nutzen daraus zu ziehen, sollten Lesende oder Zuhörende die Fähigkeit besitzen, über den ersten Eindruck hinaus in die Tiefe einer aufmerksamen inneren Wahrnehmung einzutauchen: Dann werden uns Hazrat Inayat Khans Werke immer wieder mit Freude und Überraschung belohnen. In der Tat sorgen nicht gerade wenig Aspekte sowohl in der Biografie von Hazrat Inayat Khan als auch seines Lebenswerks für Überraschungen. Immer wieder, so scheint es, treten neue Wege und virtuose Improvisation auf.

Das gilt auch für die in diesem Band vorgestellten Texte. Als Vorträge für Schüler und Anhänger („Murids“) von Hazrat Inayat Khans Sufismus wurden sie in den 1950er Jahren zu einer aufsehenerregenden Entdeckung während der Sufi-Sommerschulen, einer Tradition seit Anfang der Zwanzigerjahre. Diese wurden in Den Haag unter Führung des ältesten, aber bis dahin einzigen Überlebenden des „Sufi-Triumvirats von 1910“, Hazrat Inayat Khans monumentalem zweiten Nachfolger als Sufi-Oberhaupt, seinem zweiten Cousin Pir-o-Murshid (Jagirdar) Muhammad Ali Khan (Thopezay) (1881-1958), abgehalten.

Die Originale der Vorträge dieser vorliegenden Übersetzung finden sich in den Bänden 1 und 2 aus dem Jahr 1926 (neu erschienen 2010 bzw. 2011) der „Complete Works of Hazrat Inayat Khan“[1]. Es handelt sich bei ihnen sowohl um poetische Philosophie als auch um Theorie und Praxis der Mystik – letztere sind etwas kürzer gehalten, da die eigentlichen Übungen den Studierenden weitgehend individuell vermittelt wurden.

Schon ab dem ersten Kapitel in „Mystik“ wird deutlich, dass der Dichter-Musiker Hazrat Inayat Khan der Intuition den Vorrang vor der Rationalität einräumt – der inneren Vorstellungskraft, die sich in einer physischen Form konkretisiert – also der subjektiven Vorgehensweise und der kreativen Anpassung des Zieles. In seiner Zeit war dies eine praktisch neue und zukunftsweisende Einsicht. Das gleiche Konzept wird dann auf das Gottesbild angewendet, welches sich in die abstrakte göttliche Essenz auflöst. Es beinhaltet häufig den Begriff „Vollkommenheit“ was im Sinne von Hazrat Inayat Khan als „Vollendung“ zu verstehen ist: Die Vollendung des Menschen besteht darin, die Seele bewusst mit dem Leben von Körper, Geist und Herz zu verbinden.

Das zweite Kapitel enthält ein ebenso bedeutendes Thema: Die „Vergeistigung der Objektivität“, welche durch ein weiteres Grundkonzept erreicht wird: das „Verlernen“. In den nachfolgenden Kapiteln werden die damit zusammenhängenden Ansätze erläutert. Im vierten Kapitel spezifiziert Hazrat Inayat Khan nicht nur vier Kategorien von spirituellen Menschen, sondern betont insbesondere, dass Weisheit auch durch weltliche Tätigkeiten erreicht werden kann. Kapitel fünf ist einer von Hazrat Inayat Khans hervorragendsten Vorträgen. „Das Geheimnis des Geistes“ kulminiert in der Vision von Sonne und Strahl – das „vertraute Fünklein“.

Licht, Strahlkraft ist die Essenz des Lebens, und dessen sich bündelnde Aktivität, die als Bewegung Kennzeichen allen Lebens ist, zentriert sich im Bild der Sonne, die dann Licht aussendet, das sich im

1 Die acht Vorträge über „Mystik“ erschienen in der Pallandt-Ausgabe: „The Sufi message of Hazrat Inayat Khan“ in Band 10 (1964). Die Zusammenstellung von 21 Kapiteln unter dem Titel „Mentale Reinigung“ wurde bereits in Band 4 (1961) aufgenommen. Dieser Titel war der von vier der 1926 im Sufi Centre in San Francisco gehaltenen Vorträge am 19., 22., 23. und 26. Februar.

Menschen als Seele manifestiert. Die Bildsprache wird durchgängig beibehalten, auch bei metaphysischen Fragen, die über den Rahmen dieser Darstellung hinausgehen.

Nach der Erklärung der vier Hauptzugänge durch Geist, Herz, Ruhen und Aktivität, sind die drei letzteren Gegenstand der abschließenden drei Vorträge dieser eindrucksvollen Sammlung. Die Schlussfolgerung über das Ruhen ist bemerkenswert: „Dann braucht man Aktivität (...), eine Aktivität, die immer größere Harmonie schafft. Und schließlich braucht man das Ruhen, das ermöglicht, an einem Tag des Schweigens zu lernen, was sonst ein Jahr des Studierens benötigen würde; zweifellos[2] aber nur, wenn man den wahren Weg des Schweigens kennt."

Die 21 Kapitel von „Mentale Reinigung" wurden zeitlich früher veröffentlicht als die acht Kapitel von „Mystik" (Pallandt 4,1961 bzw. 10,1964). Viele der beiden Vortragsreihen wurden nicht nur im gleichen Zeitraum (Amerika 1926) verfasst, sondern die in dieser Sammlung enthaltenen Vorträge können durchaus als eine Weiterentwicklung und Fortsetzung von „Mystik" angesehen werden. Während die Vorträge in „Mystik" als ein eher theoretischer Ansatz betrachtet werden können, dient „Mentale Reinigung" der praktischen Schulung des Meditations-Prozesses und der Verwirklichung und geht tiefer und weiter, als dies in jeder modernen westlichen Literatur zu diesem anspruchsvollen Thema zu finden ist.

Zunächst werden im ersten Kapitel die drei Wege der mentalen Reinigung angesprochen: Kontrolle von Geist und Körper, Atem und Einstellung: „die moralische und königliche Art, den Geist zu reinigen". Das Mittel dazu ist die Entwicklung des Schönheitssinns. Beachten Sie auch den zugrunde liegenden Humor in diesem ansonsten so prägnanten Text! Es lohnt sich, sich dieser impliziten „Weisheit des Humors" bewusst zu sein, einem Hauptelement der in der Praxis recht anspruchsvollen

2 Hazrat Inayat Khans häufiger Gebrauch von „zweifellos" ist ein gutes Beispiel für den Urdu- Hintergrund seiner englischen Rede, wo „beshakk" in einem bestätigenden Kontext kontinuierliche Verwendung findet.

Anforderungen in allen Lehren von Hazrat Inayat Khan.

Das folgende Kapitel vertieft die Diskussion weiter und berührt schließlich auch metaphysische Fragen jenseits esoterischer Aspekte. Das dritte Kapitel, „Verlernen", geht auf das Kern-Thema von „Mentale Reinigung" ein: „Die einzige Methode, mit der man das spirituelle Ziel erreichen kann". Am aller auffälligsten in diesem Text ist, was kurz zusammengefasst als „Vergeistigung unseres modernen Denkens" bezeichnet werden kann: das geistige Durchdringen der bestehenden objektiven Wirklichkeit.

Die weiteren Abschnitte könnten praktischerweise als: „objektive Wirklichkeit" überschrieben werden. Es folgen Abschnitte (ab S. 86) über *„Der nächste Schritt ..."*: Relativität; gefolgt vom damit verbundenen Konzept der Befähigung, *„Mentale Reinigung heißt ..."*. In diesem Zusammenhang kann die Transzendenz des Dualismus der Bhagavad Gita, die über die Gegensätzlichkeit hinausgeht, durchaus als konzeptioneller Ausgangspunkt angesehen werden.

„Der dritte Bereich ..." betritt das Feld dessen, was bei den Sufis, „fana" genannt wird, und erhebt sich durch die Faszination einer weiteren Quelle der Erfüllung über das Erfahrungsbewusstsein hinaus. Das geht in: *„Die vierte Art ..."* auf der Ebene des Abstrakten weiter. Und *„der fünfte Weg ..."* ist der Weg des Ruhens, in den „Schritten": Entspannung des Körpers, Beruhigung und Reinigung des Geistes.

Ob es den Suchenden, der meint, nun alles zu beherrschen nun ent- oder ermutigt, die Schlussfolgerung des Kapitels lautet: „Sobald der Geist gereinigt ist, ist der nächste Schritt die Kultivierung der Herzqualität, welche in der geistigen Verwirklichung gipfelt"! Mit anderen Worten, nach Erreichen der analytischen Methode der Selbstkontrolle muss die integrative, „substanzielle" Methode noch folgen!

Das nächste Kapitel 4 führt durch eine Diskussion über drei Stufen der „Ekstase" im Unterschied zu „Sinneswahrnehmung". Kapitel 5 ist einer der berühmtesten Vorträge von Hazrat Inayat Khan: „Meisterschaft". Es beschreibt die Vervollständigung der Mystik in zweifacher Hinsicht: der esoterischen Verinnerlichung und der archaisch menschlichen Fähigkeit der Resonanz, sowie einem Gefühl der Einheit mit

Allem, das seinen Höhepunkt findet in: „Du kannst nur erkennen, dass Du mit allen Wesen verbunden bist“. Mit dem inneren Fortschreiten, wo das „Bewusstsein in seinem Aspekt der reinen Intelligenz“ in „eine Art allwissenden Zustand, der das Zeichen der inneren Vollkommenheit ist“, übergeht. Dieser innerlich erreichte Zustand bedeutet jedoch, vom Menschlichen zum Göttlichen über zu gehen. Eine Erfahrung der inneren Veredelung, die klar macht, „dass es so etwas wie einen Zufall nicht gibt ... alles, was passiert, ist bestimmt und vorbereitet ...“. Dieses Konzept wird in Kapitel 20, „Erkenntnis (2)“, weiter behandelt, und ist dort mit „Vision (die) in einem meditativen Zustand geschieht“, verbunden. In einem metaphysischeren Kontext wird ebenso in Kapitel 18, „Träume und Offenbarungen“, betont: „... all das, was überraschend, zufällig, plötzlich zu geschehen scheint, war nicht plötzlich, nicht zufällig. Es schien zufällig, weil es nichts mit den Umständen zu tun hatte“.

Die Kapitel, die diesen ersten vier folgen, entwickeln und detaillieren diese und verwandte Themen in Hazrat Inayat Khans unnachahmlich origineller, tiefgründiger und erhebender Weise. Eine freudige Entdeckungsreise für alle, die nach kontemplativer Philosophie und mystischem Bewusstsein suchen.

Hier eine Schlussbemerkung. Kapitel 11, „Mystische Entspannung (1)“, endet mit der beschriebenen Zusammenfassung einer vollständigen mystischen Erfahrung. Aber im Gegensatz zu den meisten anderen diskursiven oder poetischen Anspielungen auf den Tropfen der Seele, der in den göttlichen Ozean oder das Absolute übergeht und vollständig mit diesem vereint ist (entweder nach dem theistischen oder nicht-theistischen System), kommt hier eine neue Wendung hinzu: Wenn der Tropfen, die Seele oder das innere Wesen des Menschen einen Moment lang in seinen Ursprung, den Ozean, eintaucht, anstatt assimiliert zu werden, wird er neu aufgeladen und erneut erleuchtet. Das ist die volle Erfahrung der meditativen Mystik. Allerdings ist zu betonen, dass Hazrat Inayat Khans Metaphysik eindeutig eine Projektion des meditativen Verinnerlichungsprozesses eines einzelnen Mystikers auf die kosmische Dimension ist. Daher die potenziell weitreichenden Schlussfolgerungen, die sich aus dieser bemerkenswerten Aussage ziehen lassen. Im vorliegenden Kontext müssen diese notwendigerweise allzu knappen Hinweise ausreichen.

Abschließend wünsche ich den Leserinnen und Lesern Inspiration und Erfüllung, indem sie immer vertrauter mit diesen außergewöhnlichen Texten werden.

Shaikh al-Mashaik Mahmood Khan
Den Haag, Januar 2019

ANMERKUNGEN DES HERAUSGEBER- UND ÜBERSETZUNGS-TEAMS

Die vorliegenden Texte sind den Büchern „Mental Purification" aus Band 4 und „Sufi Mysticism" aus Band 10 der gesammelten Werke von Hazrat Inayat Khan entnommen. Wir haben uns für eine moderne(re) Sprache und gute Lesbarkeit entschieden, d. h. für eine sinngenaue, aber nicht unbedingt wörtliche Übersetzung. Übersetzungen sind immer auch Interpretationen, dessen sind wir uns bewusst – und wir haben diese nach bestem Wissen und Gewissen vorgenommen.

Die ursprünglichen Texte sind gesammelte Mitschriften aus Vorträgen, die Hazrat Inayat Khan in der Mitte der 1920er Jahre gehalten hat. Da sie naturgemäß in der damals üblichen Sprache gehalten sind, sind einige Aussagen auch nur im Kontext der Zeit und der geografischen Herkunft Hazrat Inayat Khans aus dem Mogul-Kaiserreich Indien nachvollziehbar und entsprechen zum Teil nicht mehr dem heutigen Stand der Wissenschaft.

Wir haben uns bemüht, die sehr männlich betonte Sprache, die zur Zeit von Hazrat Inayat Khan noch unumstritten die weibliche Hälfte der Menschheit mit einbezog, etwas dem heutigen Zeitgeist anzupassen. Dies geschieht fast ausschließlich dadurch, dass wir bei allgemeinen Aussagen über „den Menschen" an sich, die Form des Plurals verwenden: also „die Menschen" und „wir". Bei Berufs- oder ähnlichen Bezeichnungen verwenden wir meist abwechslungsweise die weibliche und männliche Form, wobei die weibliche Form natürlich die männlichen Kollegen genauso mit einschließt, wie wir das bei den männlichen Bezeichnungen für die weiblichen Kolleginnen gewohnt sind. Schließlich sind wir ja auch aufgefordert, unsere Gewohnheiten zu „verlernen". Die flüssige Lesbarkeit und Sinngenauigkeit war uns auch hier höchstes Gebot.

Im englischen Originaltext findet sich sehr häufig das Wort ‚mind'. Dieses Wort hat im Englischen eine große Anzahl von Bedeutungen, wie Gemüt, Verstand, Geist, Gedächtnis, Psyche, Denken, Denkweise, Bewusstsein u. a.. Es ist kaum genau ins Deutsche übersetzbar, denn alle diese Begriffe drücken immer nur einen Teil dessen aus, was das Wort ‚mind' im jeweiligen Satzzusammenhang bedeutet.

DANKSAGUNGEN

Mein Dank geht in erster Linie an Hazrat Inayat Khan, der sein tiefes Wissen unter so schwierigen Bedingungen mit uns geteilt hat.

Zudem danke ich

- der Nekbakht - Foundation, die seit Jahrzehnten dafür sorgt, dass seine Worte bewahrt und bibliografisch aufbereitet werden, sowie allen, die dazu beitrugen, dass diese Worte in die Welt getragen werden.
- meinen wunderbaren Lektorinnen Susanne Dieminger und Uta Maria Baur.
- Josef Ries für seine selbstlose, energische und kundige Art, dieses Buch zu verlegen und allen materiellen Herausforderungen zu trotzen.
- meinem großherzigen Lebensgefährten Malik, der mich in jeder erdenklichen Weise bei meiner Arbeit unterstützte.
- und nicht zuletzt Ihnen, den geschätzten Leserinnen und Käufern dieses Buches, denen die Lektüre hoffentlich zu mehr anwendbarem Verständnis der inneren Kräfte des Lebens und Ihres eigenen Selbst verhilft.

Glücklich für die Gelegenheit, dazu beitragen zu dürfen,

Amaité Anna-Elisabeth Willand
Übersetzerin

Als uns vor zwei Jahren Vural Sahin, Psychotherapeut, angesprochen hat, dass im deutschsprachigen Raum eine Publikation über Heilung in Verbindung mit Sufi-Mystik fehle, waren wir zutiefst davon überzeugt, dass ein solches Buch zu publizieren mehr als sinnvoll sei. Besonders danken wir deshalb unserem Impulsgeber, der zur Veröffentlichung dieser deutschen Ausgabe auch seinen profunden Sachverstand als Endlektor eingebracht hat.

Vor allem danken wir Zenit e.V. und den Unterstützern, ohne deren großzügige Hilfe dieses Buch nicht hätte erscheinen können.

Shaikh al-Mashaik Mahmood Khan danken wir für wegweisende Impulse zum Aufbau des Buches und für die Bereitschaft, aus seinem reichen Wissensschatz das Vorwort beizutragen.

Unser großer Dank richtet sich an Amaité Willand, die ebenso feinfühlig wie fundiert die Texte vom Englischen ins Deutsche übersetzt hat.

Nicht zuletzt richtet sich unser Dank an Martina Berge für die einfühlsame Umsetzung des Themas *Heilung und Mystik* in der Umschlaggestaltung.

Möge das Buch dazu beitragen, was es auf dieser Welt in dieser Zeit so dringend braucht: die Heilung unserer Seele.

Uta Maria Baur und Josef Ries
Herausgeber

DIE MYSTIK DER SUFIS

MYSTIK

Mystik ist die Essenz und die Grundlage allen Wissens, aller Wissenschaft, Kunst, Philosophie, Religion und Literatur.

Wenn wir die Ursprünge der Medizin, die sich heute in eine reine Wissenschaft verwandelt hat, zurückverfolgen, entdecken wir, dass sie ursprünglich der Intuition entsprang. Die Mystiker schenkten sie der Welt. Der große persische Mystiker Avicenna hat beispielsweise mehr zur Medizin beigetragen als irgendein anderer Mensch in der Geschichte der Medizin. Wir kennen die Wissenschaft als klar verständliches Wissen, das auf Vernunft und Logik basiert; aber wo hat sie begonnen? Waren das Logik und Vernunft? Zunächst war da die Intuition, dann erst kam die Vernunft, und schließlich wurde ihr auch die Logik hinzugefügt. Darüber hinaus gibt es in der niederen Schöpfung keinen Arzt, vielmehr sind die Lebewesen ihre eigenen Ärzte. Die Tiere wissen, ob sie besser geheilt werden, wenn sie in der Sonne stehen, im Wasser baden, an der frischen Luft herumrennen oder still im Schatten unter einem Baum sitzen. Ich kannte einmal einen sehr sensiblen Hund, der jeden Donnerstag fastete. Zweifellos würden viele Menschen des Ostens behaupten, er sei die Inkarnation eines Brahmanen; mir blieb es nur ein Rätsel, woher der Hund wusste, dass Donnerstag war!

Die Menschen sind oft der Meinung, Mystiker wären Träumer und keine praktischen Menschen, sie wüssten nichts über weltliche Angelegenheiten. Ich würde solche Mystiker nur halbe Mystiker nennen. Im vollen Wortsinn müssen Mystiker ausgeglichen sein. Sie müssen sowohl in weltlichen als auch in spirituellen Dingen weise sein. Die Menschen hatten schon immer falsche Vorstellungen von dem, was Mystiker sind. So nannten sie auch Wahrsagerinnen, Hellsichtige und Visionäre Mystiker. Ich meine nicht, dass Mystiker diese Fähigkeiten nicht besitzen, aber diese Fähigkeiten machen den Mystiker nicht aus. Wahre Mystiker und Mystikerinnen sollten inspirierte Künstler, wunderbare Wissenschaftler oder einflussreiche Politiker sein. Sie sollten genauso qualifiziert für Geschäfte, Industrie, soziales und politisches Leben sein wie materiell ausgerichtete Menschen.

Es gefällt mir nicht, wenn mir Menschen sagen: „Sie sind doch Mystiker. Ich dachte nicht, dass Sie so etwas bemerken." Warum sollte ich es nicht bemerken? Ich bemerke jedes kleine Detail, auch wenn nicht jedes kleine Detail mein Denken so beansprucht, dass ich nichts anderes mehr wahrnehmen könnte. Nur weil wir von Gott wissen, ist es ja nicht notwendig, die Welt aus dem Bewusstsein zu verlieren. Mit unseren zwei Augen sehen wir ein Bild; auf diese Weise sollten wir auch gleichzeitig die beiden Aspekte, Gott und die Welt, zu einer klaren Vision zusammenfassen können. Es ist schwierig, aber nicht unmöglich.

Mystik ist eine Sichtweise auf das Leben. Dinge, die Durchschnittsmenschen als real erscheinen, sind für Mystiker irreal. Dinge, die Durchschnittsmenschen irreal erscheinen, sind für Mystiker real.

Für Mystiker ist Gott die Quelle und das Ziel von allem. Gott ist alles und alles ist Gott. Und doch sagen Mystiker nicht, wie intellektuelle Philosophiestudenten von sich sagen: „Ich glaube nicht an Gott, aber ich glaube an das Abstrakte." Solche Menschen sind unpoetisch und haben kein Ideal. Sie haben vielleicht ein wenig Wahrheit erkannt, aber diese Wahrheit ist wie eine Blume ohne Duft. Das Abstrakte können wir nicht verehren; niemand kann mit dem Abstrakten kommunizieren, ihm etwas geben oder etwas von ihm erhalten. Und in dieser Weise macht Gottesverehrung keinen Sinn. Um erhoben zu werden, brauchen wir etwas, das wir verehren, dem wir angehören, zu dem wir aufschauen können. Es ist richtig, zu sagen: „Gott ist alles und jedes", und doch bedeutet aus einem anderen Blickwinkel heraus „alles" auch „nichts".

Die Mystiker sagen: „Wenn du keinen Gott hast, erschaffe dir einen." Menschen ohne Ideale und ohne Vorstellungskraft ignorieren Gott. Ein Glas Wasser ist genauso interessant wie ein Ozean, vielleicht sogar noch interessanter, wenn wir durstig sind. Ein persönlicher Gott ist genauso wichtig, wenn nicht wichtiger, als das Ideal einer abstrakten Form, von der wir keinen Nutzen erlangen. Wir Menschen haben unseren begrenzten Verstand. Wir können die Idee von Gott genau so weit begreifen, wie wir uns Gott vorstellen können. Wir könnten zum Beispiel einen Freund haben, den wir lieben und den wir loben wollen. Doch wird er immer mehr sein als unser Lob. Wir können nur sagen: „Wie freundlich, wie gut, wie geduldig oder wie wunderbar ist mein Freund!" Das ist alles! Unsere Worte können ihn nicht größer machen. Unsere Worte können nicht einmal vollständig ausdrücken, was wir über ihn denken. Alles, was wir tun können, ist, uns für unser eigenes Verständnis eine Vorstellung von unserem Freund zu machen. Genauso ist es mit Gott. Wir Menschen können Gott niemals vollständig verstehen. Wir können uns nur eine Vorstellung von Gott machen und so versuchen, etwas Grenzenloses zu verstehen.

Deshalb sagen Mystiker nicht: „Meine Gotteserkenntnis ist größer als deine, deshalb will ich nichts mit dir zu tun haben." Ich habe einen Mystiker gesehen, der in einer religiösen Prozession mit den Bauern mitlief und mit ihnen Hymnen vor einer steinernen Statue sang. Er selbst war größer als der Gott in dieser Prozession und doch sang er mit der gleichen Ehrerbietung wie alle anderen. Er hatte nie den Wunsch zu zeigen, dass sein Glaube, seine Erkenntnis höher oder größer seien als die der anderen.

Gott ist für Mystiker nicht abstrakt; für sie ist Gott eine Realität. Die Mystiker denken nicht an Gott als etwas Abstraktes, obwohl sie wissen, dass Gott abstrakt ist. Es ist keine Frage des Erkennens, sondern des Seins. Für Mystiker ist Gott ein Sprungbrett zur Selbstverwirklichung. Gott ist das Tor, Gott ist die Tür, der Eingang in den Himmel. Für Mystiker ist Gott ein Schlüssel, mit dem wir das Geheimnis des Lebens entschlüsseln können, der Ort, von dem wir herkommen, an den wir zurückkehren und an dem wir zu Hause sind.

Einmal ging ein westlicher Wahrheitssuchender in China zu einem Weisen und sagte zu ihm: „Ich kam, um von Ihnen zu lernen, was Wahrheit ist." Der Weise sagte: „Viele Eurer Missionare kommen zu uns und lehren Euren Glauben. Warum kommen Sie zu mir?" „Nun", antwortete er, „worüber sie lehren, ist Gott. Wir wissen von Gott; ich kam aber zu Ihnen, um Sie nach dem Geheimnis des Lebens zu fragen."

Der Weise erwiderte: „Wenn Sie Gott kennen, wissen Sie alles, was es zu wissen gibt, es gibt nicht mehr. Das ist das ganze Geheimnis."

Da stellt sich auch die Frage, wie sich Mystiker Christus vorstellen. Sehen wir denn nicht, dass ein Mensch besser als andere ist, und ist es nicht richtig, dass Gott im Menschen ist? „Wenn das wahr ist", sagen die Mystiker, „wo ist der Widerspruch, wenn der eine in Christus Gott sieht, und der andere glaubt, dass Christus ein Mensch ist? Wenn Gott im Menschen ist, was macht es dann, wenn Christus Gott genannt wird? Und wenn Christus Mensch genannt wird, so erhebt das nur uns Menschen auf den gleichen Rang, da ja auch wir von Gott geschaffen wurden." Beide haben ihre Gründe und beide haben recht; und doch streiten sie miteinander.

Manche widersprechen, wenn Christus göttlich genannt wird; aber wo sollten wir Gott suchen, wenn nicht im Menschen? Kann auch im Baum, in der Pflanze oder im Stein Göttlichkeit gefunden werden? Tatsächlich ist Gott in allem; doch im Menschen wird das Göttliche erweckt, Gott ist in ihm wach und kann erkannt werden. Die Toleranz der Mystiker ist anders. Die Menschen einer bestimmten Nation, Ethnie oder Religion mögen behaupten: „Wir sehen den Herrn in Jesus Christus." Sie erkennen ihr Ideal unter diesem Namen. Die Menschen anderer Länder erkannten ihr göttliches Ideal in Buddha. Um Trost zu finden und ihr Ideal zu untermauern, können alle den Namen von jemandem finden, der einst in ihrer Geschichte lebte. Für Muslime ist Mohammed die Person ihrer Verehrung, für die Hindus ist es Krishna. Solange wir das Wesen unseres Ideals nicht erkannt haben, werden wir diskutieren, streiten und kämpfen, um auf diese Weise dann zu behaupten: „Mein Lehrer ist groß." – „Meiner ist noch größer." Wir können dabei jedoch nicht erkennen, dass es sich um ein und denselben Geist handelt, der sich da in wunderbarer Großartigkeit manifestiert hat. Wir erhöhen die Lehrer so weit, wie wir sie verstanden haben, aber wir erhöhen sie nicht weit genug, wenn wir sie bei einem bestimmten Namen rufen und sie damit auf einen bestimmten Teil der Welt begrenzen. Wenn wir jedoch das Grenzenlose erkennen, können wir ihn bei allen Namen rufen und sagen: „Du bist Krishna, du bist Christus, und du bist Buddha", genauso, wie eine liebende Mutter ihr Kind „mein Prinz oder meine Prinzessin" nennen kann. Sie kann ihrem Kind die schönsten Namen geben.

Einmal diskutierten ein paar kleine Mädchen: „Meine Mutter ist besser als deine." Das andere Mädchen erwiderte: „Nein, meine Mutter ist besser als deine." So stritten sie hin und her und konnten sich nicht einigen. Da kam jemand vorbei und sagte zu ihnen: „Es ist nicht deine Mutter oder deren Mutter, es ist die Mutter selbst, die immer die Beste ist. Es ist das Muttersein, ihre Liebe und Zuneigung für die Kinder." Dies ist die Sichtweise der Mystiker in Bezug auf das göttliche Ideal.

Die Ethik der Mystiker ist das Prinzip der Liebe. Sie sagen: „Je größer deine Liebe ist, desto höher ist deine Ethik. Es ist nicht wahre Tugend, wenn wir gezwungen werden, einer bestimmten Leitlinie, bestimmten Regeln, Gesetzen oder Richtlinien entsprechend tugendhaft zu sein. Tugend muss aus der Tiefe unseres Herzens kommen; unser eigenes Herz muss uns die wahre Ethik lehren." So überlassen also die Mystiker die Ethik der Vertiefung der Herzqualität. Die Mystiker behaupten, dass unsere Ethik umso höher ist, je liebevoller unser Herz ist.

Es gibt keinen größeren moralischen Lehrer als die Liebe selbst, denn die erste Lektion, die wir von der Liebe lernen, ist: „Ich bin nicht, du bist." Das bedeutet Selbstvergessenheit, die Negierung des Selbst, ohne die wir nicht einen Schritt auf dem Pfad der Liebe gehen können. Wir mögen behaupten, große Liebende zu sein, große Liebhaber und sehr warmherzig, aber das bedeutet alles nichts, solange noch der Gedanke an uns selbst vorhanden ist, denn dort gibt es keine Liebe. Aber wenn die Idee eines Selbstes erst einmal überwunden ist, dann wird jede Bewegung, jedes Tun im Leben eine Tugend. Anders geht es nicht. Liebende Menschen können nicht ungerecht sein und nicht grausam. Selbst wenn das, was sie tun, in den Augen Tausender falsch erscheint, so kann es doch in Wahrheit nicht falsch sein. In Wirklichkeit ist es deshalb richtig, weil es von der Liebe inspiriert wurde.

Was ist die Religion der Mystiker? Die Religion der Mystiker ist ein ständiges Fortschreiten auf die Einheit zu. Auf welche Weise kommen sie dabei voran? Da gibt es zweierlei Wege: Einmal sehen sie sich selbst in den anderen, in den Guten und den Schlechten – in allen; auf diese

Weise erweitern sie ihren Horizont. Dies ist ein lebenslanges Lernen; indem sie weiter fortschreiten, kommen sie der Einheit aller Dinge näher. Die andere Art ist, sich des eigenen Selbstes in Gott und Gottes im eigenen Selbst bewusst zu werden. Das bedeutet, dass sie das Wissen um ihr innerstes Wesen vertiefen. Es geht also in zwei Richtungen: äußerlich, indem wir eins werden mit allem, was wir sehen; und innerlich, indem wir mit diesem einen immerwährenden Leben in Kontakt sind, indem wir uns in es hinein auflösen und uns des einen Geistes bewusst werden, der die Existenz ist, die einzige Existenz.

Das Gesetz der Mystiker ist es, das Gesetz zu verstehen. Die Durchschnittsmenschen sagen: „Dieser Person geht es besser als mir. Der werde ich es zeigen!" Die Sichtweise der Mystiker ist da anders. Sie glauben, dass niemand auf dieser Welt mit etwas davonkommt, ohne dafür zu bezahlen. Für jeden Gewinn, für die Nahrung, die wir essen, jeden Tropfen, den wir trinken, jeden Atemzug, den wir nehmen, gilt es, etwas zu bezahlen. Wir bezahlen ständig, ohne es zu wissen. Dies zeigt, dass hinter allem eine vollkommene Gerechtigkeit wirkt. Ohne zu bezahlen können wir nicht den geringsten Komfort, das kleinste Vergnügen erhalten, und jeder Schmerz hat seine eigene Belohnung, auch wenn das offensichtlich nur wenige erkennen können. Hinter all der Falschheit und Ungerechtigkeit, die wir sehen, wirkt also Tag und Nacht ständig eine vollkommene Weisheit. Die Mystiker erkennen sie mit offenen Augen in allem, und das ist das große Wunder. Denn zunächst ist das mystische Leben ein Rätsel, dann wird es verwirrend, und letztlich zu einem Wunder.

Solange das Gesetz nicht verstanden ist, ist es ein Rätsel, ein sehr interessantes Rätsel. Es gibt kein schöneres Spiel, als sich mit einem Rätsel zu beschäftigen, zu versuchen, es zu verstehen und zu lösen. Das ist so interessant, dass kein Sport oder Spiel damit vergleichbar ist. Es wird verwirrend. Der Unterschied zwischen dem, wie alle das Leben ansehen und wie es tatsächlich ist, macht es verwirrend. Es gibt einen Zustand, in dem die Menschen sagen: „Entweder sind alle anderen verrückt, oder ich bin verrückt; aber einer muss verrückt sein!" Die Mystiker können aus dem Blickwinkel eines jeden sehen, und auch aus ihrem eigenen, der durchaus ganz anders sein kann. Zum Beispiel sagt Christus in seinen Lehren: „Wenn euch jemand um eure Jacke bittet, so gebt ihm auch noch euren Mantel." Weltliche Menschen würden sagen: „Das ist nicht praktikabel; wenn mich nun jeden Tag jemand darum bittet, würde ich andauernd neue Mäntel kaufen!" Doch in der Sichtweise der Meister ist das mehr als praktikabel. Denn aus deren Sicht können wir nichts geben, in welcher Form auch immer, ohne es auf gleiche oder andere Weise zurückzuerhalten. Reines Denken, Güte, unseren Dienst, unsere Zeit, was auch immer wir geben, es ist niemals verloren. Es kommt, unserer Bereitschaft zu geben gemäß, zu uns zurück. Es kommt tausendfach zu uns zurück. Deshalb sind wir niemals Verlierer, wenn wir großzügig sind; wir gewinnen dabei nur.

Mystiker erkennen die Gesetzmäßigkeit in allen Dingen und das gewährt ihnen Einsicht in das Leben. Sie beginnen zu begreifen, warum ihnen dieses Unheil widerfahren ist und warum jene Freude aufkam; warum die eine Person erfolgreich ist und die andere nicht. All diese Dinge werden ihnen klar, weil sie erkennen, wie das Gesetz in allen Dingen wirkt. Das Gesetz der Mystiker ist nicht das Gesetz der Menschen. Es ist das Gesetz der Natur, das wahre Gesetz.

Mystiker beschränken sich nie auf ein bestimmtes Gebot, wie zum Beispiel das Gebot des Zölibats, obwohl der Zölibat für bestimmte Erfahrungen sehr wichtig ist. Doch wenn es für sie notwendig wird zu fasten, den Zölibat zu beachten, vegetarisch zu essen, in der Einsamkeit eines abgelegenen Ortes zu leben oder irgendetwas dergleichen, so können sie sich dies selbst verschreiben und davon profitieren. Aber wir können nicht behaupten, dass Mystiker dieses oder jenes tun oder eine ganz bestimmte Lebensweise beachten müssten.

Salomon war mit seinem Königreich und all seiner Pracht ein genauso großer Mystiker und genauso weise wie viele Eremiten in den Wäldern. Wir dürfen Mystiker nicht nach ihrer Erscheinung beurteilen. Wenn sie wahre Mystiker sind, sind sie Könige und Königinnen, ob sie nun inmitten der Reichtümer des Hofes sitzen oder einen geflickten, abgetragenen Mantel tragen. Wo auch immer sie sind, sind sie königlich. Weder Geld, ein Hofstaat noch ein weltliches Leben können ihnen ihr Königreich rauben. Es ist ihre eigene Angelegenheit, wo sie leben wollen. Sie können in der Einsamkeit genauso gut leben wie in der Menge. Wenn sie an ein hohes Ideal denken, kann die Umgebung sie nicht erreichen, ob sie nun an einem abgelegenen Ort im Wald sitzen oder im Bäckerladen. Sie werden beides nicht sehen. Es gibt keinen Aspekt des Lebens, der Mystiker von ihrem mystischen Geist trennen könnte. Sie können reich oder arm, inmitten der Welt oder weit weg von allem sein, sie werden doch immer Mystiker bleiben.

Der Weg zur Vollkommenheit geht für die Mystiker über die Auflösung des falschen Egos. Sie wissen, dass es im Menschen ein echtes Ego gibt, das göttlich ist, aber dieses göttliche Ego wird vom falschen Ego verdeckt; und alle Menschen haben auch ein falsches Ego, weil dieses von Geburt an zu wachsen beginnt.

Wir entwickeln in uns diese falsche Idee und diese falsche Idee ist die Identifikation mit etwas, das wir „selbst" nennen. Wir sagen dann von uns: „Ich bin ein Professor, eine Juristin, ein Anwalt, eine Ärztin, oder ich bin ein König, eine Herrin oder irgendetwas." Aber was auch immer wir behaupten zu sein, wir sind es nicht. Unser Anspruch kann bescheiden oder stolz sein; in Wirklichkeit sind wir nichts davon. Die Mystiker auf dem spirituellen Pfad bemühen sich beharrlich, dieses falsche Ego so gut wie möglich durch Meditation, Konzentration, Gebete, Studium und alles, was sie tun, zu vernichten. Ihr einziges Ziel ist es, so viel auszulöschen, dass eines Tages die Wirklichkeit, die immer unter dem falschen Ego begraben liegt, sichtbar werden kann.

Indem sie die Namen Gottes im Gebet, im Dhikr oder irgendeiner anderen Form anrufen, erwecken die Mystiker den Geist des echten Egos, sodass es offenbar werden kann. Das ist wie bei einer Quelle, die aus einem Stein auftaucht und die, sobald das Wasser an Kraft und Stärke zugenommen hat, selbst Felsen durchbricht und zum Fluss wird. So ist es auch mit dem göttlichen Funken im Menschen. Durch Konzentration und Meditation bricht er hervor und wird sichtbar; und wo er sich manifestiert, wäscht er die Verfärbungen des falschen Egos fort und wächst zu einem immer größeren Strom heran. Der wiederum wird zu einer Quelle der Geborgenheit, des Trostes, der Heilung und des Glücks für alle, die mit diesem Geist in Berührung kommen.

MYSTIKER

Mystik ist weder ein Glaube noch eine Religion, noch ist sie ein Prinzip oder ein Dogma. Mystiker werden geboren. Mystiker zu sein heißt, ein bestimmtes Naturell, eine bestimmte Sichtweise auf das Leben zu haben. Deshalb herrscht viel Verwirrung über die Bedeutung des Wortes „Mystiker", denn Mystik kann nicht in einfachen Worten erklärt werden.

Mystiker erkennen in jeder Regung eine göttliche Bedeutung, die göttliche Führung. Für Mystiker existiert das, was die Menschen den „freien Willen" nennen, nicht. Sie sehen einen wirkenden Plan, der sich auf ein gewünschtes Ergebnis zubewegt, und alle Menschen tragen willentlich oder unwillentlich zur Ausführung dieses Planes bei. Dieser Beitrag wird von den einen als „freier Wille" und von den anderen als „Zufall" angesehen. Diejenigen, die fühlen: „Dies ist mein Impuls, das muss ich ausführen", erkennen die Idee erst von dem Moment an, ab dem sie sich ihrem Blick offenbart. Deshalb nennen sie es den freien Willen. Aber woher kommt diese Idee zu ihnen? Woher kommt die Regung? Sie kommt direkt oder indirekt aus dem Innern. Manchmal scheint es uns, als käme sie von außen, aber sie beginnt immer im Inneren. Daher ist jeder Impuls für die Mystiker ein göttlicher Impuls. Man könnte fragen: Warum ist nicht für alle jeder Impuls göttlich, wenn doch alle Impulse ihren Ursprung im Innern haben? Das ist deshalb so, weil nicht alle Menschen wissen, dass es so ist. Der göttliche Anteil des Impulses liegt in der Erkenntnis, dass er göttlich ist. Von dem Augenblick an, in dem wir uns des göttlichen Ursprungs der Regung bewusst werden, ist sie göttlich. Obwohl sie schon das ganze Leben lang von innen kam, so wird sie doch erst durch die Tatsache, dass wir dies wissen, göttlich.

Mystiker entfernen die Barrieren, die zwischen ihnen und anderen Menschen bestehen, indem sie versuchen, das Leben nicht nur aus der eigenen Perspektive zu sehen, sondern auch aus der Perspektive der anderen. Alle Streitereien und Uneinigkeiten entstehen daraus, dass Menschen einander missverstehen. Meist missverstehen die Menschen einander, weil sie ihren festen Standpunkt haben und nicht bereit sind, diesen zu verlassen. Das ist eine starre Geisteshaltung. Je gröber wir sind, desto starrer ist unsere Sichtweise. Deshalb ist es leicht, die Ansichten intelligenter Menschen zu verändern, aber sehr schwer, die Ansichten törichter Menschen zu verändern, sobald diese sich einmal festgesetzt haben. Die grobe Beschaffenheit des Geistes fixiert sich auf eine bestimmte Idee und verschleiert ihre Augen, sodass sie nicht aus dem Blickwinkel einer anderen Person sehen können.

Viele fürchten, ihren eigenen Standpunkt zu verlieren, wenn sie die Dinge aus dem Blickwinkel anderer betrachten; ich würde aber meinen eigenen Standpunkt lieber verlieren, wenn er falsch wäre. Warum müssen wir an unserer eigenen Sichtweise festhalten, nur weil es unsere eigene ist? Und warum muss es die eigene Sichtweise sein und nicht die Sichtweisen oder die Sichtweise des einen und immer gleichen Geistes? Denn genau wie erst zwei Augen den Blick vervollkommnen und zwei Ohren das Hören ganz machen, so bringt auch das Verständnis von zwei gegensätzlichen Sichtweisen eine vollständigere Einsicht ins Leben.

Mystiker nennen das „Verlernen". Was wir „Lernen" nennen, ist die Festlegung von Ideen in unserem Denken. Dieses Lernen befreit die Seele nicht, es begrenzt sie. Damit will ich nicht sagen, dass das Lernen keinen Platz im Leben haben soll nur ist das Lernen nicht das Einzige, was wir auf dem spirituellen Weg brauchen. Es gibt noch etwas Anderes, Zusätzliches, etwas, das über das Lernen hinausgeht, und das können wir durch Verlernen erreichen. Lernen ist so, als würden wir Ideenknoten bilden, und der Faden ist nicht glatt, solange es diese Knoten gibt. Sie müssen gelöst werden. Erst wenn der Faden glatt ist, können wir ihn in jeder gewünschten Weise verwenden. Ein Geist voller Knoten kennt kein ruhiges Zirkulieren der Wirklichkeit. Dieses wird von den Ideen, die in unserem Denken fixiert sind, blockiert. Deshalb sind die Mystiker bereit, aus jedem Blickwinkel heraus zu schauen, um ihr Wissen zu klären. Diese Bereitschaft zur Klärung des Wissens wird „Verlernen" genannt. Das Gefühl, etwas verstehen zu können, ist für uns alle gleich. Wenn wir bereit sind zu verstehen, ist es uns möglich, zu verstehen. Allerdings sind wir oft nicht bereit zu verstehen und deshalb verstehen wir auch nicht. Die Menschheit leidet an einer Art Sturheit. Wir lehnen uns gegen das auf, von dem wir denken, dass es von jemand anderem kommt. Aber alles, was wir gelernt haben, kommt von anderen, wir haben nicht ein Wort von uns selbst gelernt. Und trotzdem nennen wir es unser Argument, unsere Idee und unseren Standpunkt, auch wenn es so etwas gar nicht gibt. Wir haben es immer irgendwoher aufgenommen. Mystiker akzeptieren diese Tatsache und werden dadurch zu Freunden von allen.

Mystiker betrachten Erklärungen nicht so, wie es üblich ist, denn sie erkennen, dass die erste Begründung, die ihnen in den Sinn kommt, nur eine Hülle über einer dahinterliegenden Erklärung ist. Deshalb haben sie die Geduld zu warten, bis sich der Schleier der ersten Begründung gelüftet hat und sie die dahinterliegende Erklärung sehen können. Und dann erkennen sie, dass die dahinter versteckte Begründung machtvoller ist als die erste Erklärung, und auch, dass es dahinter eine noch machtvollere Ursache gibt. Und so wandern sie von einer Begründung zur nächsten und erkennen, dass diese nichts als Schleier sind, die die Wirklichkeit verbergen. Indem sie die verschiedenen Schleier der Erklärungen immer weiter durchdringen, gelangen sie zur Essenz der Vernunft. Wenn sie die Essenz berühren, erkennen sie die Sinnhaftigkeit aller Dinge, egal ob guter oder schlechter.

Vergleichen Sie die Mystiker mit Durchschnittsmenschen, die über die erste Begründung, die nichts als eine Hülle ist, argumentieren und sich auseinandersetzen, kämpfen und streiten. Vergleichen Sie die beiden. Die einen sind bereit, sich eine Meinung zu bilden, zu loben und zu verdammen, während die anderen geduldig warten, bis sich die Wirklichkeit schrittweise selbst entfaltet. Mystiker glauben an das Unbekannte und Unsichtbare, nicht nur in der Form Gottes, sondern auch im Unbekannten, das kommen wird; im Unsichtbaren, das noch nicht gesehen werden kann. Die anderen hingegen haben nicht die Geduld zu warten, bis sie das Unbekannte erkennen und das Unsichtbare sehen können. Mystiker drängen niemandem das Wissen über das Unbekannte oder Unsichtbare auf, aber sie sehen das Unbekannte in allen Dingen wirken. Wenn Mystiker zum Beispiel den Impuls haben, hinauszugehen und nach Norden zu laufen, denken sie, dass darin ein Sinn liegen muss. Sie denken nicht, dass es nur eine Laune, eine närrische Idee ist, obwohl sie den Grund dafür nicht kennen. Sie gehen trotzdem nach Norden und versuchen, den Zweck ihrer Reise in dem zu finden, was daraus resultiert.

Das ganze Leben der Mystiker formt sich nach diesem Prinzip. Dadurch können sie einen Zustand erreichen, in dem ihr Impuls eine Stimme aus dem Innern wird, die ihnen sagt: „Geh hierhin, geh dorthin, geh weg, beweg dich oder bleib." Deshalb können Mystiker nicht erklären, was sie tun; sie wissen es selbst nicht. Andere dagegen fühlen sich imstande zu erklären, warum sie etwas tun, warum sie irgendwohin gehen oder was sie tun wollen. Und doch wissen Mystiker mehr als die Menschen, die gern Auskunft darüber geben, warum sie gehen und was sie erreichen wollen, denn was wissen die Menschen schon davon, was ihnen passieren wird? Sie machen ihre Programme und Pläne, aber sie wissen nichts wirklich.

Der Mensch denkt und Gott lenkt. Viele sagen das jeden Tag, und trotzdem machen sie gleichzeitig ihre Programme und entwerfen ihre Pläne. Mystiker sind da nicht kleinlich. Sie arbeiten nach dem Plan, der schon gemacht ist, und sie wissen, dass es einen Plan gibt. Vielleicht kennen sie den Plan nicht in allen Einzelheiten; aber wenn irgendjemand den Plan kennen kann und wird, dann die Mystiker. Auch das sagt uns wieder etwas: Wer wenig weiß, weiß mehr; und jene, die mehr zu wissen scheinen, wissen am wenigsten.

Die Perspektive der Mystiker ist die der Menschen, die auf einer Bergspitze stehen und aus großer Höhe auf die Welt schauen. Wenn Mystiker die Menschen als nicht sehr unterschiedlich betrachten, weil sie aus ihrer Perspektive alle wie Kinder sind, dann deshalb, weil sie wie aus großer Höhe die Welt betrachten. Große und kleine Menschen erscheinen alle gleich groß, wie kleine Wesen, die sich bewegen. Durchschnittsmenschen fürchten sich genauso vor der Wahrheit wie Menschen, die niemals in großer Höhe waren, Angst vor dem Anblick der Grenzenlosigkeit des Raumes haben. Die Wahrheit ist grenzenlos und wenn Menschen den Gipfel des Verstehens erreichen, bekommen sie Angst und wollen sie nicht anschauen.

Viele haben mir erzählt: „Uns interessiert die östliche Philosophie sehr, aber das Konzept des ‚Nirvana' macht uns Angst." Ich antwortete dann: „Ja, es ist beängstigend. Wahrheit ist das auch. Wahrheit ist beängstigend, aber Wahrheit ist die Wirklichkeit." Die Menschen lieben die Illusion so sehr, dass sie sozusagen darin schwelgen. Wenn jemand eine Person weckt, die einen interessanten Traum hat, murmelt diese: „Oh, lass mich weiterschlafen!" Sie will lieber ihren Traum sehen. Sie will die Wirklichkeit nicht sehen, denn die Wirklichkeit ist nicht so interessant wie der Traum. Und so finden wir auch unter tausend Wahrheitssuchern nur einen oder eine, die mutig genug ist, auf die Unermesslichkeit der Wahrheit zu schauen. Viele jedoch interessieren sich für Trugbilder und sie neigen aus Neugierde dazu, mentale Trugbilder zu sehen, denn diese sind anders als physische Trugbilder. Sie nennen das dann gern „Mystik", aber das ist keine Mystik.

Niemand kann Mystiker oder Mystikerin sein und sich selbst einen christlichen Mystiker, eine jüdische Mystikerin oder einen muslimischen Mystiker nennen. Denn was ist Mystik? Mystik ist etwas, das in unserem Geist alle Vorstellungen von Getrenntheit auslöscht. Wenn jemand behauptet, dieser oder jener Mystiker zu sein, dann sind dies keine Mystiker, sie spielen nur mit einem Namen.

Die Leute sagen, dass Mystiker Menschen sind, die träumen und in den Wolken leben. Meine Antwort darauf ist, dass wirkliche Mystiker auf der Erde stehen, aber ihren Kopf im Himmel haben. Es ist nicht wahr, dass weise Menschen nicht intellektuell oder klug sind. Kluge Menschen sind nicht unbedingt weise, aber Menschen mit höherem Wissen haben kein Problem damit, sich weltliches Wissen anzueignen. Menschen, die nur weltliches Wissen besitzen, haben aber große Probleme damit, höheres Wissen aufzunehmen.

Henry Ford war sehr weise, als er zu mir sagte: „Als Geschäftsmann wären Sie sicherlich sehr erfolgreich geworden." Außerdem sagte er: „Ich habe mein ganzes Leben lang versucht, das Problem zu lösen, das Sie anscheinend schon gelöst haben." Auch dies lässt uns wieder erkennen, dass höhere Weisheit nicht ausschließt, weltliche Weisheit zu haben; weltliche Weisheit jedoch befähigt Menschen nicht dazu, höhere Weisheit zu erlangen.

Nun, lassen Sie uns zum Sehen der Mystiker kommen. Die Menschen denken, Farben zu sehen, Geister oder Visionen, sei mystisch. Aber die Mystik kann darauf nicht reduziert werden, und jene, die solche Dinge sehen, sind nicht unbedingt Mystiker. Außerdem sagen jene, die wirklich erkennen können und hellsichtig sind, wenig darüber. Mystiker wären die Letzten, die behaupten würden, sie könnten sehen und wunderbare Dinge vollbringen. Ihre Weitsicht und ihre Kraft würden sofort reduziert, sollten sie ihre Eitelkeit füttern, indem sie behaupten, Dinge zu erkennen und tun zu können, die andere nicht wissen oder tun können. Mystiker müssen hauptsächlich ihr falsches Ego loswerden. Füttern sie dagegen ihr falsches Ego, indem sie solche Dinge behaupten, werden sie alle Macht, Wirksamkeit und Größe verlieren.

Für Mystiker sind alle Menschen wie offene Briefe, gerade so, wie für erfahrene Ärzte die Gesichter der Menschen von deren Befindlichkeit sprechen. Und doch würden Mystiker niemals zu jemandem sagen: „In dieser Person sehe ich dieses oder jenes." Denn je mehr sie wissen, desto größeres Vertrauen setzt Gott in sie. Er verhüllt alles, was verhüllt werden soll, und sagt nur, was gesagt werden muss. Mystiker wissen das Meiste und agieren doch ganz unschuldig. Nur diejenigen, die wenig wissen, machen viel Lärm um ihr Wissen. Je mehr Menschen wissen, desto weniger zeigen sie das den anderen. Außerdem korrigieren Mystiker andere Menschen nie wegen ihrer Torheit, verdammen sie wegen ihrer Irrtümer oder bezichtigen sie der Dummheit. Sie sehen so viele Irrtümer, Narrheiten und Dummheiten, dass sie nie meinen, auf diese hinweisen zu müssen. Sie sehen einfach nur das Leben in seinen verschiedenen Aspekten und verstehen den Prozess, durch den die

Einzelnen im Leben gehen. Letztendlich lernen wir durch Fehler und Irrtümer. So meinen Mystiker niemals, dass sie jemanden für Fehler verurteilen sollten, denn sie spüren, dass diese nur natürlich sind.

Manche kommen schnell voran, andere gehen langsam. Dummheit ist einfach so wie Licht und Dunkelheit – in der Dunkelheit geht die Sonne auf, und aus der Ignoranz wird eines Tages die Weisheit aufsteigen. Mystiker müssen also keine Geduld lernen, denn das Leben lehrt ihnen von Anfang bis Ende Geduld. Mystiker müssen keine Toleranz lernen, denn ihre Sichtweise macht sie tolerant, sie ist ihnen ganz natürlich. Sie müssen auch Vergebung nicht lernen, denn sie können gar nicht anders, als vergeben.

Die Menschen lieben die Komplexität und nennen sie Wissen. Viele Gemeinschaften und Institutionen in der Welt, die sich okkult, esoterisch, übersinnlich oder mit vielen anderen Namen benennen, verbergen die Wahrheit, weil sie wissen, dass die meisten die Komplexität lieben. Und sie verbergen die Wahrheit nicht nur mit einer Hülle, sondern mit Tausenden von Hüllen, um sie interessanter zu machen. Das ist so wie bei den Gebräuchen der alten Zeiten, wo die Menschen zum Gebet kamen und den Priester fragten, was sie beachten sollten. Dieser wollte dann wissen: „Wie weit entfernt vom Tempel wohnen Sie?" Und wenn sie antworteten: „Zwei Meilen", dann erwiderte er: „Sie müssen zu Fuß zum Tempel kommen und ihn einhundert Mal umrunden, bevor Sie hineingehen dürfen." Er gab ihnen eine gute Übung, bevor sie eintreten durften. Dies wird selbst heute noch ähnlich gehandhabt. Wenn Menschen sagen: „Ich will die Wahrheit erkennen", aber sie wollen die Wahrheit auf komplexe Weise erkennen, dann verstecken die Priester die Wahrheit unter tausend Hüllen und geben ihnen damit auf, das Problem auf ihre eigene Weise zu lösen.

Gibt es nicht viele, die Interesse an den Mahatmas im Himalaja haben oder an den heiligen Seelen, die in abgelegenen Gegenden Persiens leben, die nach Meistern in Zentralaustralien suchen? Vielleicht wird nächstes Jahr ein Artikel erscheinen, der erklärt, dass in Sibirien eine große Seele geboren wurde? Worum geht es hier? Es dreht sich alles um die Freude an der Komplexität, an wunderlichen Vorstellungen und an seltsamen Ideen, die die Seelen nicht einen Schritt weiterbringen. Deshalb erscheinen Mystiker oft einfach, denn die Ernsthaftigkeit bringt sie dazu, die Wahrheit in einfacher Sprache und in einfachen Ideen ausdrücken zu wollen. Aber weil die Menschen die Komplexität so lieben, denken sie, dass das, was die Mystiker sagen, zu einfach ist, etwas, das sie schon immer wussten, etwas das nicht neu ist. Und doch ist es so, wie Salomon sagte: „Es gibt nichts Neues unter der Sonne."

Die Wahrheit gehört ohnehin zur Seele und die Seele kennt sie; sobald die Wahrheit ausgedrückt wird, erkennt die Seele sie. Sie ist ihr weder neu noch fremd. Wenn wir meinen: „Das ist etwas, das ich schon kenne", kann es dennoch nicht oft genug wiederholt werden, selbst wenn unsere Seele es schon wusste. Die großen Heiligen des Ostens haben einen Satz, wie z. B. „Gott ist eins", manchmal eine Million Mal in ihrem Leben wiederholt. Sollen wir glauben, dass sie so dumm waren, die Bedeutung nicht zu verstehen, wenn sie es nur einmal gesagt hätten? Warum haben sie es eine Million Mal wiederholt? Weil es nie genug ist. Wir leben von morgens bis abends, wenn wir schlafen gehen, inmitten der Illusion. Aber wir erkennen die Illusion nicht, in der wir uns von morgens bis abends befinden. Es ist nicht die Wahrheit , die wir nicht kennen; die Wahrheit ist alles, was wir kennen – wenn wir etwas ganz kennen. Mystiker wünschen sich deshalb nicht, die Wahrheit kennenzulernen oder nach ihr zu suchen, sondern sie wollen vielmehr das Wirkliche bewahren. Sie wollen an der Idee des Realen festhalten, die Vision der Wirklichkeit vor sich hinstellen, damit sie nicht von tausend Schleiern der Illusion verdeckt wird.

Strengen sich Mystiker irgendwie an, die höchste Verwirklichung zu erreichen? Ja. Es ist eine Kunst, die von Lehrer zu Schüler weitergegeben wird. Diese Kunst wurde durch alle Jahrhunderte von einer Person zur nächsten weitergegeben. Man könnte fragen: „Warum ist eine solche Kunst notwendig, wenn die Wahrheit doch in uns liegt? Schließlich ist Kunst nicht die Natur. Die Tiere und Vögel brauchen keine Kunst. Sie sind glücklich, friedlich und unschuldig; sie sind spirituell, wahrhaft spirituell. Sie leben in der Natur, ihr Leben ist natürlich." Die Antwort darauf ist, dass wir weit weg von der Natur leben und uns eine künstliche Welt geschaffen haben, um darin zu leben, und deshalb brauchen wir eine Kunst, um uns daraus zu befreien. Ich will nicht sagen, dass wir das weltliche Leben verlassen müssen oder nichts mit dem Leben zu tun haben sollten, damit wir Mystiker sein können; und doch müssen wir jene Kunst üben, die uns dazu befähigt, mit der Realität in Berührung zu kommen.

Diese Kunst besteht zuallererst aus Konzentration. Konzentration heißt nicht, die Augen zu schließen und sonntags in der Kirche zu sitzen. Es gibt viele, die wissen, wie sie die Augen schließen und dort sitzen können, und doch wandern ihre Gedanken herum, ganz besonders, wenn sie die Augen geschlossen haben. Konzentration bedeutet, dass jedes Atom des Körpers und des Denkens auf einen Punkt zentriert ist.

Der nächste Schritt ist die Kontemplation; das bedeutet, fähig zu sein, eine Idee beizubehalten, die unser Bewusstsein aus der dichten Welt erhebt. Das dritte Stadium ist die Meditation, und das heißt, sich zu klären, sich zu befreien und sich dem Licht der Wirklichkeit zu öffnen, damit wir in unserem eigentlichen Wesen verweilen können. Und der vierte Schritt ist die Verwirklichung. Da sind die Mystiker nicht mehr die Kenner der Wahrheit, sondern die Wahrheit selbst.

VERWIRKLICHUNG

Es gibt einen Gott und eine Wahrheit, eine Religion und eine Mystik. Wir mögen sie Sufismus, Christentum, Hinduismus, Buddhismus oder wie auch immer nennen. So wie Gott nicht geteilt werden kann, so kann auch die Mystik nicht geteilt werden.

Es ist ein Irrtum, wenn wir sagen: „Meine Religion ist anders als deine." Wir wissen dann nicht, was Religion bedeutet. Genauso wenig kann es verschiedene Mystiken geben, wie es auch nicht verschiedene Weisheiten geben kann; es gibt nur eine Weisheit. Die Menschen irren, wenn sie sagen: „Dies ist östlich und jenes ist westlich." Das zeigt nur einen Mangel an Weisheit.

Gleich in welchem Teil der Welt wir leben, wir erben immer die gleiche göttliche Wahrheit. Zwischen Okkultismus und Mystik zu unterscheiden ist genauso ein Irrtum, als würden wir von unseren Augen sagen: „Dies ist mein Auge, und das ist dein Auge." Beide Augen gehören einer Seele. Wenn wir uns Mystik als den Ast eines Baumes der Wahrheit vorstellen, liegen wir falsch in der Vorstellung, sie sei ein Ast; denn die Mystik ist der Stamm, der alle Zweige vereinigt. Mystik ist der Weg, die Wahrheit zu erkennen. Jesus Christus sagte: „Ich bin der Weg und die Wahrheit." Er sagte nicht: „Ich bin die Wege und die Wahrheiten", denn es gibt nur einen Weg, und jeder andere Weg wäre der falsche Weg. Es gibt tatsächlich viele Religionen, aber nicht viele Weisheiten; viele Häuser Gottes für den Gottesdienst, aber nur einen Gott; viele Schriften, aber nur eine Wahrheit. Es gibt also viele Methoden, aber nur einen Weg.

Unter den zahlreichen Methoden, diese Erkenntnis zu gewinnen, sind vier grundlegende: über das Herz, den Kopf, durch Aktivität und durch Ruhe. Wir müssen aus diesen vier verschiedenen Methoden wählen, um uns selbst zu entwickeln und uns für die Reise auf dem Weg vorzubereiten, dem einzigen Weg, der Mystik genannt wird. Keine Religion kann diesen ihr Eigentum nennen, ist er doch der Weg aller Religionen. Keine Kirche kann sagen, der Weg gehöre ihr, denn er gehört allen Kirchen. Niemand kann sagen, der eigene Weg sei der einzige. Es ist der Weg, den auch alle anderen gehen müssen.

Die Menschen haben sich oft vorgestellt, dass Mystiker Asketen sein müssen, Menschen, die träumen, die in der Luft schweben, die nicht hier auf der Erde leben, Menschen, die keine Praktiker sind, oder Einsiedler. All das stimmt nicht. Oft stellen sich die Leute Mystiker als eine sonderliche Art von Menschen vor, und wenn sie Menschen treffen, die sonderlich sind, meinen sie, dass dies Mystiker seien! Dies ist eine falsche Vorstellung, eine Übertreibung, denn echte Mystiker müssen Ausgeglichenheit aufweisen. Sie haben ihren Kopf im Himmel, aber ihre Füße sind am Boden. Mystiker sind in dieser Welt genauso bewusst wie in der anderen. Mystiker sind keine Träumer, sie sind hellwach. Dennoch haben sie die Fähigkeit zu träumen, wo es andere nicht können und wach zu bleiben, wenn der Rest das nicht mehr kann. Mystiker finden das Gleichgewicht zwischen zwei Dingen: Macht und Schönheit. Sie opfern die Macht nicht der Schönheit und die Schönheit nicht der Macht. Sie besitzen Macht und genießen die Schönheit.

Im Leben der Mystiker gibt es keine Einschränkungen. Alles darin weist Ausgeglichenheit, Vernunft, Liebe und Harmonie auf. Die Religion der Mystiker ist jede Religion, und doch stehen sie über dem, was die Menschen Religion nennen. Tatsächlich SIND sie Religion, und ihre Ethik ist die aller Religionen: wechselseitiges Geben und Nehmen, um alle Freundlichkeit, die wir erfahren, zu erwidern und anderen Gefälligkeiten zu erweisen, ohne irgendeine Anerkennung dafür zu erwarten, und der Liebe, Harmonie und Schönheit jedes noch so große Opfer zu bringen.

Der Gott der Mystiker wird im eigenen Herzen gefunden. Die Wahrheit der Mystiker ist jenseits von Worten. Die Menschen streiten und diskutieren über unwichtige Dinge, aber Mystik ist nicht diskutierbar. Menschen reden, um zu verstehen, und dann vergessen sie alles wieder. Meist reden nicht diejenigen viel, die wissen, sondern diejenigen, die gern wissen wollen. Mystiker sind die, die wissen und nicht diskutieren. Sie wissen, dass das Glück im eigenen Herzen wohnt; aber dies in Worte zu fassen ist, als würde man den Ozean in einen Wassertropfen fassen.

Und doch gibt es einen Wein, den die Mystiker trinken, und dieser Wein heißt Ekstase. Das ist ein so starker Wein, dass die Präsenz der Mystiker selbst zu Wein wird, für alle, die in ihre Gegenwart eintauchen. Dies ist der Wein des wahren Sakraments, dessen Symbol wir in der Kirche finden. Was ist das, woher kommt er, woraus besteht er? Er könnte Energie genannt werden, Leben, eine Kraft, die die Mystiker aus den Sphären durchströmt und mit der alle Menschen verbunden sind. Durch ihre Verbundenheit mit diesen Sphären trinken die Mystiker den Wein, der die Nahrung der menschlichen Seele ist, und dieser Wein ist Ekstase, der Rausch der Mystiker. Diese Berauschung ist die Liebe, die sich im menschlichen Herzen manifestiert. Wenn die Mystiker einmal von jenem Wein getrunken haben, was macht es dann noch, ob sie zwischen Felsen in der Wildnis sitzen oder in einem Palast? Das ist ganz egal. Der Palast enthält ihnen die Freuden des Mystikers nicht vor, und der Fels nimmt sie ihnen nicht weg. Sie haben das Königreich Gottes auf Erden gefunden, von dem Jesus sagte: „Trachtet nach dem Reich Gottes und alle Dinge werden euch zufallen." Die Menschen streben nach vielen verschiedenen Dingen in dieser Welt, aber am allerwenigsten suchen sie den spirituellen Weg. Einige gleichgültige Menschen sagen: „Wir haben ein langes Leben vor uns, und wenn es Zeit wird, dass ich erwachen soll, werde ich schon erwachen." Mystiker aber wissen, dass dies das Einzige ist, um das sie sich kümmern müssen, alle anderen Dinge sind nachrangig. In ihrem Leben ist es das Wichtigste.

Sollten sie, weil sie an der Gottesverwirklichung arbeiten, ihre Pflichten in der Welt vernachlässigen? Das ist nicht notwendig. Um das Leben zu verstehen, müssen Mystiker nichts aufgeben. Sie müssen nur dem Wichtigsten im Leben auch die größte Wichtigkeit beimessen.

Das Leben der Mystiker ist meditativ; aber für sie ist Meditation wie das Aufziehen einer Uhr. Sie wird nur einen Moment lang aufgezogen, dann läuft sie den ganzen Tag von allein. Sie müssen nicht den ganzen Tag lang daran denken. Sie bemühen sich nicht weiter darum.

Ein Schah von Persien saß gewöhnlich nachts wach, um seine Nachtwache und Gebete zu verrichten. Ein Freund, der ihn besuchte, wunderte sich über seine langen Meditationen nach einem vollen Arbeitstag: „Das ist zu viel", meinte er, „so viel Meditation brauchst du nicht." – „Sag das nicht", war die Antwort. „Du verstehst das nicht. In der Nacht verfolge ich Gott und am Tag folgt Gott mir." Die Augenblicke der Meditation bringen den ganzen Mechanismus geordnet zum Laufen, wie ein Fluss, der ins Meer fließt. Sie halten die Mystiker nicht im Geringsten davon ab, ihre Pflicht zu tun; sondern sie segnen jedes ihrer Worte mit dem Gedanken an Gott.

Alles, was sie denken und tun, ist erfüllt vom Duft Gottes, der heilsam und segnend ist. Wenn wir fragen, wie die Mystiker, die so freundlich und hilfreich geworden sind, mitten im Gemenge des Alltagslebens zurechtkommen, wo doch die rauen Kanten des alltäglichen Lebens, die sich an ihnen reiben, ihr Herz zwangsläufig wund scheuern müssen, ist die Antwort darauf: das geschieht sicherlich, und das Herz der Mystiker ist sogar wunder als das von allen anderen. Wo es nur Freundlichkeit und Geduld gibt, werden sich alle Stacheln zeigen. Aber so wie ein Diamant nur durch Schleifen brillant wird, so ist es auch beim Herzen. Wenn das Herz genügend geschliffen wurde, wird es zu einer Flamme, die nicht nur das Leben der Mystiker selbst erleuchtet, sondern auch das aller anderen.

WESEN UND ARBEIT DER MYSTIKER

Zwischen Philosophen, lebenserfahrenen Menschen, Mystikern und Weisen gibt es diverse Unterschiede. Aus mystischer Sicht sind Philosophen Menschen, die das Wesen und den Charakter von Dingen und Lebewesen kennen und beides studiert, durchdacht und verstanden haben. Lebenserfahrene Menschen sind Menschen, die Schüler des Lebens waren. Das Leben selbst war ihr Lehrer; seine Sorgen, Schwierigkeiten und Erfahrungen bescherten ihnen ein gewisses Verständnis des Lebens selbst. Mystiker jedoch brauchen weder Lebenserfahrung, die sie belehrt, noch mussten sie das Leben studieren, um intellektuell genug zu werden, damit sie es besser verstehen können. Mystiker wurden mit dem mystischen Naturell geboren. Ihre Sprache ist eine andere Sprache, ihre Erfahrungen sind andere Erfahrungen. Wir könnten sagen, dass sie mit dem Leben, den Umständen, den Dingen und Wesen kommunizieren. Der Weise jedoch hat all diese drei Eigenschaften. Weise sind Philosophen, Lebenserfahrene und Mystiker in Kombination.

Mystiker müssen keine Philosophen sein. Obwohl die Mystiker immer klar sehen und verstehen können, so besitzen sie doch nicht notwendigerweise die Ausdrucksmöglichkeiten der Philosophen. Der Unterschied ist wie bei Kurzsichtigkeit und Weitsichtigkeit. Die Mystiker erkennen möglicherweise die Gliederung der Dinge nicht klar, die Philosophen beobachten vielleicht nur die Details, und lebenserfahrene Menschen mögen keine Philosophen sein, obwohl sie das Leben Weisheit lehrte – und doch sind sie wieder anders als Mystiker.

Dennoch: Wenn sie den krönenden Abschluss des Wissens erreichen, kommen sie sich alle näher. Ich sprach zum Beispiel einmal mit einem Geschäftsmann, der beinahe 50 Jahre seines Lebens im Handel zugebracht hatte und dort erfolgreich war. Er hatte niemals an irgendeine Religion geglaubt, niemals Philosophie studiert, nur hin und wieder las er die Werke großer Poeten. Und doch entdeckte er nach etwa einer Stunde, in der wir über Themen des inneren Lebens gesprochen hatten, dass er nicht weit von meinen Anschauungen entfernt war. Er sagte, dass letztendlich die Geduld beim Geld verdienen, die Opfer, die man bringen muss, um erfolgreich zu sein, und die Erfahrungen, die man mit denen durchlebt, mit denen man täglich im Geschäft ist, für ihn sowohl eine Übung als auch ein Studium gewesen seien. Ich fand, dass er nicht weit weg von den Schlussfolgerungen der lebenserfahrenen Menschen, der Philosophen und der Mystiker war. Ich würde ihn einen lebenserfahrenen Menschen nennen, denn durch seine Weisheit hatte er die Wahrheit gefunden, die von den Philosophen studiert und von den Mystikern durch Meditation erreicht wird.

In den modernen Zeiten hat sich die Bedeutung der Philosophie verändert. Allgemein verstehen die Menschen Philosophie als das, was wir von europäischen Philosophen in Büchern finden, die an Universitäten gelesen und studiert werden. Spirituelle Philosophie ist aber etwas anderes; sie ist eine andere Art des Wissens, ein Verstehen des Ursprungs, des Wesens und des Charakters von Dingen und Lebewesen. Sie bedarf des Studiums der menschlichen Natur und der Lebensbedingungen. Das tiefere Verständnis des Lebens macht Menschen zu Philosophen.

Mystik wird weder gelehrt noch gelernt. Mystiker werden geboren; es ist ein Temperament, eine bestimmte Sichtweise und Einstellung zum Leben, die Menschen zu Mystikern machen. Ihre Hauptcharakteristik ist, dass sie die Bedeutung jeder Handlung kennen, ob nun durch Intuition oder zufällig – obwohl für Mystiker nichts zufällig ist. Alle Handlungen, alle Zustände, alles, was geschieht, hat Sinn und Zweck. Oft meinen die Menschen, dass Mystiker ein seltsames Temperament haben. Vielleicht denken sie plötzlich in der Nacht: „Ich muss nach Norden gehen", und am Morgen machen sie sich auf die Reise. Sie wissen nicht warum oder was sie dort erreichen wollen, sie wissen nur, dass sie gehen müssen. Während sie dort hingehen, finden sie heraus, was sie tun müssen, und erkennen, dass es die Hand des Schicksals war, die sie dazu brachte, dieses Ziel zu erreichen, und die sie dazu inspirierte, nach Norden zu gehen. Mystiker sagen den Leuten auch, was sie tun oder nicht tun sollen. Wenn die Leute nach einem Grund fragen, wissen sie keinen zu nennen. Ihr Gespür kommt aus der Intuition, einem Wissen, das aus der unsichtbaren Welt kommt, und sie handeln aus diesem Wissen heraus. Daher sind die Impulse der Mystiker göttliche Impulse und man kann weder ihre Handlungen noch ihre Einstellung beurteilen. Das Temperament von Mystikern ist sehr vielseitig.

Es gibt aber auch ein Wissen, das die Mystiker durch den Gebrauch des Kopfes gewinnen und das sie darauf vorbereitet, ihren Weg zur Wahrheit zu finden. Mystiker können die Fähigkeit des logischen Denkens, genau wie alle Menschen mit gesundem Menschenverstand und alle Praktiker, gebrauchen und entwickeln. Der Unterschied dabei ist nur, dass die Mystiker nicht bei der ersten Begründung haltmachen, sondern den Grund hinter allen Begründungen finden wollen. So suchen die Mystiker in allem, ob richtig oder falsch, den Grund. Die direkte Antwort wird jedoch keine Begründung sein, die sie zufriedenstellt, denn sie erkennen, dass hinter der Begründung noch eine weitere Begründung liegt. Auf diese Weise schreiten sie im Erkennen aller Dinge fort, und dieses Wissen ist weit größer, als wir durch Kenntnis lediglich einer Sache gewinnen können. Deshalb regt die Mystiker weder richtig noch falsch, weder gut noch böse übermäßig auf, noch schockiert oder überrascht es sie großartig. Denn alles scheint ihnen ein eigenes Wesen zu haben, und dieses zu verstehen bringt sie dazu, sich eins mit allem Existierenden zu fühlen. Was im Leben könnte man sich mehr wünschen, als zu verstehen? Verständnis bringt Harmonie zu Hause bei denen, die uns lieb und teuer sind, und Frieden außerhalb des Hauses mit all den vielen verschiedenen Wesensarten und Charakteren. Wenn wir kein Verständnis haben, sind wir arm, gleich wie viele Güter wir vielleicht in dieser Welt besitzen, denn erst Verständnis macht uns reich.

Wenn wir das Leben bildhaft darstellen wollten, könnten wir sagen, dass es uns an eine stürmische See erinnert: Die Wellen kommen und gehen – wie im Leben. Dies zu verstehen gibt uns Menschen das Standvermögen, Regen, Sturm und alle Widrigkeiten durchzustehen. Ohne Verständnis sind wir wie ein kleines Boot auf hoher See, das dem Sturm nicht trotzen kann. Mystiker lernen durch Verständnis. Sie lernen Taktgefühl; sie sind unter allen Umständen taktvoll, und ihr Taktgefühl ist wie ein schwer beladenes Schiff, das der Wind nicht zum Kentern bringen kann, sondern das mitten im Sturm ruhig weiterfährt.

Es ist die Eigenart des Lebens, dass es unser Gemüt leicht erregt und uns ganz plötzlich unglücklich machen kann. Es verwirrt uns so, dass wir nicht wissen, wo wir unseren nächsten Schritt hinsetzen sollen. Im Gegensatz dazu stehen die Mystiker still und erforschen das Leben nach seinen Geheimnissen; sie lernen aus jeder Erfahrung, jedem Misslingen und jedem Erfolg. So profitieren sie sowohl von den Erfolgen als auch vom Misslingen.

Das Ideal der Mystiker ist es, niemals unangenehme Sachen zu denken. Wir sollten nicht über das nachdenken, von dem wir nicht wollen, dass es geschieht. Mystiker tilgen aus ihrem Denken alle unliebsamen Dinge der Vergangenheit. Sie sammeln und bewahren ihre glücklichen Erlebnisse und gestalten aus diesen ein Paradies. Gibt es nicht viele unglückliche Menschen, die an einem Teil ihrer Vergangenheit festhalten, der ihnen Schmerzen im Herzen verursacht? Vergangen ist vergangen; es ist vorbei. Vor uns liegt eine Ewigkeit. Wenn wir unser Leben so gestalten wollen, wie wir es gern hätten, sollten wir keine unangenehmen Gedanken denken oder über schmerzhafte Erfahrungen und Erinnerungen brüten, die uns unglücklich machen.

Aus diesem Grund wird das Leben für Mystiker in gewisser Weise leicht. Sie kennen jedes Herz, jedes Wesen. Diejenigen, die vom Geheimnis der Mystiker unberührt sind, leiden sowohl zu Hause als auch außerhalb unter ihren Schwierigkeiten. Sie scheuen die Gegenwart von Menschen, die sie nicht verstehen, und möchten gern vor ihnen davonlaufen. Und wenn sie nicht entkommen können, fühlen sie sich wie im Maul eines Drachen und werden vielleicht in eine Situation gebracht, die nicht leicht verändert werden kann. Folglich wird das Durcheinander immer größer. Wie oft sehen wir, dass eine dritte Person zu zwei Menschen kommt, die sich nicht verstehen. Sie hilft ihnen, zu verstehen, und wir sehen, wie das Licht, das dabei auf die beiden geworfen wird, größere Harmonie erzeugt! Mystiker sagen – ob nun bezüglich angenehmer oder unangenehmer Dinge: Wenn wir in einer bestimmten Situation sind, sollten wir das Beste daraus machen und lernen, wie wir mit einer solchen Situation umgehen können. Ein Leben ohne diese Einsicht ist wie ein dunkler Raum, der alles Wünschenswerte enthält – es ist alles da, aber es gibt kein Licht.

Letztendlich ist die Welt, trotzdem so viele Seelen sie verlassen wollen, ein wunderbarer Ort. Denn es gibt nichts, was wir in dieser Welt nicht erreichen können. Alles ist da, alle guten und schönen, alle wertvollen und kostbaren Dinge. Sie sind alle da, wenn wir nur ihr Wesen kennen und wissen, wie sie zu erlangen sind.

Wenn man manche Menschen fragt, was die Essenz des Lebens sei, antworten sie: „Je intensiver wir nach Glück streben, umso weiter sind wir davon entfernt.“ Das ist wahr. Wer aber nicht weiß, dass Unglück nicht wirklich existiert, nimmt den falschen Weg. Außerdem ist Glück viel natürlicher als Unglück, so wie das Gute viel natürlicher ist als das Schlechte, und Gesundheit natürlicher als Krankheit. Doch die Menschen sind so pessimistisch. Wenn wir ihnen erzählen, wie gut jemand ist, glauben sie nicht, dass dies wahr ist; wenn wir ihnen aber erzählen, wie schlecht jemand ist, werden sie es bereitwillig glauben.

Also ist es die Arbeit der Mystiker, das Leben zu studieren. Für Mystiker ist das Leben weder Theaterstück noch Unterhaltung. Für sie ist das Leben eine Schule, in der wir in jedem Augenblick unseres Lebens lernen. Ihr Lehrbuch ist das menschliche Wesen. Jeden Morgen blättern sie in diesem Lehrbuch eine Seite weiter. Die Bücher der Großen, die die Botschaft von Zeit zu Zeit in die Welt brachten, diese heiligen Bücher, die schon tausende Jahre lang Generationen von Menschen ihre geistige Nahrung brachten – sie sind Interpretationen jenes Lehrbuchs, das die menschliche Natur ist. Darum vermitteln all die heiligen Bücher immer das gleiche heilige Gefühl.

Mystiker respektieren alle Religionen, und sie verstehen all die unterschiedlichen, sich widersprechenden Ideen, denn sie verstehen die Sprache aller. Mystiker können ohne Auseinandersetzung mit allen einig sein, mit den Weisen und Törichten. Sie können erkennen, dass es das Wesen von Fakten ist, in sich selbst wahr zu sein, und sie verstehen jeden Aspekt von deren Natur. Mystiker schauen aus allen Blickwinkeln. Sie sehen aus dem Blickwinkel einer jeden einzelnen Person und deshalb sind sie in Harmonie mit allen. Ein Mensch kommt zu einer Mystikerin und sagt: „Ich kann nicht an einen persönlichen Gott glauben, das bedeutet mir gar nichts." Die Mystikerin antwortet darauf: „Sie haben völlig recht." Jemand anderes kommt und sagt: „Die einzige Art, wie wir Gott verständlich machen können, ist, ihn in menschlicher Form zu sehen." Die Mystikerin antwortet: „Sie haben recht." Wieder eine andere Person meint: „Wie dumm von diesen Leuten, diesen Menschen für göttlich zu erklären; Gott steht über dem Begriffsvermögen." Und die Mystikerin wird auch dieser Begründung zustimmen, denn Mystiker verstehen die Ursachen hinter all den sich widersprechenden Argumenten.

Die Wahrheit ist wie ein Piano. Die Noten können hoch oder tief sein, vielleicht wird ein C oder ein E angeschlagen, aber es sind alles Noten. Der Unterschied zwischen den Ideen ist genau wie der zwischen den Noten. Das Gleiche gilt im alltäglichen Leben für die richtige und falsche Einstellung. Wenn wir die falsche Einstellung haben, sind alle Dinge falsch. Wenn wir die richtige Einstellung haben, sind alle Dinge richtig. Menschen, die sich selbst misstrauen, misstrauen selbst ihren besten Freunden. Menschen, die sich selbst trauen, vertrauen allen.

Für Mystiker erscheinen selbst Dinge, die so weit voneinander entfernt sind wie richtig und falsch, Licht und Dunkelheit, Form und Schatten, so nah beieinander, dass nur eine Haaresbreite richtig von falsch trennt. Mystikern eröffnet sich eine Perspektive auf das Leben, die ihnen den Sinn des Lebens enthüllt. Mystiker stellen sich selbst die Frage: „Was macht mein Dasein aus?" – „Der Körper? Nein. Dieser Körper gehört mir. Ich kann nicht sein, was ich besitze." Sie fragen sich: „Bin ich mein Verstand?" Die Antwort lautet: „Nein. Das Denken ist etwas, das mir gehört, etwas, das ich bezeuge. Es muss einen Unterschied zwischen Wissendem und Wissen geben." Mit dieser Methode kommen die Mystiker schließlich zu dem Verständnis, dass alles, was sie besitzen, Illusion ist. Wie bei den Menschen, die sich einen Mantel machen lassen. Es ist ihr Mantel, nicht sie selbst.

Dann denken die Mystiker: „Ich denke nicht, das ist mein Verstand. Mein Körper leidet, nicht ich." Für sie ist es eine Art Befreiung zu wissen: „Ich bin nicht mein Verstand." Gewöhnliche Menschen wundern sich, warum sie in einem Augenblick einen guten Gedanken und zu anderen Zeiten einen schlechten haben; in einem Augenblick einen irdischen Gedanken, im nächsten Moment einen himmlischen. Für Mystiker hingegen ist das Leben wie ein Film, in dem sie selbst sowohl diejenigen sind, die ihn anschauen, als auch diejenigen, die dort tanzen.

Indem die Mystiker dies erkennen, befreien sie ihr wahres Selbst, welches durch die Illusion unter ihrem Denken und ihrem Körper begraben war. Was die Menschen eine „verlorene Seele" nennen, ist eine Seele, die sich nicht bewusst war, dass Körper und Denken lediglich Hilfsmittel sind, um das Leben zu erfahren. Auf diese Weise beginnen die Mystiker ihre Reise zur Unsterblichkeit.

DAS GEHEIMNIS DES GEISTES

Es gibt vier verschiedene Erklärungen für das Wort „Geist". Eine Bedeutung ist Essenz. Die Essenz des Weines bedeutet Weingeist. Die zweite Bedeutung von Geist ist das, was diejenigen verstehen, die die Seele „Geist" nennen, wenn sie den Erdenkörper verlassen hat und hinübergegangen ist auf die andere Seite. Die dritte Bedeutung von Geist ist eine Kombination von Seele und Gemüt. In diesem Sinn wird der Begriff gebraucht, wenn wir sagen, dass jemand niedergeschlagen ist. Es besagt, dass sowohl das Gemüt als auch die Seele bedrückt sind, auch wenn wir das nicht immer auf diese Weise definieren würden. Die vierte Bedeutung von Geist ist die Seele aller Seelen, die Quelle und das Ziel aller Dinge und aller Wesen, das, woher alles kommt und wohin alles zurückkehren wird.

Wie ich sagte, die erste Bedeutung des Wortes Geist ist Essenz. Die Essenz der Blumen ist Honig, die Essenz der Milch ist Butter, die Essenz der Trauben ist Wein, die Essenz des Lernens ist Weisheit. Deshalb ist Weisheit süß wie Honig, nährend wie Butter und so erhebend wie Wein.

Damit wir uns über die Dinge des Lebens erheben können, sollten wir versuchen, zur Essenz zu gelangen. Anders gesagt: Wir können einem Musiker zuhören, indem wir Form und Technik betrachten. Oder wir können das Gefühl, die Empfindung, auf die die Musik hindeutet, erfassen. So ist es auch mit dem Leben. Wir können auf das Leben schauen, indem wir seine verschiedenen Formen wahrnehmen und daraus ein festes Konzept gestalten. Oder wir können es so betrachten, dass wir einen Hinweis auf seine Essenz erhalten.

Zum Beispiel könnte eine Person zu uns kommen und tausend falsche Gefühle ausdrücken. Wir können nun unseren Verstand bemühen und erkennen, dass alles falsch war, weil es, logisch betrachtet, nicht wahr sein kann. Das ist die eine Art. Die andere Art ist, sofort zu erkennen, dass es von Anfang bis Ende falsch ist, ohne in die Details zu gehen. Das ist völlig ausreichend; und weil wir es sofort erkannt haben, haben wir unserem Verstand viel Mühe erspart.

Manchmal sagt eine Person zu einer anderen: „Du sagst, du wärst mein Freund; also gut, ich werde herausfinden, wie du bist und wie du funktionierst.“ Das ist die eine Art, es zu betrachten. Die andere Art jedoch ist, diese Person einmal anzuschauen, und durch diesen einen Blick zu wissen, mit wem wir es zu tun haben, mehr braucht es nicht. Wenn wir das tun können, wird es uns mutig und abenteuerlustig machen und uns der Essenz näherbringen. Es wird uns Großzügigkeit und Freizügigkeit verleihen. Sonst bleiben wir eng, klein und verwirrt. Auf diese Weise werden Tausende und Millionen von Seelen im Meer des Lebens hin- und hergeschleudert und wissen nicht, wohin sie gehen, sie sind sich ihrer selbst nicht sicher. Wenn wir sagen: „Ich kenne dich nicht, aber vielleicht werde ich dich eines Tages kennenlernen“, werden wir niemals irgend jemanden kennen, denn wir werden unser ganzes Leben lang unsicher sein.

Kommen wir zur zweiten Bedeutung des Wortes „Geist“. Da fällt dieser Mechanismus des physischen Körpers, der von morgens bis abends ohne Unterlass wie eine Maschine arbeitet und es mit all den Wirren des Lebens aufnimmt, allen Schwierigkeiten begegnet und alles aushält, eines Tages in sich zusammen. Es ist gerade so, als würde der elektrische Strom, oder was immer die Maschine antrieb, plötzlich ausgehen. Die Ärzte erklären unseren Tod damit, dass unser Herz versagte, unser Blutdruck zu hoch war oder irgendetwas dergleichen. Es bedeutet, dass ein aktives und fühlendes Wesen nicht länger aktiv und fühlend ist. Das Wichtigste in ihm ist verschwunden. So viel können uns die Ärzte sagen, aber was das war, wissen sie nicht.

Aus Sicht der Mystiker jedoch war das, was den Körper verließ, die Person. Der Körper war nicht die Person. Dieser Körper war eine Maske, die die Person umhüllte. Wenn diese Maske abgelegt wird, wird die sichtbare Person unsichtbar. Aber nicht die Person selbst, sondern nur die Maske ist vergangen. Sie selbst ist, was sie immer war. Der Tod entfernt nur die Maske.

Wie kann das passieren? Nun, zwischen der Person und der Maske gibt es eine magnetische Anziehungskraft. Die Kraft des physischen Körpers hält den Geist, und die Kraft des Geistes hält den Körper fest. Der physische Körper hält den Geist fest, denn er lebt nur durch die Lebendigkeit des Geistes; ohne Geist ist er tot. So wie jedes noch so kleine Lebewesen um sein Leben kämpft, so versucht der physische Körper, sich am Geist festzuklammern. Das macht er bis zuletzt, wie jemand, der dabei ist, sein Gold zu verlieren, dieses fest in seiner Hand hält, bis seine Hand gelähmt wird, er es nicht länger halten kann und deshalb fallen lässt. Das heißt noch nicht, dass er es nicht mehr will; es heißt nur, dass er es nicht mehr festhalten kann. So ist es auch mit dem Geist. Solange der Geist Interesse am physischen Körper hat, hält er ihn fest, durchdringt und umarmt ihn. Aber sobald er spürt, dass er ihn nicht länger haben will, dass er den Körper nicht mehr brauchen kann, lässt er ihn fallen.

Jene, die es begreifen, können beide Tendenzen bei den Menschen beobachten. Es gibt Menschen, die alt geworden sind und nichts mehr in dieser Welt tun, und doch hält jedes Atom ihres Körpers bewusst oder unbewusst den Geist fest, um jeden Augenblick, um den sie ihr Leben irgendwie verlängern können, zu leben. Solange ihre Kraft es ihnen erlaubt, ihren Geist festzuhalten, solange leben sie; und sie können sehr alt werden. Wir können aber auch eine andere Tendenz feststellen, nämlich dass manche des Lebens überdrüssig sind. Sie messen diesem Leben auf der Erde keine Wichtigkeit mehr bei. In ihren Augen ist der Wert der Dinge klein geworden; sie sind dieser vorübergehenden und veränderlichen Zustände überdrüssig geworden. In ihrem Geist fühlen sie etwas ganz anderes als der andere Menschentyp. Sie neigen dazu, die physische Bindung an den Körper aufzugeben und wären froh, wenn der Geist davon getrennt wäre. Und doch klammert sich ihr Körper unbewusst genauso an den Geist und hält sie so lange am Leben, wie er kann. Also wird der Geist ungewollt vom Körper festgehalten.

Schlussendlich bedeutet Tod die Trennung vom Körper, der nichts als ein Gewand ist, das den Geist bedeckt. Was geschieht nach der Trennung? Der Körper, der vom Geist auf der Erde zurückgelassen wird, lebt nicht länger in dem Sinn, wie wir Leben verstehen, und trotzdem ist noch Leben in ihm. Es ist, als hätte ein Feuer im Herd gebrannt, doch selbst nachdem das Feuer verloschen ist, bleibt noch Wärme zurück. Es ist nur noch das kleinste bisschen Geist, aber es ist noch Leben darin. Wo kein Leben ist, kann kein Leben erschaffen werden. Leben kann nur aus Leben entstehen. Leben kann nicht aus dem Tod entstehen. Aus dem toten Körper kommen Lebewesen wie Würmer und Bakterien. Es ist Leben darin, nicht in dem Sinn, wie wir das im Allgemeinen verstehen, aber er lebt trotzdem. In dieser Welt gibt es nichts, von dem wir sagen könnten, dass es ohne Leben oder tot sei. Alle Dinge, jedes Objekt, das leblos erscheint, hat irgendwo Leben in sich. Selbst nach seiner Zerstörung lebt es immer noch. Wenn Bakterien und Würmer aus einem toten Körper hervorkommen, denken wir, dass er sein Ende gefunden hat. Aber im Gegenteil, es geht weiter, Leben geht in mannigfaltigen Formen weiter. Es war nie beendet. Was geendet hat, ist das Gefängnis, das wir als diese oder jene Person angesehen haben; die Existenz geht aber noch weiter, sogar die sterbliche Existenz, selbst die Maske, die in Wirklichkeit gar nichts war.

Der lebendige Teil war der Geist und der lebt weiter. Wenn wir sagen: „Er ist in die andere Welt hinübergegangen“, so ist die andere Welt nur unsere Vorstellung – auch wenn sie eine schöne Vorstellung ist. Wenn wir zum Beispiel sagen, dass in der wissenschaftlichen Welt eine große Revolution stattfindet, bedeutet das nicht, dass die wissenschaftliche Welt außerhalb der Erde sei. Wenn wir in der Welt der Mystik eine große Entwicklung erfahren haben, heißt das nicht, dass wir außerhalb dieses Planeten leben. Es ist eine Vorstellung; es ist eine schöne Art, es auszudrücken, die bestmögliche Art. „In der anderen Welt“ bedeutet in einer Welt, die vor unseren irdischen Augen verborgen ist; aber es bedeutet nicht eine Welt, die weit weg von uns ist, außerhalb unserer Reichweite. Die Lebenden und die Toten bewohnen zusammen den gleichen Ort, wir leben alle zusammen. Wir werden nur von einem Schleier getrennt, dem Schleier dieses physischen Körpers. Trennung bedeutet hier, dass wir einander nicht sehen können; sonst gibt es keine Trennung. Wir müssen nicht den siebten Himmel erreichen, um jene zu erreichen, die hinübergegangen sind. Wenn wir wirklich um sie besorgt sind, lässt uns das Band der Liebe und des Mitgefühls ihnen nahe sein. Zwei Menschen können im gleichen Haus zusammen leben, miteinander arbeiten, sich jeden Tag, ja jede Stunde sehen, und doch so weit voneinander entfernt sein wie der Nordpol vom Südpol. Es gibt Menschen, die vom Schicksal kilometerweit voneinander getrennt wurden, sodass sie einander wegen der schwierigen Lebensumstände nicht erreichen können; und doch können sie einander näher sein als irgendjemand sonst. Wenn das wahr ist, so bedeutet es, dass Menschen, die im Geist vereint sind, in der Welt weit auseinandergerissen worden sein können und doch so nahe beieinander sind, dass nichts zwischen ihnen steht. Deshalb sind jene, die von dieser Erde gegangen sind, wenn sie zu jemandem auf der Erde eine Verbindung haben, immer noch genauso nahe. Nähe bedeutet geistige Nähe, nicht die Nähe der physischen Körper. Zwei Seelen, die eins sind, immer vereint, ob sie nun beide auf der Erde leben oder ob eine von ihnen in eine andere Ebene gegangen ist. Wenn eine von ihnen am Leben bleibt, so ist diese lebende Person hier wie tot, denn sie lebt dort, wo wahre Einheit ist. Es gibt keine Trennung. Nichts kann zwei Seelen trennen, wenn sie wahrhaft vereint sind.

Die dritte Bedeutung von Geist ist die Kombination von Gemüt und Seele. Man könnte fragen, ob Gemüt und Seele zusammen, also der Geist, der Teil unseres Wesens ist, der lebt. Er ist nicht ein Teil, sondern alles. Unser Mantel ist kein Teil unseres Wesens, er ist etwas Externes. Er wird zeitweise zu einem Teil von uns, aber er ist kein essenzieller Anteil. Das wahre Wesen ist der Geist, also Gemüt und Seele zusammen.

Es könnte für manche uninteressant erscheinen, nur als Geist und nicht als Körper zu leben, wenn sie auf dieser Erde nicht erlebt haben, dass wir unabhängig vom physischen Körper leben können. Die ganze Mystik beruht darauf: Wie wir fähig werden, unabhängig vom irdischen Körper zu leben, wie wir auf der Erde als Geist leben können, selbst wenn es nur fünf Minuten am Tag sind. Es gibt uns die Überzeugung, dass wir fähig sind zu leben und doch unabhängig vom Körper zu sein. Es ist eine Lebenserfahrung, eine Ausbildung in höchstem Wissen. Wenn wir einmal erlebt haben, wie wir ohne physischen Körper sein können, schafft dies ein Vertrauen, das eine absolute Überzeugung hervorbringt, die nichts mehr verändern kann.

Es geht dabei nicht nur darum, zu leben, sondern ganz und vollständig zu leben. Die Seele braucht die Augen nicht, um zu sehen. Sie sieht mehr, als die physischen Augen sehen können. Sie ist auch nicht abhängig von den Ohren, da sie mehr hört als die Ohren selbst. Wer also den Geist kennt, kann durch die Möglichkeit, unabhängig vom Körper zu existieren, weitaus mehr Inspiration erfahren. Für Menschen mit nur materiellem Wissen ist es sehr leicht, solche Menschen als Fanatiker zu bezeichnen, die sich in die Berge zurückziehen oder umherziehen und an spirituelle Dinge denken und in einem Traum zu leben scheinen. Es mag so aussehen; in Wirklichkeit fügen sie sich nur nicht dem, dem sich alle anderen fügen. Sie verließen das Geschäfts-, Berufs- und Politikleben, das ganze soziale Leben, um tiefere Erfahrungen zu machen. Es ist nicht notwendig, dass alle ihrem Beispiel folgen, aber wir dürfen davon profitieren, was sie uns brachten.

In unserer Zeit kommen der Westen und der Osten sich näher. Jetzt ist es wichtig für uns, aufzuwachen und Nutzen aus den Früchten des Lebens der Menschen aus dem Osten und auch aus dem Westen zu ziehen.

Der Westen kann dem Osten viel geben. Er hat nach einer bestimmten Richtschnur hart gearbeitet und diese Arbeit kann dem Osten nützlich sein. Genauso gibt es Früchte, die im Osten über viele Jahre gesammelt wurden und die dem Westen großen Nutzen bringen werden, wenn die Menschen das erkannt haben. Die besondere Lektion, die wir aus den Erfahrungen jener lernen können, die im Osten das Geheimnis des Lebens erforscht haben, ist der Weg, wie wir uns unseres Geistes bewusst werden und den Geist verwirklichen können. Zweifellos machen jene, die andere mystifizieren wollen, einfache Dinge kompliziert. Aber jene, die der Welt auf dem Weg der Wahrheit helfen wollen, machen komplizierte Dinge einfach. Wir sollten die Wahrheit in einfacher Form erkennen.

Die vierte Bedeutung von Geist ist die Quelle und das Ziel aller Dinge; etwas, dem wir alle entgegenstreben und zu dem wir alle zurückkehren werden. Es ist jener Geist, der in der Religion Gott genannt wird. Die beste Art, diese Bedeutung von Geist zu erklären, ist, dass er wie die Sonne ist, das Zentrum allen Lebens, der göttliche Funke in uns. Doch die Sonne ist nicht so klein, wie sie zu sein scheint. Denn was ist die Sonne? Die Sonne ist alles. Die Sonne, die wir als Sonne erkennen, ist ihr Zentrum; in Wirklichkeit dehnt sie sich aber so weit aus, wie ihr Licht reicht. Die wahre Sonne ist das Licht selbst. Es gibt einen Punkt, der der Mittelpunkt des Lichts ist, diesen nennen wir die Sonne. Das Licht hat sich dort zentriert; die Sonne hat aber noch andere Anteile, die Strahlen, die nicht unterschieden von der Sonne, sondern die Sonne selbst sind. Was also sind wir? Unsere Seelen sind die Sonnenstrahlen. In unserem inneren Wesen sind wir beides, die Quelle und das Ziel selbst. Nur unsere Unwissenheit darüber hält uns davon ab, unser eigenes Wesen zu erkennen.

Jedes Atom im Universum kam aus der Sonne, aus der göttlichen Sonne, und unternimmt jede Anstrengung, dorthin zurückzukehren. Die Wellen streben nach oben; die Berge zeigen nach oben; die Vögel fliegen hoch. Säugetiere steigen auf ihre Hinterbeine. Die Menschen stehen aufrecht, bereit, sich in die Höhe zu schwingen. Engel werden als Menschen mit zwei Flügeln dargestellt, bereit, nach oben zu fliegen. Die Wissenschaft hat das Gesetz der Gravitation entdeckt; die Mystiker kennen allerdings noch das andere Gesetz, das auch ein Gesetz der Anziehung ist, aber in die andere Richtung.

So wird also nicht nur jede Seele in diese Richtung gezogen, vielmehr wird jedes Atom dieser Welt, das durch all die verschiedenen Prozesse geht, die die Biologie kennt, in diese Richtung gezogen, um jenen Zustand zu erreichen: die Rückkehr zum Geist. Wir müssen uns also nicht fürchten, wenn wir zu Gott gehen oder versuchen, den Geist zu erreichen, indem wir unsere Identität, unsere Individualität verlieren.

Eine solche Furcht entspricht dem, was wir auf einer Bergspitze erleben. Uns übermannt eine Art Panik, wenn wir die Grenzenlosigkeit des Ausblicks erschauen; genauso fürchtet sich die Seele vor spiritueller Verwirklichung, weil diese so grenzenlos, groß und tief ist. Die Seele fürchtet sich davor, sich selbst zu verlieren, weil sie diese falsche Vorstellung ihres kleinen Selbstes hat. Die Mystiker sagen: „Versuche, vor dem Tod zu sterben." Vor dem Tod zu sterben heißt, den Tod zu spielen. Und dies bedeutet, diese Furcht zu überwinden, die nur der falschen Vorstellung des Selbst entspringt.

Wer vor dem Tod gestorben ist, hat keine Gelüste mehr; wir sind dann über das Verlangen erhaben. Dies wird im Bild des Gottes Vishnu dargestellt, der auf der Lotusblüte sitzt. Der Lotus repräsentiert das Verlangen. Jedes Blütenblatt ist ein Wunsch. Auf der Lotusblüte zu sitzen heißt, dass das Verlangen unter ihm ist, anstatt über seinem Kopf. Es besteht in gewissem Maß eine Beziehung zwischen dem Leben in der spirituellen Welt und dem Leben auf der Erde, denn was wir hier auf der Erde angesammelt haben, zeigt uns unsere Aufgabe hier: Die einzige Bedingung ist, dass wir mehr an unserer spirituellen Vollendung arbeiten müssen, wenn wir erst kurz auf dieser Erde sind, als wenn wir hier schon länger waren. Wenn wir hier die Spiritualität erreicht haben, müssen wir jedoch nicht mehr bleiben, es sei denn, wir wollen es. Und an dem Tag, an dem die falsche Vorstellung des Selbstes von unseren Augen genommen wird, beginnen wir, die Unermesslichkeit der göttlichen Majestät zu erkennen.

DAS MYSTISCHE HERZ

Wenn wir fragen: „Was ist das Herz? Wo ist das Herz?“, ist die Antwort gewöhnlich, dass das Herz in der Brust liegt. Das ist richtig. Es gibt in der menschlichen Brust ein Nervenzentrum, das so sensitiv auf unsere Gefühle reagiert, dass es immer als das Herz angesehen wird. Wenn wir große Freude empfinden, spüren wir, dass in diesem Zentrum etwas aufleuchtet, und durch dieses Aufleuchten des Zentrums scheint unser ganzes Wesen aus Licht zu bestehen. Wir fühlen uns, als würden wir fliegen. Wenn Depression oder Verzweiflung in unser Leben treten, so hat das genauso eine Wirkung auf dieses Zentrum. Wir fühlen, wie sich unsere Kehle zusammenzieht und unser Atem wie bleiern von einer schweren Last wird.

Und doch ist das Herz nicht nur dies. Um das zu verstehen, stellen wir uns einen, auf das Herz ausgerichteten Spiegel vor, in dem jedes Gefühl im Körper des Menschen reflektiert wird. Genau wie die Menschen nichts von ihrer Seele wissen, so wissen sie auch nicht, wo ihr Herz oder dieses Zentrum ist, in dem unsere Gefühle reflektiert werden. Wissenschaftlern ist bekannt, dass ein Kind vom Herzen ausgehend geformt wird. Mystiker nehmen darüber hinaus wahr, dass das Herz, das der Anfang der Form ist, auch der Beginn des Geistes ist, der die Menschen zu einem Individuum macht. Was wir das Herz nennen, ist in Wirklichkeit die Tiefe des Geistes. Damit begreifen wir, dass es ein Herz gibt, das die tiefste Tiefe des menschlichen Wesens ist.

Heutzutage messen die Menschen dem Gefühl weniger Wichtigkeit bei und setzen mehr auf den Intellekt. Der Grund dafür ist, dass sie im intellektuellen Menschen mehr Ausgeglichenheit finden als im emotionalen, wenn sie diesen beiden Arten von Menschen begegnen. Das ist zweifellos wahr; aber der eigentliche Grund für den Mangel an

Ausgeglichenheit ist, dass hier eine größere Kraft wirkt als die Kraft des Intellekts, die Kraft der Emotion. Die Erde ist fruchtbar, aber nicht so kraftvoll wie das Wasser. Der Intellekt ist schöpferisch, doch nicht so machtvoll wie das Herz und die Emotion. Tatsächlich wird sich ein intellektueller Mensch am Ende auch als unausgeglichen erweisen, wenn sein Wesen keine gefühlvolle Seite aufweist.

Gibt es denn nicht viele Menschen, von denen wir sagen können: „Ich mag ihn, ich liebe sie, ich bewundere ihn, aber sie verschließen ihr Herz?“ Diejenigen, die ihr Herz verschließen, können andere weder ganz lieben, noch erlauben sie anderen, sie ganz zu lieben. Außerdem werden Menschen, die nur intellektuell ausgerichtet sind, mit der Zeit skeptisch, zweifelnd, ungläubig und destruktiv, weil keine Herzenskraft sie ausgleicht. Die Sufis glauben, dass es für spirituelle Erkenntnis am besten ist, die Hingabefähigkeit des Herzens zu kultivieren. Viele Menschen mögen damit nicht einig sein, aber es ist eine Tatsache, dass wir, wenn wir unser Herz vor den Mitmenschen verschließen, wir es auch vor Gott verschließen. Jesus Christus sagte nicht: „Gott ist der Intellekt.“ Er sagte: „Gott ist Liebe“ – und deshalb sind es weder irgendwelche Kirchen der Erde, noch der Himmel dort oben, in dem wir den Frieden Gottes finden können, sondern wir finden ihn im menschlichen Herzen. Der Ort, an dem wir Gott am sichersten finden können, ist im Herzen eines gütigen Menschen.

Viele Menschen glauben, dass wir mithilfe der Vernunft gemäß eines bestimmten moralischen Standards handeln würden. Und doch ist es nicht die Vernunft, die Menschen gut macht; selbst wenn sie gut und rechtschaffen wirken, so sind sie das nur künstlich. Auch Gefängnisinsassen können rechtschaffen sein; aber natürliche Güte und Rechtschaffenheit finden wir nur in der Quelle des Herzens, aus der das Leben entspringt, und jeder Tropfen dieser Quelle ist eine lebendige Tugend. Das beweist, dass Güte nicht menschengemacht ist; sie ist das eigentliche Wesen des Menschen. Wenn es uns an Güte mangelt, dann nicht aus Mangel an Training, auch wenn Training oft höchst wünschenswert ist, sondern weil wir unser wahres Selbst noch nicht gefunden haben. Güte ist natürlich, denn eine normale Person ist notwendigerweise gut. Niemand braucht Belehrungen, um ein gutes und rechtschaffenes Leben zu führen. Wenn uns Liebe die Fackel auf dem Weg ist, zeigt sie uns, was Fairness, die Ehre unseres Wortes, die Mildtätigkeit unseres Herzens und Rechtschaffenheit bedeuten. Kennen wir das nicht, dass manchmal ein junger Mann mit all seiner Unbändigkeit plötzlich ein Mädchen findet, das er zu lieben beginnt, und der, wenn er es wirklich liebt, anfängt, sein Leben zu verändern? Er wird sanft, denn er muss sich um ihretwillen selbst erziehen. Er kann ohne Dinge leben, die er vorher niemals aufgegeben hätte. Genauso ist Vergebung nicht schwer, wo Liebe herrscht. Ein Kind kommt zu seiner Mutter, auch nachdem es tausendmal verletzt hat, und bittet um Vergebung. Es kann sich nirgendwo sonst hinwenden und zögert keinen Moment, sich an das Herz der Mutter um Vergebung zu wenden. Die Vergebung wartete dort, um sichtbar zu werden. Wir können gar nicht anders, als freundlich zu sein, wenn wir fühlen. Wenn unser Herz für jemanden schlägt, erkennen wir, wenn diese Person unser Mitgefühl braucht, und wir empfinden für alle, denen wir begegnen, Sympathie und finden Kontakt zu jeder Seele, weil wir lieben.

Es gibt Menschen, die sagen: „Aber ist es nicht unklug, sich allen in rückhaltloser Sanftheit zu öffnen, wo die Menschen doch im Allgemeinen nicht vertrauenswürdig sind?“ Doch wenn eine Person gut und freundlich ist, sollte diese Güte für alle sichtbar werden und die Türen des Herzens sollten sich niemandem verschließen.

Jesus Christus wies uns nicht nur an, unsere Freunde zu lieben, sondern er ging so weit, uns aufzufordern, sogar unsere Feinde zu lieben; die Sufis folgen demselben Pfad. Sie betrachten die Mildtätigkeit ihres Herzens gegenüber ihren Mitmenschen als ihre Liebe zu Gott. Hier unterscheiden sich die Sufis von den Yogis. Die Yogis sind nicht unfreundlich, aber sie sagen: „Ich liebe euch alle, aber ich halte mich lieber fern von euch, denn eure Seelen tasten immer in der Dunkelheit herum, meine Seele hingegen ist im Licht. Eure Freundschaft verletzt meine Seele, also bleibe ich euch lieber fern und liebe euch aus der Ferne.“ Die Sufis sagen: „Es ist eine Herausforderung, aber sie sollte angenommen werden. Ich sollte die Aufgaben des Tages so annehmen, wie sie sich mir zeigen." Auch wenn sie wissen, wie unwichtig die weltlichen Dinge sind und sie nicht überbewerten, so erfüllen sie doch ihre Verantwortlichkeiten gegenüber jenen, von denen sie geliebt und gemocht werden, die von ihnen abhängen oder ihnen folgen. Sie versuchen mit allen auszukommen, von denen sie nicht gemocht oder gar abgelehnt werden. Sie leben in der Welt, aber sie sind nicht von der Welt. Und so ist für Sufis das oberste Prinzip bei der Erfüllung des Lebenszwecks, die Menschen zu lieben.

Wenn wir unsere Feinde lieben, doch zu wenig Geduld haben, sind wir wie eine Laterne mit zu wenig Öl. Sie kann nicht weiterbrennen und letztendlich verlischt die Flamme. Das Öl auf dem Weg der Liebe ist Geduld; ansonsten besteht er von Anfang bis Ende aus Selbstlosigkeit und Selbstaufopferung.

Manche sagen: „Ich habe einmal sehr geliebt, aber ich wurde enttäuscht." Das ist, als würden wir sagen: „Ich habe in der Erde gegraben, aber als Schlamm kam, war ich enttäuscht." Es ist richtig, dass Schlamm kam, aber mit etwas Geduld würden wir eines Tages Wasser gefunden haben. Nur Geduld lässt uns ausharren. Nur Beharrlichkeit führt zu Großherzigkeit.

Falschgold kann genauso schön sein wie echtes Gold, Diamantimitate genauso strahlend wie echter Diamant. Der Unterschied liegt darin, dass das eine den Dauertest nicht besteht, das andere aber sehr wohl. Doch Menschen sollten nicht mit Objekten verglichen werden. Menschen tragen etwas Göttliches in sich und sie können dies durch ihre Ausdauer auf dem Pfad der Liebe beweisen.

Was sollten wir also lieben und wie sollten wir lieben? Was auch immer wir lieben, ob Pflicht, Menschen, Kunst, Freunde, ein Ideal oder unsere Mit-Lebewesen – wir haben damit immer eine Tür geöffnet, durch die wir gehen müssen, um die Liebe zu erreichen, die Gott ist. Der Anfang der Liebe ist eine Entschuldigung. Sie führt zu dem Ideal der Liebe, das Gott allein ist. Manche behaupten, sie könnten Gott lieben, aber nicht die Menschen. Das ist jedoch, als würden wir zu Gott sagen: „Ich liebe Dich, aber nicht Dein Bildnis." Kann man die Menschen hassen, in denen das Bildnis Gottes zu finden ist, und doch behaupten,

Gott zu lieben? Können wir behaupten, Gott zu lieben, wenn wir nicht tolerant sind, nicht opferbereit?

Der erste Lernschritt ist das Weiten des Herzens und das Erwecken des inneren Gefühl des Herzens. Die Anzeichen für Heiligkeit sind nicht in der Macht der Worte zu finden, nicht in hohen Positionen, ob nun spirituell oder intellektuell oder im Magnetismus; der Geist der Heiligen drückt sich nur in der Liebe für alle Lebewesen aus; er ist das ständige Hervorquellen der Liebe aus dem göttlichen Brunnen im Herzen des Menschen. Wenn dieser Brunnen einmal angestellt wurde, reinigt er das Herz und macht es transparent, um sowohl die äußere als auch die innere Welt zu offenbaren. Das Herz wird zum Werkzeug der Seele, um alles im Innern und Äußeren zu erkennen; dann kommunizieren wir nicht nur mit anderen Menschen, sondern auch mit Gott.

RUHEN

Wenn die Lippen geschlossen sind, beginnt das Herz zu sprechen. Wenn das Herz schweigt, leuchtet die Seele auf, sie entflammt und diese Flamme erleuchtet das ganze Leben. Dieser Gedanke zeigt den Mystikern die immense Wichtigkeit der Stille auf, und diese Stille wird durch Ruhen erreicht. Die meisten Menschen wissen nicht, was Ruhen bedeutet, für sie ist es nur eine Notwendigkeit, wenn sie müde sind. Ohne müde zu sein, sehen sie keine Notwendigkeit dafür.

Das Ruhen hat viele Aspekte. Eine Art des Ruhens ist, wenn wir uns von den Tagesaktivitäten zurückziehen und allein in unserem Zimmer sind. Wir nehmen einen dankbaren Atemzug, wenn wir nach all unseren interessanten oder ermüdenden Aktivitäten fühlen: „Endlich bin ich allein." Das ist kein gewöhnliches Gefühl, dahinter verbirgt sich etwas viel Tieferes. Es drückt die Gewissheit aus, dass nichts unseren denkenden Geist stört und seine Aktivität fordert. In einem solchen Moment erfährt unsere Seele eine flüchtige Erleichterung, eine unaussprechliche Freude. Und doch können wir diesen Moment der Erleichterung, den wir alle ersehnen, wenn nach den Aktivitäten des täglichen Lebens endlich die Zeit der Ruhe gekommen ist, nicht voll genießen. Der Rausch des Lebens, unter dem wir alle leiden, ob reich oder arm, müde oder nicht, lässt es nicht zu.

Lehrt uns dies nicht, dass ein großes Mysterium im Ruhen liegt, ein Mysterium, das die meisten Menschen nicht kennen? Wir sehen aber auch, dass achtsame Menschen ganz natürlich in sich ruhen, und diejenigen, die in sich ruhen, von Natur aus bedacht sind. Das Ruhen lässt uns sorgfältiger werden, ständige Tätigkeit hingegen raubt selbst sensiblen Menschen die Umsichtigkeit. Menschen, die in Telefonzentralen, Telegrafen- oder Postämtern arbeiten, deren Geist ständig gefordert wird, werden oft nach einiger Zeit unverschämt, anmaßend und ungeduldig. Sie werden nicht unsensibler; es bedeutet nur, dass die fehlenden Ruhepausen, die ihre Selbstkontrolle schwächt, sie dazu bringt, solche Dinge zuzulassen. Dies zeigt, dass Ruhen nicht nur für Menschen auf dem spirituellen Weg notwendig ist, sondern für alle Seelen, die auf der Erde leben, gleich wie entwickelt sie sind oder welche Stellung sie im Leben haben. Es ist das Wichtigste, das es in unserem Wesen zu entwickeln gilt, nicht nur für Erwachsene, es sollte von Kindheit an gelehrt werden. Heutzutage denken die Menschen bei der Erziehung vor allem an die verschiedenen intellektuellen Fähigkeiten, die das Kind im Leben brauchen wird, und sehr wenig an die Ruhe, die so überaus wichtig für ein Kind ist.

Manchmal sind Katzen und Hunde intuitiver als Menschen. Denn obwohl Menschen darin begabter als Tiere sind, nehmen sie sich doch keine Zeit, intuitiver zu werden. In New York, wo uns der Lärm der Züge, Straßenbahnen, Aufzüge und Fabriken schnell ermüden kann, amüsierte es mich oft zu sehen, dass die Menschen, die im Zug oder der Untergrundbahn ein wenig Freizeit hatten, sofort begannen, in ihre Zeitungen zu schauen. All ihre Aktivität war noch nicht genug; wenn der Körper nicht mehr aktiv war, musste es das Gehirn sein! Was ist das? Es ist Nervosität, eine allgemeine Krankheit, die heute beinahe die normale Gesundheit geworden ist (Anm. d. Übers.: 1924!). Wenn alle an der gleichen Krankheit leiden, kann man diese Krankheit wohl als normal bezeichnen.

Selbstbeherrschung und eigene Disziplin entwickeln sich nur durch das Praktizieren der Ruhe. Das ist nicht nur auf dem spirituellen Weg hilfreich, sondern auch im praktischen Leben, um freundlich und rücksichtsvoll sein zu können. Also praktizieren die Mystiker die Methode des Ruhens und bereiten sich dadurch auf das Beschreiten des spirituellen Pfades vor. Dieser Weg ist kein äußerer Weg, sie verfolgen damit einen inneren Weg. Die spirituellen Gesetze und die Reise auf dem spirituellen Weg sind daher ganz anders als die irdischen Gesetze und die Reise auf äußeren Wegen. Um in einfachen Worten zu erklären, was der spirituelle Weg ist, würde ich sagen, dass er damit beginnt, in

Kommunikation mit sich selbst zu leben, denn im innersten Selbst des Menschen finden wir das Leben Gottes. Das heißt nicht, dass die Stimme des inneren Selbstes nicht zu allen kommt. Sie ist immer da, aber nicht alle hören sie. Deshalb beginnen die Sufis, wenn sie ihre Bemühungen auf diesem Weg aufnehmen, mit ihrem wahren inneren Selbst zu kommunizieren. Wenn sie sich einmal an ihre Seele gewandt haben, kommt von der Seele eine Art Reproduktion, wie bei Sängern, die sich eine Aufnahme anhören, die ihre eigene Stimme wiedergibt. Wenn wir dem lauschen können, was dieser Vorgang wiedergibt, haben wir den ersten Schritt ins Innere gemacht. Dieses Vorgehen hat eine Art Echo in unserem Wesen geweckt. Was auch immer wir hervorrufen wollten, ob Friede oder Glück, Licht oder Form, es wird generiert, sobald wir anfangen, mit uns selbst zu kommunizieren. Wenn wir die Menschen, die sagen: „Ich kann nicht anders, als aktiv, traurig oder besorgt zu sein, denn so sind mein Denken und meine Seele", mit denen vergleichen, die mit sich selbst kommunizieren, kommen wir nicht umhin, sehr schnell den Wert dieser Kommunikation zu erkennen.

Die Sufis lehren das seit Tausenden von Jahren. Der Weg der Sufis besteht nicht darin, mit Elfen, nicht einmal mit Gott zu kommunizieren; er besteht darin, mit dem eigenen tiefsten inneren Selbst zu kommunizieren, so, als würden wir unseren inneren Funken zu einem göttlichen Feuer entfachen. Doch die Sufis hören hier nicht auf, sie gehen noch weiter. Sie bleiben im Ruhemodus, und dieses Ruhen wird durch bestimmte Arten zu sitzen, zu atmen, und auch durch eine bestimmte Geisteshaltung bewirkt. Nun beginnen sie, sich jenes Anteiles ihres Wesens bewusst zu werden, der nicht ihr physischer Körper ist, sondern darüber steht. Je tiefer sie sich dessen bewusst werden, desto besser realisieren sie die Wirklichkeit des jenseitigen Lebens. Sie ist dann nicht länger etwas Imaginiertes oder Geglaubtes; sie wird zum tatsächlichen Begreifen des Erlebens, das unabhängig vom physischen Dasein ist. In diesem Zustand können sie die Wunder des Lebens selbst erleben. Die Sufis versuchen sich deshalb nicht darin, verschiedene Wunder und Erscheinungen zu bewirken, denn sobald sie dies erkannt haben, wird das ganze Leben ein Wunder, und jeder Augenblick, jede Erfahrung lässt sie das Leben begreifen, das sie in ihrer Meditation gefunden haben.

Das Wesen des Menschen ist ein Mechanismus aus Körper und Geist. Wenn dieser Mechanismus funktioniert, ist das Leben erfüllt und glücklich. Wenn irgendetwas an diesem Mechanismus nicht stimmt, ist der Körper krank und der Friede ist verloren. Der Mechanismus muss aufgezogen werden; wie bei einer Uhr, die wir aufziehen, und die dann 24 Stunden lang läuft. Das ist die Meditation. Wenn wir in ruhiger Stimmung sitzen, unseren Geist in den Zustand des Ruhens versetzen und damit diesen Mechanismus durch die Meditation ordnen, ist das genau wie das Aufziehen einer Uhr, und wir spüren die Wirkung darüber hinausgehend, denn der Mechanismus wurde in Ordnung gebracht.

Der Glaube der Mystiker ist also kein äußerer Glaube an eine Gottheit, die sie nie gesehen haben. Ihre Andacht ist nicht nur eine äußere Form, bei der Gebete gesprochen werden, und dann ist die Andacht beendet. Gewiss machen sie den besten Gebrauch von äußeren Dingen, ihr Vorgehen ist logisch und wissenschaftlich, und sie werden, wo es möglich ist, alles mit der mystischen Auffassung verbinden. Und doch beinhaltet die Mystik genauso wissenschaftliche Erklärungen wie auch die Erkenntnis der Dinge, die von der Religion gelehrt werden; Dinge, die für Durchschnittsmenschen keine Bedeutung haben.

Wenn Durchschnittsmenschen über das Königreich Gottes im Himmel lesen, lesen sie zwar diese Worte, aber sie wissen nicht, wo der Himmel ist; genauso fühlen sie, dass es einen Gott gibt, aber sie haben keinen Beweis dafür. Viele intellektuelle Menschen, die wirklich nach Wahrheit streben, wenden sich von der äußeren Religion ab, weil sie keine Erklärung dafür finden können. Folglich werden sie materialistisch. Für Mystiker findet die Erklärung aller Religion in der Erforschung des Selbst statt. Je weiter wir uns selbst erkunden, umso besser verstehen wir alle Religionen im hellsten Licht, und alles wird klar. Sufismus ist nur ein Licht, das auf die eigene Religion geworfen wird, wie ein Licht, das wir in einen Raum bringen, in dem wir alles Gewünschte finden können und nur noch dieses Licht gefehlt hat.

Natürlich sind Mystiker immer bemüht, allen Fragenden zu

antworten. Können Eltern ihren Kindern immer alle Fragen beantworten? Manche Fragen können beantwortet werden, andere hingegen müssen auf die Antwort warten, bis diejenigen, die sie stellen, fähig sind, sie zu verstehen. Ich mochte einmal ein Gedicht, das ich aber noch nicht verstanden hatte; ich konnte keine befriedigende Antwort finden. Nach zehn Jahren wurde plötzlich, innerhalb einer Sekunde, ein Licht darauf geworfen, ich verstand, und war erfüllt von Freude. Zeigt das nicht, dass alles eine vorherbestimmte Zeit hat? Wenn Menschen ungeduldig werden und um eine Antwort bitten, kann manches beantwortet werden, anderes nicht; die Antwort wird zu gegebener Zeit kommen. Wir müssen warten. Hat irgendjemand auf der Welt jemals ganz zu erklären vermocht, was Gott ist, waren denn selbst die Schriften und die Propheten damit erfolgreich? Gott ist ein Ideal, das zu hoch und zu groß ist, als dass es mit Worten erklärt werden könnte. Gibt es irgendjemanden, der ein Wort wie Liebe erklären kann, oder sagen, was Wahrheit ist?

Wenn wir Wahrheit erlangen, dann nur, weil die Wahrheit selbst begonnen hat zu sprechen. Dies geschieht durch Offenbarung. Wahrheit offenbart sich selbst. Daher ist das persische Wort für Gott und für Wahrheit dasselbe: Khuda, was Selbstoffenbarung bedeutet, und somit Gott und Wahrheit als Einheit sieht. Wir können keines dieser Worte erklären. Die Mystiker können nur dabei helfen, indem sie darauf hinweisen, wie wir zu dieser Offenbarung gelangen. Niemand kann das lehren oder uns beibringen, wir müssen es selbst lernen. Die Lehrer sind nur dazu da, uns zu dieser Offenbarung hinzuführen. Es gibt nur einen Lehrer, und dieser Lehrer ist Gott. Die großen Meister der Welt waren die größten Schüler und wussten, wie man Schüler wird.

Auf welche Weise wird denjenigen, die auf dem Weg der Wahrheit wandeln, all das beigebracht oder ins Bewusstsein gerufen? Durch Bayat, durch Einweihung. Es ist das Vertrauen, das die Anleitenden denen entgegenbringen, die den Weg gehen. Diejenigen, die den Weg gehen, müssen die Schwierigkeiten des Weges auf sich nehmen und ernsthaft, vertrauensvoll, wahrhaftig, ohne Zweifel und weder pessimistisch noch skeptisch sein. Sonst werden sie trotz aller Anstrengungen das Ziel nicht erreichen. Sie sollten mit ganzem Herzen kommen oder lieber wegbleiben. Halbherzigkeit hat keinen Wert. Auch ein wenig intellektuelles Verständnis für den metaphysischen Aspekt des Lebens ist notwendig. Manche haben ihn, andere überhaupt nicht. Daneben werden die Herzqualitäten gebraucht, mit der Göttlichkeit der Liebe als oberstes Prinzip. Dann brauchen wir noch Aktivität, aber Aktivität, die den Weg der Wahrheit nicht behindert, sondern Aktivität, die immer größere Harmonie erzeugt. Und letztlich brauchen wir das Ruhen, das uns ermöglicht, an einem Tag des Schweigens so viel zu lernen, wie wir sonst ein Jahr des Studierens benötigen würde. Zweifellos ist das aber nur dann möglich, wenn wir die richtige Art und Weise des Schweigens kennen.

AKTIVITÄT

Meist meinen wir, dass allein Studium, Meditation und Gebet ausreichen würden, um uns auf den Weg zum Ziel zu bringen. Wir sollten jedoch begreifen, dass auch Aktivität eine wichtige Rolle spielt. Allerdings wissen nur wenige, welche Wirkung jede Handlung auf unser Leben hat, welche Kraft eine richtige Handlungsweise geben kann, und welche Wirkung eine falsche Handlungsweise haben kann. Die Menschen achten nur darauf, was andere Menschen von ihren Handlungen denken, anstatt sich Gedanken darüber zu machen, was Gott von ihnen denkt. Wenn die Menschen wüssten, welche Wirkung eine Handlung auf sie hat, würden sie verstehen, dass ein Mörder, auch wenn er dem Zugriff der Polizei entkommen kann, doch nicht dem Fehler entkommt, den er begangen hat – denn sich selbst kann er nicht entkommen. Der größte Richter sitzt im eigenen Herzen. Niemand kann die eigenen Taten vor sich selbst verstecken. Zweifellos ist es schwer, ja fast unmöglich für uns, die Handlungen anderer Menschen zu beurteilen, kennen wir doch deren Umstände nicht. Wir können uns am besten selbst beurteilen. Egal wie durchtrieben wir auch sein mögen, wir werden niemals wirklich glücklich mit unseren falschen Handlungen sein; oder, wenn wir für den Augenblick glücklich damit sind, so wird dies nicht lange anhalten.

Aber was ist falsch und was ist richtig? Niemand kann eine Tat als richtig oder falsch abstempeln; die Menschen haben jedoch einen natürlichen Sinn, der zwischen richtig und falsch, gerecht oder ungerecht unterscheidet; einen Sinn, den wir sogar schon im Kind vorfinden. Auch Kinder sehen Zeichnung und Farbe in Kunst und Dekoration. Sie bemerken, wenn eine Tischdecke nicht gerade auf dem Tisch liegt, wenn eine Linie, die gerade sein sollte, nicht gerade ist. Selbst Kinder wissen, wenn etwas stimmig sein sollte, und Kinder lieben normalerweise Harmonie. Im Herzen der Menschen gibt es eine natürliche Neigung, einen natürlichen Instinkt, den auch Maurer anwenden, wenn sie ein Haus bauen.

Die verschiedenen Religionen haben unterschiedliche Moralvorstellungen gelehrt: Diejenigen, die jeweils passend für die Menschen ihrer Zeit waren. Zweifellos erkennen wir so etwas wie das Gesetz der Masse an, aber die eigentliche Wahrnehmung von richtig und falsch liegt in unserem tiefsten Selbst. Die Seele hat keinen Gefallen an dem, was nicht richtig ist. Die Zufriedenheit der Seele liegt immer in dem, was ihr vollständiges Glück beschert. Der ganze Sufismus basiert nicht nur auf Übungen, nicht nur auf dem Denken, sondern auch auf dem Handeln, so wie auch alle Religionen nicht nur auf der Wahrheit, sondern auch auf dem richtigen Handeln basierten. Durch Aktivität werden sowohl materielle als auch spirituelle Dinge erreicht. Deshalb ist Aktivität für Mystiker von höchster Wichtigkeit.

Während meiner Reisen von Ort zu Ort kam ich mit vielen unterschiedlichen Menschen in Kontakt und hatte die Gelegenheit, bei ihnen zu wohnen. Manche hatten vermutlich nie ein Buch über Theologie gelesen oder etwas über Mystik gelernt, denn sie hatten ihr ganzes Leben bei der Arbeit, im Geschäft oder in der Industrie zugebracht. Und doch konnte ich eine spirituelle Reife erkennen, die auf ganz natürliche Weise durch ihre richtigen Handlungen im Leben gewachsen war. Sie hatten dadurch ein Stadium der Reinheit erreicht, das andere vielleicht durch Lernen und Meditation erreichen.

Wir könnten nun fragen, was der beste Weg im täglichen Leben sei, der uns zum Idealbild des Lebens führt. Der beste Weg ist, sich als oberstes Prinzip zu setzen, Harmonie zu bewahren. Wir sollten unter allen Umständen, allen Bedingungen und in allen Situationen versuchen, mit unseren Mitgeschöpfen in Harmonie zu leben. Das ist leicht gesagt, aber sehr schwer zu leben. Wenn wir uns nun fragen, warum das so schwer ist, ist die Antwort, dass es nicht immer die anderen Menschen sind, die schwierig und wenig nachgiebig sind; wir selbst können uns nicht beugen. Die Palme, die ganz gerade wächst, kann mit anderen Bäumen, deren Stämme nicht so gerade und stark sind, nicht harmonisch zusammenleben.

Es gibt viele gute Menschen, aber sie sind nicht immer ausgeglichen. Es gibt viele wahrheitsliebende Menschen, aber ihre Wahrheit ist nicht immer angenehm. Sie können eine Wahrheit aussprechen, die wie ein Schlag ins Gesicht ist. Das sind die, die wie diese Palmen sind, aufrecht, rechtschaffen, doch gleichzeitig nicht in Harmonie. Harmonische Menschen können sich beugen, sind nachgiebig und können anderen gerecht werden. Zweifellos müssen wir Opfer bringen, um in Harmonie zu leben, wir müssen uns Menschen beugen, denen wir uns nicht beugen wollen. Wir müssen biegsamer sein, als es unserer Natur entspricht. Wir müssen klüger sein, als wir es tatsächlich sind. Und all diese Versuche werden keinen Erfolg haben, wenn wir uns nicht sehr anstrengen, wenn wir nicht begreifen, dass Harmonie das Essenziellste im Leben ist.

Warum messen Mystiker der Harmonie solch hohen Stellenwert bei? Weil für sie das ganze Leben eine fortwährende Symphonie ist, ein Musikstück, bei dem jede Seele einen bestimmten Teil zur Symphonie beiträgt. Der Erfolg einer Person hängt also von ihrem Ideal der Harmonie ab. Nur wenige Menschen achten in dieser Welt auf Ausgeglichenheit. Sie wissen nicht, dass es ohne sie keine Chance auf Glück gibt. Nur ausgeglichene Menschen können andere glücklich machen und selbst an diesem Glück teilhaben; ohne solche Ausgeglichenheit ist es schwer, auf dieser Welt Glück zu finden.

Kämpfer haben keinen Frieden, weil ihre Kämpfe immer heftiger werden. Es sind die Friedensstifter, die gesegnet sind. Ohne Zweifel müssen sie mit sich selbst kämpfen, um Frieden zu stiften; aber auf diese Weise werden sie fähig, Frieden mit anderen herzustellen. Gleich welche Erziehung wir genossen haben oder welche Position wir bekleiden, wir können besitzen, was immer wir wollen; wenn jedoch diese eine Sache in unserem Leben und Herzen fehlt, kann nichts uns Frieden bringen.

Wenn also Menschen in ihren Handlungen nichts von den Charakteristika des Menschseins aufweisen, Charakteristika, die wir nicht bei den Tieren finden, dann haben diese ihre Menschlichkeit noch nicht erweckt. Manche Tätigkeiten – wie essen, trinken, sitzen und gehen – sind nicht anders als bei Tieren. Und doch können genau diese Tätigkeiten besonders charakteristisch für das menschliche Wesen werden, wenn hinter ihnen ein Leitbild steht.

Meinen wir zum Beispiel, dass wir einen Stoß, den uns jemand im Vorübergehen verpasst hat, nicht zurückgeben sollten, sondern stattdessen erwidern: „Entschuldigung!", dann zeigen wir eine Neigung, die anders ist als die eines Tieres, denn Tiere bekämpfen einander, senken ihre Hörner, anstatt sich voreinander zu verbeugen, und ihr Gruß ist ein Geheule. Menschen können anders sein.

Die besonderen menschlichen Eigenschaften sind Rücksichtnahme, Freundlichkeit, Geduld und Sorgfalt. Wenn wir diese praktizieren, folgen andere Aktivitäten: Wir üben uns in Selbstaufopferung, die wiederum dazu führt, dass Gott durch uns handeln kann. Wenn Menschen ihre Zeit und ihre Vorteile im Leben zugunsten eines anderen, den sie lieben, respektieren oder bewundern, opfern, so erhebt sie dieses Opfer über das gewöhnliche Niveau des Menschseins hinaus. Ihr Wesen ist dann nicht länger menschlich, sondern göttlich. Menschen beginnen dann zu denken, wie Gott denkt, und ihre Handlungen werden immer göttlicher. Es werden göttliche Handlungen, und das macht diese Menschen größer als jene, die nur an Gott glauben.

Erwachte Seelen sehen in allem Tun der Erwachsenen das Tun von Kindern derselben Eltern. Sie schauen auf sie, wie der VATER oder die MUTTER auf alle Menschen der Erde schaut, ohne darauf zu achten, welcher Nation sie angehören. Sie sind ihnen alle gleich lieb und teuer. Sie betrachten sie alle voller Vergebung, nicht nur jene, die es verdienen, sondern auch alle anderen, denn sie verstehen den Grund hinter allem. Indem sie das Gute in allen und allem sehen, fangen sie an, das göttliche Licht zu entwickeln, das sich ausbreitet, den Großteil des Lebens erleuchtet und es als Schauplatz göttlicher Großartigkeit erkennbar werden lässt.

Mystiker entwickeln einen größeren Weitblick auf das Leben und dieser weitere Blick verändert ihr Tun. Sie entwickeln eine Sichtweise, die wir als göttliche Sichtweise bezeichnen könnten. Sie steigen dann in ein Stadium auf, in dem sie fühlen, dass alles, was ihnen geschieht, von Gott kommt, und wenn sie etwas richtig oder falsch machen, fühlen sie, dass sie es richtig oder falsch gegenüber Gott machen. In so einem Stadium anzukommen, ist wahre Religion. Es kann keine bessere Religion geben, das ist die wahre Religion Gottes auf Erden. Es ist diese Sichtweise, die eine Person gottähnlich und göttlich macht. Wenn diese Menschen schlecht behandelt werden, bleiben sie gleichgültig, aber für ihre eigenen Unzulänglichkeiten stellen sie sich selbst zur Rede, denn all ihre Handlungen sind auf Gott ausgerichtet.

Die Mystiker sehen in der Gottheit nicht nur eine Königin, einen Richter oder Schöpfer; für die mystische Auffassung ist Gott das geliebte Wesen, das einzig existierende Geliebte. Für IHN oder SIE ist alle Liebe dieser Welt wie die von kleinen Mädchen, die ihre Puppen lieben und mit ihnen spielen. Auf diese Weise lernen sie Lektionen, die sie später im Leben ausüben müssen, wenn sie Sorge für ein Heim tragen. Mystiker lernen die gleichen Lektionen, indem sie sich gegenüber allen Arten von Geschöpfen als aufrichtig und treu sorgend erweisen. Dies ist notwendig, um sich des geliebten Wesens bewusst zu werden, des einzig wahrhaft existierenden Wesens, dem alle Liebe gebührt.

GEISTIGE HEILUNG

MENTALE REINIGUNG

So wie es unerlässlich ist, den Körper zu waschen und zu reinigen, so wichtig oder sogar noch wichtiger ist es, den denkenden Geist oder das Gemüt zu klären. Alle Verunreinigungen erzeugen nicht nur Krankheiten, sondern auch Unregelmäßigkeiten in der Funktionsweise des physischen Systems. Das gilt gleichermaßen für das Gemüt. Auch Verunreinigungen des Gemütes können verschiedene Krankheiten hervorrufen. Den Geist oder das Gemüt zu klären, trägt zur Gesundung sowohl des Körpers als auch des Gemütes bei. Unter Gesundheit verstehe ich den natürlichen Zustand, und ist Spiritualität nicht natürlich zu sein? Nur sehr wenige denken so. Viele Menschen denken, spirituell zu sein bedeute, die Fähigkeit zu haben, Wunder zu bewirken oder fremdartige Dinge und wunderbare Phänomene zu sehen. Nur sehr wenige wissen, wie einfach es ist: Spirituell zu sein heißt, natürlich zu sein.

Mentale Reinigung kann auf drei verschiedene Weisen erfolgen.

Die erste Art besteht darin, das Denken zu beruhigen, denn häufig erzeugt die Aktivität des Geistes die Störungen. Indem man das Denken beruhigt, entfernt man daraus diese Störungen; es ist, als würde der Geist auf seine natürliche Tonlage gestimmt. Der Geist kann mit einem Wasserbecken verglichen werden: Wenn das Wasser im Becken ungestört ist, so ist die Reflexion klar, genau wie im Geist. In einem unruhigen Geist kann Intuition oder Inspiration nicht klar empfangen werden. Sobald das Denken still ist, reflektiert er so klar wie stilles Wasser in einem Becken.

Dieser Zustand wird durch körperliche Entspannung erreicht. Jede spezifische Haltung erzeugt eine bestimmte Wirkung. In ihrer Wissenschaft kennen Mystiker verschieden Arten, wie man in Stille sitzen kann, und jede Art hat ihre besondere Wirkung. Und das ist keinesfalls nur eine eingebildete Wirkung. Es werden eindeutige Ergebnisse hervorgerufen. Ich hatte nicht nur persönlich viele Erlebnisse, sondern habe auch durch viele andere Menschen erfahren, wie eine bestimmte Art zu sitzen die Einstellung des Denkens verändert. Die Alten wussten das und fanden für unterschiedliche Menschen unterschiedliche Arten zu sitzen heraus. Es gab die Sitzhaltung der Krieger, der Schüler, der Meditierenden, der Geschäftsleute, der Arbeiter, der Anwälte, der Richter und die der Erfinder. Es ist wunderbar, dass die Mystiker herausgefunden und Tausende Jahre Erfahrung damit gesammelt haben, wie groß die Wirkung der Sitzhaltung auf eine Person und besonders auf deren Einstellung ist.

Wir erfahren das im täglichen Leben, aber wir achten nicht darauf. Wir sitzen zufällig in einer bestimmten Art und Weise und werden ruhelos; und dann sitzen wir auf andere Weise und werden friedlich. Eine bestimmte Haltung fühlt sich inspirierend an, in einer anderen Sitzhaltung fühlen wir uns energielos, ohne Enthusiasmus. Wir können den Geist klären, indem wir ihn mithilfe einer bestimmten Sitzhaltung beruhigen.

Die zweite Art, den denkenden Geist oder das Gemüt zu klären, geschieht durch den Atem. Für jemanden aus dem Osten ist es manchmal sehr interessant, wie die Menschen im Westen bisweilen unbewusst die Prinzipien der mystischen Welten anwenden. Sie haben eine Maschine, die Teppiche reinigt, indem sie den Staub aufsaugt. Das ist dasselbe System, nur umgekehrt. Die richtige Art des Atmens saugt den Staub aus dem Geist und entfernt ihn. Wissenschaftler gehen bis dahin, zu sagen, dass eine Person Kohlendioxid ausatmet; die schlechten Gase werden durch das Ausatmen aus dem Körper gestoßen. Die Mystiker gehen noch weiter; sie sagen, dass diese Gase nicht nur aus dem Körper, sondern auch aus dem Geist entfernt werden. Wenn wir wüssten, wie wir Verunreinigungen beseitigen können, so wäre es uns möglich, mehr abzubauen, als wir uns vorstellen können. Durch die richtige Art zu atmen können also negative Gedanken und Eindrücke aus dem Geist oder aus dem Gemüt entfernt werden. Deshalb verbinden die Mystiker das Atmen mit der Sitzhaltung. Die Sitzhaltung fördert die Stille des Denkens; die Atmung hilft, das Gemüt zu klären. Beide gehören zusammen.

Die dritte Art, das Gemüt zu klären, geschieht durch die innere Einstellung; genauer durch die richtige Einstellung zum Leben. Das ist der moralische Weg und der Königsweg der Reinigung. Menschen können atmen und in tausenderlei Haltungen in Stille sitzen; wenn sie jedoch nicht die richtige Einstellung zum Leben haben, werden sie sich niemals weiterentwickeln. Das ist das Grundprinzip. Die Frage ist aber, was ist die richtige Einstellung?

Die richtige Einstellung hängt davon ab, wie sehr man die eigenen Unzulänglichkeiten schätzt. Oft sind wir bereit, uns selbst für eigene Fehler und Irrtümer zu verteidigen, die eigenen Fehler zu rechtfertigen. Anderen gegenüber aber haben wir diese Einstellung nicht. Wir stellen sie zur Rede, wenn es darum geht, sie zu verurteilen. Andere abzulehnen ist so leicht! Und es ist allzu leicht, noch einen Schritt weiterzugehen und andere nicht zu mögen, und schon gar nicht schwierig ist es, abermals einen Schritt weiterzugehen und andere zu hassen. Wenn wir so handeln, glauben wir jedoch nicht, dass wir irgendetwas falsch machen. Obwohl dies ein Zustand ist, der sich im Inneren entfaltet, sehen wir es nur im Außen. All die Schlechtigkeit, die sich im Inneren ansammelt, sehen wir in den anderen. Die Menschen sind deshalb permanent in einem Trugbild gefangen; sie sind meist glücklich mit sich selbst, tadeln aber andere. Bemerkenswert dabei ist, dass diejenigen andere am häufigsten beschuldigen, die selbst am tadelnswertesten sind. Aber es ist besser, es andersherum auszudrücken. Wer am häufigsten tadelt, wird am tadelnswertesten.

Schönheit finden wir in Form, in Farbe, in den Zügen, im Verhalten, im Charakter. Manchen Menschen fehlt es an Schönheit, andere sind damit besser ausgestattet. Jeder Mensch wäre gut, würden wir nicht vergleichen. Nur im Vergleich erachten wir eine Sache schöner als die andere. Würden wir genauer hinsehen, könnten wir auch die Schönheit Anderer sehen. Oft ist unser Vergleich nicht richtig, und dies aus einem einzigen Grund: Selbst wenn wir heute etwas für wunderbar halten, so kann sich diese Einstellung in einem Monat oder Jahr doch ändern. Das zeigt uns, dass wir fähig sind, etwas zu würdigen, wenn sich dessen Schönheit unserem Auge offenbart.

Es ist nicht verwunderlich, wenn wir ein Stadium erreichen, bei dem wir sagen können: „Alles, was ich in dieser Welt sehe, liebe ich, trotz all der Leiden, Kämpfe und Schwierigkeiten; das ist es wert." Andere jedoch sagen: „Alles ist schlecht, das Leben ist hässlich, es gibt in dieser Welt keinen Funken Schönheit." Beide haben von ihrem Standpunkt aus recht. Beide sind aufrichtig. Sie unterscheiden sich nur, weil sich ihre Sichtweise unterscheidet. All diese Menschen haben ihren Grund, das Leben anzunehmen oder abzulehnen. Nur dass die einen aus dem Erkennen der Schönheit gewinnen, während die anderen verlieren, weil sie das Leben nicht zu schätzen wissen, da sie die Schönheit darin nicht erkennen können.

So sammeln wir durch eine falsche Einstellung ungute Eindrücke von den Leuten, denn niemand in dieser Welt ist vollkommen. Alle haben eine Seite, die man kritisieren kann und die Verbesserungen verlangt. Schauen wir auf diese Seite, häufen sich die Eindrücke, die uns immer unvollkommener machen, denn wir sammeln Unvollkommenheit und machen sie zu unserer eigenen Welt. Und wenn das Gemüt ein Schwamm voller unguter Eindrücke geworden ist, wird das, was von ihm ausgeht, auch ungut. Niemand kann von jemand anderem schlecht sprechen, ohne dies zum Eigenen zu machen. Denn wer schlecht von anderen spricht, ist selbst schlecht.

Die Klärung des Gemüts sollte deshalb – aus moralischer Sicht – im Alltagsleben gelernt werden: So sollten wir versuchen, die Dinge freundlich und wohlwollend zu betrachten; auf andere so zu schauen, wie wir es auf uns selbst tun; auf eine Weise, dass wir uns in die Lage der anderen versetzen, anstatt sie zu beschuldigen und ihre Schwächen zu sehen. Die Seelen auf der Erde werden unvollkommen geboren, von dieser Unvollkommenheit aus entwickeln sie sich ganz natürlich weiter und erreichen Vollkommenheit. Wenn alle perfekt wären, gäbe es keinen Grund, sie zu erschaffen. Die Manifestation fand statt, damit jedes Wesen hier sich aus der Unvollkommenheit in die Vollkommenheit erheben kann. Das ist der Zweck und die Freude des Lebens und hierfür wurde die Welt erschaffen. Wenn wir erwarten würden, dass jeder Mensch perfekt wäre und alle Bedingungen vollkommen, dann gäbe es keine Freude am Leben und es hätte keinen Sinn, hierherzukommen.

Den Geist oder das Gemüt zu klären bedeutet also, ihn von allen unerwünschten Eindrücken zu reinigen – nicht nur von den Unzulänglichkeiten anderer. Wir müssen ein Stadium erreichen, in dem wir auch die eigenen Unzulänglichkeiten vergessen. Ich habe rechtschaffene Menschen gesehen, die sich selbst ihre eigenen Irrungen so lange vorwarfen, bis sie selbst zum Irrtum wurden. Wer sich ständig auf Fehler konzentriert, graviert die Fehlerhaftigkeit in das eigene Denken ein. Der beste Leitsatz ist, andere genauso wie uns selbst zu vergessen und unser Denken darauf auszurichten, das Gute und Schöne anzusammeln.

Die Straßenjungen in Indien haben eine bemerkenswerte Beschäftigung. Sie holen Erde von einem bestimmten Ort, und haben einen Weg gefunden, in dieser Erde Metalle wie Gold oder Silber zu finden. Den ganzen Tag lang sind ihre Hände dabei im Staub. Aber nach was suchen sie? Sie suchen nach Gold und Silber.

Wenn wir in dieser Welt der Unvollkommenheit nach allem suchen, was gut und schön ist, dann gibt es viele Möglichkeiten, enttäuscht zu werden. Wenn wir aber trotzdem auf der Suche danach bleiben und dabei nicht auf den Staub schauen, sondern auf das Gold, dann werden wir es finden. Und wenn wir einmal damit angefangen haben, es zu entdecken, werden wir es immer häufiger finden. Es kommt eine Zeit im Leben von uns Menschen, wo wir sogar in den schlimmsten Menschen dieser Welt noch etwas Gutes entdecken können. Haben wir diesen Punkt erst einmal erreicht, bekommen wir das Gute selbst dann zu fassen, wenn es von Tausenden Hüllen verdeckt ist, denn wir suchen nach dem Guten und ziehen das Gute an.

DIE REINE DENKWEISE

Die reine Denkweise erschafft keine Phänomene, vielmehr ist sie selbst ein Phänomen.

Ein Mann wollte eine bestimmte Konsole für sein Zimmer haben, wusste jedoch nicht, wo er in der Stadt hingehen sollte, um sie zu finden. Aber er hatte eine klare Vorstellung, wie sie aussehen sollte und als er das erste Geschäft betrat, auf das sein Auge fiel, hatte es diese Konsole vorrätig. Vermutlich hätte er sonst in der ganzen Stadt keine andere finden können, aber sein Geist brachte ihn direkt zu dem gewünschten Objekt. Woher kommt das? Es entsteht aus der Reinheit des Denkens.

Der denkende Geist kann mit Wasser verglichen werden. Einen Fluss mit reinem Wasser in all seiner Reinheit fließen zu sehen, ist höchstes Glück; das klare Wasser zu trinken, ist gleichermaßen Glück. Und genauso ist es mit dem denkenden Geist. Der Kontakt mit Menschen mit reiner Denkweise ist höchstes Glück. Ob sie sprechen oder nicht, immer geht von ihnen Reinheit aus, eine natürliche Reinheit, die nicht menschengemacht ist, sondern zur Seele gehört, und die größte Freude und Glück verleiht.

Dann gibt es andere, die gelernt haben zu reden und zu unterhalten; ihre Manieren sind geschliffen, ihr Witz übertrieben und ihre Sprache künstlich. Aber wohin führt das? Außer der Reinheit des Geistes kann nichts jenes köstliche Glück vermitteln, nach dem sich jede Seele sehnt.

Es wird gesagt, dass Menschen reiner Denkungsart oft zu gut für dieses Leben seien und unvernünftig erscheinen; dass reine Gemüter nicht von dieser Welt zu sein scheinen. Das ist wahr, aber es ist nicht der Fehler der reinen Gemüter. Es ist der Fehler der verdorbenen Welt. Die Welt wird immer schlechter. Alle reinen Gemüter beginnen damit,

Ausgestoßene zu sein, und es scheint, als wären sie unfähig, irgendetwas von dem auszuführen, was sie versuchen zu tun. Aber was macht das schon? Man kann gleichzeitig ein reines Gemüt haben und weise sein. Auch reine Gemüter können in weltlichen Dingen genauso gewissenhaft und fähig arbeiten wie weltliche Menschen; und jemand ohne reines Gemüt kann fähig sein, in der Welt Erfolge zu erzielen, nur wird dies kein dauerhafter Erfolg sein.

In der Frage von Erfolg und Misserfolg gibt es kein grundlegendes Prinzip. Es stimmt nicht, dass jemand gut, ehrlich und von reiner Denkungsart sein müsse, um Erfolg zu haben. Sehr oft ist das Gegenteil der Fall. Aber man kann auch nicht sagen, dass alles genau andersherum sein müsse, um erfolgreich zu sein.

Unehrlichkeit und Mangel an reiner Denkweise führen oft zu Misserfolg. Wenn es dafür irgendeine Regel gibt, dann die, dass der Erfolg, der durch Ehrlichkeit und Güte erreicht wurde, auf Ehrlichkeit und Güte beruht. Und dass diejenigen, deren Erfolg ohne Ehrlichkeit und Güte erreicht wurde, an dem Tag einen Fehlschlag erleiden werden, an dem sie ehrlich und gut werden – denn die beiden Wege sind verschieden. Die gesamte Einstellung des Denkens wirkt sich auf die Dinge des Lebens aus. Das ist wunderbar zu beobachten! Je mehr man darüber nachdenkt, desto klarer erweist sich, dass Erfolg oder Versagen absolut von der Einstellung des Denkens abhängen.

Ich fand es sehr interessant, was mir ein Freund, ein Verkäufer in einer großen Schmuckfirma, einst erzählte. Er kam regelmäßig zu mir, um zu philosophieren. Er erzählte: „Es ist sehr seltsam. Oft wenn ich in ein Haus kam, wo ich dachte, dass die Leute fähig wären, mehr als den tatsächlichen Preis der Dinge zu bezahlen, war ich versucht, einen viel höheren Preis zu verlangen als den mir bekannten Wert; aber immer wenn ich dieser Versuchung nachgab, hatte ich keinen Erfolg. Ich wurde auch ermutigt, so zu handeln, weil ich sah, dass meine Verkäuferkollegen einen Stein zum etwa vierfachen Preis seines Wertes an jemanden verkauften, wenn dieser Geschmack an ihm gefunden hatte. Warum hatten diese Erfolg und ich nicht?“ Ich antwortete ihm: „Ihr Weg ist ein anderer. Jene können durch Unehrlichkeit Erfolg haben; Sie können

Erfolg durch Ehrlichkeit erlangen. Wenn Sie deren Weg gehen, werden Sie keinen Erfolg haben."

Und so kann es sein, dass diejenigen, die eifrig dabei sind, sich geistig zu entfalten, durch die Klärung ihres Gemütes manchmal kleine Opfer bringen müssen, kleinere Misserfolge erleiden. Aber diese sind nur ein Zwischenschritt zu etwas wirklich Wesentlichem, wahrhaft Wertvollem. Wenn wir uns nicht durch einen kleinen Misserfolg entmutigen lassen, werden wir mit Sicherheit ein Stadium erreichen, wo sich der Erfolg einstellt. Die Reinheit des Denkens eröffnet Inspirationsquellen, die uns sonst verschlossen bleiben würden. Durch Inspiration genießen und schätzen wir alles, was schön ist, und erschaffen alles, was gut für das Glück und die Freude anderer ist.

Einmal besuchte ich das Studio eines Malers, der gestorben war. Ich saß dort fünfzehn Minuten lang, und mich überkam eine solche Depression, dass ich die Witwe des Malers fragte: „Wie ging es Ihrem Ehemann?" Sie antwortete: „Es ging ihm schrecklich. Sein Geist war völlig zerrissen." Ich erwiderte: „Das zeichnet sich in seinen Bildern ab." Die Wirkung war so, dass alle, die diese Bilder sahen, dem gleichen Einfluss ausgesetzt waren. Wenn wir einen reinen Geist haben, erschaffen wir Reinheit. In allem, was wir tun, in Kunst, Politik, Handel, Musik und Industrie quillt die Reinheit des Geistes so sehr aus uns heraus, dass sogar die Menschen in unserem Umfeld, seien es Fremde oder Freunde, an unserem Glück teilhaben. Man sagt, dass Krankheiten ansteckend sind. Aber auch die Reinheit des Geistes ist ansteckend und ihre Wirkung schafft Reinheit in anderen. Manche können diese für lange Zeit beibehalten, andere halten sie nur für kurze Zeit. Das hängt vom Geisteszustand ab.

Der Geist ist ein Warenlager, ein Warenlager für alles Wissen, das wir durch Lernen, Erfahrungen und all die vielen Eindrücke durch jeden der fünf Sinne erlangt haben. Mit anderen Worten: Jeder Klang, den wir jemals gehört haben, ist dort aufgezeichnet. Jede Form, die unsere Augen gesehen haben, selbst nur ein flüchtiger Blick darauf, ist dort erfasst. Und wenn unser Herz rein ist, wirft es das Licht unserer Seele wie das Licht eines Suchscheinwerfers darauf. Das Wunderbarste dabei aber ist, dass das Licht durch die Willenskraft genau auf jenen Punkt im Warenlager des Geistes geworfen wird, den wir finden wollen. Ein Beispiel: Wir haben zehn Jahre zuvor eine Person gesehen, die uns nun wieder über den Weg läuft, und wir sagen: „Ich habe diese Person schon früher gesehen, aber wo?“ In diesem Augenblick werfen wir das Licht unserer Seele auf das Bild, das bei diesem Ereignis vor zehn Jahren in unserem Geist entstanden ist. Es ist immer noch da, obwohl wir es vollständig vergessen hatten. In dem Augenblick, als wir es sehen wollten, warf unsere Seele ihr Licht auf diesen bestimmten Punkt; und das Erstaunlichste daran ist, dass es dort, in unserem Geist, wohl eine Million Bilder gibt. Warum sollte das Licht also ausgerechnet dieses bestimmte Bild finden? Das ist das Phänomen. Das innere Licht besitzt große Macht, eine Macht, die von Natur aus kreativ ist. Deshalb wirft es beim Aussenden das Licht auf jenen bestimmten Punkt.

Mit dem Wort Geist meine ich hier das Unterbewusstsein. Das Warenlager, von dem ich oben sprach, ist das Unterbewusste. In diesem Warenlager gibt es Dinge, die leben. Alle Gedanken und Impressionen sind lebendige Wesen. Im denkenden Geist stirbt nichts. Es lebt, und es lebt lang; doch wenn wir uns dessen nicht bewusst sind, sinkt es ins Unterbewusstsein.

Zum Beispiel wurde jemandem gesagt, dass er seinen Freund an einem Tag zu einer bestimmten Zeit treffen soll. Er hatte das in sein Notizbuch geschrieben, es dann aber vergessen. Mitten in seiner täglichen Arbeit gab es diesen Moment, wo er dachte: „Ich sollte an diesem Ort sein! Ich bin da nicht hingegangen. Ich hatte es ganz vergessen. Ich sollte dort gewesen sein. Warum bin ich da nicht? Warum habe ich das vergessen?“ Diese Idee, die da in seinem Gedächtnis auftauchte, war in seinem Unterbewusstsein. Und weil sein Wille es wissen wollte, kam es hoch. Er wusste ohne jeden Zweifel, dass er eine Verabredung hatte, dass er dort sein sollte. Er hatte es nur in der Zwischenzeit vergessen. Wo war es? In dem Teil seines Geistes, den man das Unterbewusste nennt.

Einmal hatte ich einen Schüler, der sehr interessiert an spirituellen Übungen und metaphysischen Fragen war. Er verließ mich und wurde Geschäftsmann. All seine Zeit wurde von seinen Geschäften aufgebraucht, sodass er mich völlig vergaß. Zehn Jahre lang machte er keinerlei Übungen. Eines Tages kam ich in die Stadt, in der er lebte, und er erinnerte sich an seinen alten Lehrer, der zurückgekehrt war. Als er den Vortrag hörte, den ich dort hielt, wurde in einem einzigen Augenblick alles wieder lebendig, was er zehn Jahre zuvor gelehrt bekommen hatte. Es wollte nur zu gern wieder hochkommen. So sagte er: „Es ist alles lebendig für mich. Bitte sagen Sie mir, was ich tun soll." Jetzt war er sehr erpicht darauf, diese Dinge zu üben.

Das ist so. Alles, was im Gedächtnis ist, all das, an das wir nicht mehr dachten, all das, worum wir uns nicht mehr gekümmert hatten, ist da; und wenn die weltlichen Beschäftigungen uns freigeben, wird alles lebendig.

Mit dem Tod kommt die Muße. Nach dem Tod beginnt der Geist ein größeres Leben, ein Leben, das realer ist als dieses hier. Der Tod ist eine Enthüllung; eine Hülle wird weggenommen, woraufhin die Seele viele Dinge in Bezug auf das eigene Leben und die ganze Welt erkennt, die ihr bis dahin verborgen waren. Deshalb werden alle Erkenntnisse vom Hörensagen über Himmel und Hölle, die sich im Geist angesammelt haben, im Jenseits unsere Wirklichkeit sein. Heute ist unser denkender Geist in uns. Im Jenseits sind wir in unserem Geist. Und deshalb wird dasjenige Denken, das jetzt unsere Vorstellung ist, im Jenseits unsere Welt sein. Wenn es Himmel ist, so wird es Himmel sein. Wenn es ein anderer Ort ist, wird es der andere Ort sein. Es ist das, zu dem wir es gemacht haben. Niemand wird dort hingezogen oder dort hingesteckt. Wir haben es selbst nach unserem Gutdünken geformt.

Wir haben das zusammengetragen, worum wir uns bemühten. Wenn es wirklich wichtig war, ist auch ein kostbares Kleid dort. Wenn wir herausfinden, dass es nicht wichtig ist, dass es närrisch ist, ist es dennoch da. Selbst nutzlose Dinge formen sich im Geist, denn alles hat eine Form. Allerdings entspricht die Form der Quelle ihres Eindrucks. Zum Beispiel hat nicht nur ein Gemälde, ein Bild eine wahrnehmbare

Form. Musik ist auch eine Sprache. Die Augen können sie nicht wahrnehmen, die Ohren jedoch schon. Das Gedächtnis häuft sogar solche Formen an wie sauer, süß, bitter, scharf, all die verschiedenen Geschmacksrichtungen. Wir sehen sie nicht, aber sie werden vom Gedächtnis in einer für uns wahrnehmbaren Form gespeichert. Die Augen können diese Formen nicht sehen, aber der Geist erkennt sie auf die gleiche Weise, wie wir sie einst schmeckten.

Nach dem Tod verbleiben verschiedene Eindrücke im Geist. Denn was ist individuell? Individuell zu sein ist so, als sei man in einem Nebel. Wenn mehrere physische Organe das innere Wesen nicht länger halten können, dann versagen sie, und das innere Wesen schließt mit ihnen ab. Der Körper löst sich auf, das innere Wesen bleibt. Das innere Wesen ist so individuell, wie die Person in ihrem physischen Körper individuell war. Nachdem der Körper vergangen ist, werden die nicht physischen Eindrücke klarer, dann wird die Individualität klarer sichtbar und wirkungsvoller als auf der physischen Ebene.

VERLERNEN

Es ist sehr schwierig, zu vergessen, was wir einmal gelernt haben. Etwas zu lernen ist eine Sache, etwas zu verlernen ist etwas ganz anderes. Durch Verlernen kommen wir spirituell weiter. Die Menschen halten ihren Glauben für ihre Religion. In Wirklichkeit ist Glaube eine Durchgangsstufe zur Religion. Wenn ich Glauben beschreiben sollte, so ist er wie eine Treppe, die auf eine höhere Realisationsstufe führt. Aber anstatt die Treppe weiter hinaufzusteigen, bleiben die Leute darauf stehen. Das ist wie fließendes Wasser, das sich nicht mehr bewegt. Die Menschen haben ihren Glauben starr werden lassen, und deshalb machen sie Rückschritte, anstatt aus ihrem Glauben Nutzen zu ziehen. Wenn das nicht so wäre, würde man denken, dass alle, die an Gott glauben, faktisch und im Jenseits besser wären als Nichtgläubige. Aber tatsächlich sind sie schlimmer, denn sie haben die eigenen Füße auf ihren Glauben festgenagelt.

Ich bin oft in einer Position, wo ich sehr wenig sagen kann, besonders wenn Menschen mit ihren vorgefassten Meinungen zu mir kommen und meine Weisungen, meine Führung auf dem spirituellen Weg erbitten. Doch dabei sind sie in erster Linie daran interessiert, herauszufinden, ob ihre Gedanken sich in meine Gedanken einbauen lassen und ob mein Denken mit ihren Gedanken zusammenpasst. Sie können sich nicht leer machen für die Weisungen, die sie erhalten. Sie kommen nicht, um meinen Gedanken zu folgen, sondern sie wollen sich selbst bestätigen, dass ihre Gedanken richtig sind. Von hundert Menschen, die um spirituelle Führung bitten, kommen neunzig aus diesem Grund. Was zeigt das? Dass sie nicht ihre eigene Vorstellung aufgeben wollen, sondern Bestätigung für die Richtigkeit ihrer eigenen Vorstellungen suchen.

Spirituelle Verwirklichung besteht von Anfang bis Ende darin, zu verlernen, was wir gelernt haben. Aber wie verlernen wir? – Was wir gelernt haben, ist in uns selbst. – Verlernen geht, in dem wir weiser werden. Je weiser wir werden, desto fähiger werden wir, die eigenen Vorstellungen zu widerlegen. Die wirklich weisen Menschen sind bereit, nachzugeben. Die törichtesten Menschen hingegen sind immer bereit, ihre eigenen Ideen standhaft zu verteidigen. Der Grund dafür ist, dass weise Menschen ihre eigenen Gedanken leicht aufgeben können; törichte halten daran fest. Und weil sie an den eigenen Ideen festhalten, können sie nicht weise werden. So kommen sie nicht voran.

Von daher ist mentale Reinigung die einzige Methode, mit der wir das spirituelle Ziel erreichen können.

Um dieses zu erreichen, müssen wir die Sichtweise der anderen Menschen einnehmen. Denn in Wirklichkeit ist jeder Blickwinkel der eigene Blickwinkel. Je weiter wir in uns werden, umso größer werden unsere Einsichten und umso deutlicher erkennen wir, dass jede Sichtweise in Ordnung ist. Wenn wir fähig sind, das eigene Bewusstsein auf das Bewusstsein eines anderen Menschen auszudehnen, dann wird unser Bewusstsein so groß wie das zweier Menschen. Auf diese Art kann es auch so groß wie das von tausend Menschen werden, wenn wir uns angewöhnen, herauszufinden zu versuchen, wie andere denken.

Der nächste Schritt der mentalen Reinigung ist, fähig zu werden, das Richtige im Falschen und das Falsche im Richtigen zu sehen, sowie das Schlechte im Guten und das Gute im Schlechten. Das ist ein schwieriges Unterfangen, aber wenn wir es einmal gemeistert haben, sind wir über Gut und Böse erhaben.

Wir sollten fähig werden, den Schmerz im Vergnügen und das Vergnügen im Schmerz zu erkennen; den Gewinn im Verlust und den Verlust im Gewinn. Üblicherweise sind wir für das eine blind und sehen nur das andere. So sehen wir entweder den Verlust nicht oder nicht den Gewinn. Wenn wir das Richtige erkennen, erkennen wir das Falsche nicht.

Mentale Reinigung heißt, dass Eindrücke wie gut und schlecht, falsch und richtig, Gewinn und Verlust, Vergnügen und Schmerz, dass diese Gegensätze, die das Denken blockieren, ausgeräumt werden, indem wir auch das Gegenteil dieser Dinge anerkennen. Dann können wir den Freund im Feind erkennen und den Feind im Freund. Wenn wir das Gift im Nektar und den Nektar im Gift erkennen, dann kommt die Zeit, in der auch Tod und Leben eins werden. Die Gegensätze bleiben für uns keine Gegensätze mehr. Das wird mentale Reinigung genannt. Und jene, die dieses Stadium erreichen, sind lebende Weise.

Der dritte Bereich der mentalen Reinigung ist, sich mit dem zu identifizieren, was wir nicht sind. Dabei befreien wir den eigenen Geist von der Prägung durch eine falsche Identität.

Als Beispiel werde ich die Geschichte eines Weisen in Indien erzählen. Die Geschichte beginnt damit, dass ein junger Mann in seiner Jugend seine Mutter, eine Bäuerin in einem Dorf, fragte: „Mutter, was ist die beste Beschäftigung?“ Und die Mutter antwortete: „Ich weiß es nicht, mein Sohn, außer dass jene, die nach dem Höchsten im Leben streben, sich auf die Suche nach Gott machen.“ „Wo muss ich also hingehen?“, fragte er weiter. Sie antwortete: „Ich weiß nicht, ob das richtig ist, aber sie sagen, in die Einsamkeit, in den Wald.“ Also ging er für eine lange Zeit dorthin und lebte ein Leben in Geduld und Einsamkeit. Und zwischendrin ging er ein- oder zweimal seine Mutter besuchen. Das eine Mal ging ihm die Geduld aus und sein Herz brach. Das andere Mal war er enttäuscht, dass er Gott nicht fand. Und jedes Mal sandte ihn seine Mutter mit noch stärkerem Nachdruck zurück. Bei seinem dritten Besuch sagte er: „Nun war ich sehr lange Zeit dort.“ „Ja“, sagte die Mutter, „ich glaube, jetzt bist du bereit, zu einem Lehrer zu gehen.“ Also ging er los, um einen Lehrer aufzusuchen. Der Lehrer hatte viele Schüler, die bei ihm lernten. Jeder Schüler hatte einen kleinen Raum für sich, um zu meditieren, und auch dem neuen Schüler wurde ein bestimmter Raum zugewiesen, um zu meditieren. Der Lehrer fragte: „Gibt es irgendetwas in dieser Welt, das du liebst?“ Der junge Mann, der seit seiner Kindheit von zu Hause fort gewesen war und nichts von der Welt gesehen hatte, konnte niemanden finden, den er kannte, außer der kleinen Kuh, die in seinem Haus lebte. Er sagte: „Ich liebe die Kuh in unserem Haus." Der Lehrer sagte: „Dann denke in deiner Meditation an die Kuh."

Alle anderen Schüler kamen und gingen und saßen fünfzehn Minuten lang für eine kleine Meditation in ihrem Raum. Dann wurden sie müde und gingen weg; aber der junge Mann blieb von dem Augenblick an, als sein Lehrer ihn angewiesen hatte, dort sitzen. Nach einiger Zeit fragte der Lehrer: „Wo ist er?" Die anderen Schüler antworteten: „Wir wissen es nicht. Er muss in seinem Zimmer sein." Sie gingen, nach ihm zu schauen; die Tür war verschlossen und er gab keine Antwort. So ging der Lehrer selbst und öffnete die Tür, und da sah er den Schüler völlig versunken in Meditation sitzen. Und als der Lehrer ihn beim Namen rief, antwortete er mit dem Muhen einer Kuh. Der Lehrer sagte: „Komm raus." Er antwortete: „Meine Hörner sind zu lang. Sie passen nicht durch die Tür." Da wandte sich der Lehrer an seine Schüler: „Schaut, das ist ein lebendiges Beispiel für Meditation. Ihr meditiert auf Gott, und ihr wisst nicht, wo Gott ist, aber er meditiert auf die Kuh und wurde diese Kuh. Er hat seine Identität verloren. Er hat sich mit dem Objekt seiner Meditation identifiziert." Die ganze Problematik unseres Lebens ist, dass wir von einer falschen Vorstellung nicht loskommen können.

Ich will noch ein Beispiel geben: Ich versuchte einmal einer Person zu helfen, die krank war. Sie hatte schon seit zwanzig Jahren Rheuma. Diese Frau lag im Bett. Sie konnte ihre Gelenke nicht bewegen. Ich kam zu ihr und sagte: „Machen Sie jetzt dies hier und ich werde in zwei Wochen wieder kommen." Als ich nach zwei Wochen wieder kam, hatte sie bereits damit angefangen, ihre Gelenke wieder zu bewegen. Und ich sagte: „Ich werde in sechs Wochen wieder kommen." Und nach sechs Wochen stand sie aus dem Bett auf und hatte noch größere Hoffnung, geheilt zu werden. Aber ihre Geduld war nicht so groß, wie sie hätte sein müssen. Eines Tages lag sie im Bett und dachte: „Kann ich jemals geheilt werden?" In dem Augenblick, als sie diesen Gedanken hatte, fiel sie zurück in den vorigen Zustand, denn ihre Seele hatte sich mit dem kranken Menschen identifiziert. Sie konnte sich nicht vorstellen, dass sie jemals richtig gesund sein könne. Sie konnte ihren Augen nicht trauen, dass ihre Gelenke sich bewegen konnten.

Menschen können körperlich gesund sein, und doch nicht in ihrem Geist. Sie halten häufig an einer Krankheit fest, von der sie loskommen könnten. Das Gleiche passiert mit Not. Menschen, die Elend im Bewusstsein tragen, ziehen Elend an. Es ist nicht so, dass das Unglück an ihnen interessiert wäre, sondern sie sind am Unglück interessiert. Sie halten an diesem Gedanken fest und dieser Gedanke wird ihnen ganz zu eigen. Wenn Menschen glauben, dass es abwärts geht, dann geht es für sie abwärts. Ihr Denken beschleunigt ihren Niedergang.

Deshalb ist der dritte Aspekt der mentalen Reinigung, fähig zu werden, sich mit etwas anderem zu identifizieren. Die Sufis haben ihre eigene Art, dies zu lehren. Oft tragen wir das Ideal unserer spirituellen Lehrer und Lehrerinnen in uns; durch dieses Ideal erlangen wir das Wissen, die Inspiration und die Macht der spirituellen Lehrer. Es ist eine Art Erbschaft.

Menschen, die sich nicht in dem Ausmaß konzentrieren können, dass sie sich selbst vergessen und tief in das Objekt ihrer Konzentration eintauchen können, werden die Konzentration nicht erfolgreich meistern.

Die vierte Art der mentalen Reinigung ist, sich von der Form zu lösen und einen Sinn für das Abstrakte zu bekommen. Alles erweckt im Auge die Vorstellung einer Form, alles; das geht so weit, dass das Erwähnen des Namens eines Menschen, den wir nie zuvor gesehen haben, eine Form von ihm entstehen lässt. Sogar so etwas wie Feen, Geister und Engel stellen wir uns sofort in einer bestimmten Form vor, sobald sie erwähnt werden. Das hindert uns daran, in die Präsenz des Formlosen einzutauchen – von daher ist diese Art der mentalen Reinigung von großer Wichtigkeit. Ihr Ziel ist, einen Gedanken ohne Form zu bekommen. Dies ist zweifellos nur durch intensive Konzentration und Meditation möglich, aber wenn wir es einmal erreicht haben, ist es sehr zufriedenstellend.

Und die fünfte Art ist die Fähigkeit, das Denken zur Ruhe zu bringen; in anderen Worten, das Denken zu entspannen. Stellen Sie sich vor, wie sehr der Körper nach einem ganzen Tag voll schwerer Arbeit Ruhe braucht; um wie viel mehr braucht dann der Geist Ruhe!

Der denkende Geist arbeitet viel schneller als der Körper. Deshalb ist der Geist auch viel müder als der Körper. Und nicht alle wissen, wie man das Denken zur Ruhe bringt, weshalb der Geist niemals Ruhe hat. Nach einiger Zeit wird der Geist dann kraftlos. Er verliert das Gedächtnis und die Handlungskraft. Er verliert die Vernunft. Wenn wir dem denkenden Geist keine angemessene Ruhe geben, hat das die schlimmsten Folgen. Wenn Schwächen wie Zweifel und Furcht beginnen, in das Denken einzudringen, werden die Menschen ruhelos, denn selbst in der Nacht noch verfolgt der Geist die Fährte dieser Eindrücke. So einfach es auch zu sein scheint, nur wenige wissen, wie man den Geist still werden lässt und wie wunderbar das ist. Welche Kraft, welche Inspiration daraus entspringt, welchen Frieden wir dadurch erfahren und wie es Körper und Geist unterstützt! Das ganze Wesen wird erneuert, wenn der denkende Geist einmal seine Ruhe hatte.

Der erste Schritt in die Stille des Geistes ist die Körperentspannung. Wenn wir fähig sind, willentlich unser Muskel- und Nervensystem zu entspannen, wird der Geist automatisch erfrischt. Außerdem müssen wir fähig werden, uns in einen Ruhezustand zu versetzen, indem wir mit Willenskraft Befürchtungen, Sorgen, Zweifel und Ängste vertreiben. Dieser Wille wird durch richtiges Atmen erlangt.

Durch die Beruhigung und Reinigung des Geistes entsteht starker Magnetismus. Ihr Fehlen löst einen Mangel an Magnetismus aus. Die Gegenwart jener, deren Geist weder gereinigt noch beruhigt ist, ist eine Quelle der Unruhe für andere und für sie selbst. Und diese Menschen sind wenig anziehend, denn ihre Anziehungskraft ging verloren. Ihre Gegenwart ermüdet alle und ihre Stimmung löst Unruhe und Unwohlsein aus. Sie sind für sich selbst und andere eine Last.

Wenn der Geist einmal gereinigt ist, ist der nächste Schritt die Kultivierung der Herzqualität, die in spirituellem Wissen gipfelt.

DIE UNTERSCHEIDUNG ZWISCHEN FEIN UND GROB

Es gibt diesen Bibelvers: „Es ist der Geist, der lebendig macht, das Fleisch nützt nichts. „Was wir lebendig nennen, ist also fein, das Tote ist grob. Mit anderen Worten, das Derbe ist grob, das Vornehme ist fein.

Die Hindus sagen etwas Wahres: Es gab ein goldenes Zeitalter, dann ein silbernes, ein kupfernes und schließlich ein eisernes.

In der Geschichte gab es noch nie eine derartige Grobheit und Derbheit, wie sie die Menschheit heute aufweist. Dies wird durch das Gesetz der Schwere bewirkt. Wenn das Bewusstsein ganz von der Grobstofflichkeit absorbiert ist, dann sinkt der Mensch zur Erde nieder. Wenn das Bewusstsein von der Grobstofflichkeit befreit wird, schwebt es zum Himmel hinauf.

Ich will damit nicht sagen, dass vor 2000 oder 3000 Jahren die Menschen nicht ungehobelt waren. Aber wenn wir die Traditionen studieren, entdecken wir, dass sie auch sehr feinsinnig und subtil in ihrer Auffassungsgabe waren, stärker als die Menschen heute. Unser Umgang mit der Erde und mit irdischen Dingen hat uns starrer werden lassen. Sie jedoch waren gelassener. Und wenn wir dafür einen Beweis brauchen, müssen wir nur die alten Sprachen studieren, wie Sanskrit, Zend, Persisch oder Hebräisch sowie die Manuskripte der alten Zeiten und wie die Dinge darin erklärt werden. Sie mögen unserer heutigen Mentalität und Auffassung sehr fremd sein, aber ihre Feinheit ist unbeschreiblich. Und es scheint, als würde es immer schlimmer und wir täglich derber werden. Wenn wir nur erkennen würden, wie weit wir uns von dem entfernt haben, was man eine feine Auffassungsgabe nennen könnte!

Wenn wir versuchen, subtile Dinge durch mathematische Berechnungen allein zu verstehen, sind wir bereits in einer dichteren Sphäre angekommen. Wir wollen uns gar nicht verfeinern, sondern versuchen, das innerste Wesen, das das Feinste überhaupt ist, grob und begreifbar zu machen. Für die spirituelle Entwicklung ist es aber von höchster Wichtigkeit, eine feinsinnige Sichtweise zu entwickeln. Ich habe Menschen gesehen, die in Trance gehen oder in tiefe Meditation versinken und doch keine feine Sichtweise haben. Und dann hat das keinen Wert. Sie sind nicht wirklich spirituell. Wahrhaft spirituelle Menschen brauchen eine Mentalität, die einer Flüssigkeit gleicht, nicht einem Felsen; eine bewegliche Mentalität, nicht grob und dicht.

Dieses Thema hat auch eine metaphysische Seite. Das Dasein enthält zwei Ebenen des Erlebens: Eine Ebene ist die Erfahrung der Sinne, die andere Ebene ist die Ekstase; durch beide Erlebnisse versucht man Glück zu erfahren. Das, was wir durch die Sinne erleben oder in Form von sinnlicher Erregung, ist nicht notwendigerweise Glück; es ist Vergnügen. Es mag für einen Augenblick wie Glück aussehen, aber eigentlich ist es nur der Hinweis auf Glück.

Ekstase ist das, was Mystiker erleben. Jene, die keine Mystiker sind, erleben sie auch, doch sie wissen nicht, was es ist. Sie können zwischen Sinneserregung und Ekstase nicht unterscheiden. Manchmal kann Ekstase durch Sinneserregung hervorgerufen werden. Und doch ist Ekstase, die auf Sinneserregung beruht, keine unabhängige Ekstase.

Es gibt unterschiedliche Grade der Ekstase. Für die Sufis ist die Seele ein Strom, der den physischen Körper mit der Quelle verbindet. Und die Kunst des Ruhens macht es der Seele naturgemäß leichter, Freiheit, Inspiration und Kraft zu erfahren, denn dann ist der Zugriff des physischen Körpers auf sie gelockert. Wie Rumi im Masnavi sagt: „Die Menschen sind Gefangene der Erde. Körper und Verstand sind die Gitterstäbe. Und die Seele sehnt sich unbewusst danach, wieder die Freiheit zu erleben, die ihr ursprünglich zu eigen war.“ Die platonische Idee, wie die höhere Quelle zu erreichen sei, ist genau dieselbe: Durch Ekstase erhebt sich die Seele sozusagen über den festen Griff des physischen Körpers. Vielleicht sind das nur ein paar Momente, aber in diesen Momenten erlebt sie eine Freiheit, wie der Mensch sie nie zuvor erlebt hatte.

Ein Augenblick der Ekstase wird auf jeder Stufe anders erlebt. Die Bibel weist auf die höchste Ekstase hin: „Seid vollkommen, wie Euer Vater im Himmel vollkommen ist." Viele religiöse Menschen werden sagen, dass es für die Menschen unmöglich sei, vollkommen zu sein; und doch wird es in der Bibel gesagt. Zu allen Zeiten haben die Wissenden und Seher verstanden, dass es ein Stadium gibt, in dem man sich über die Begrenzungen des Lebens erhaben fühlt und jene Kraft und Freiheit, jenen Frieden, jenes Licht und Leben erfährt, die Teil der Quelle aller Wesen sind. In anderen Worten: In diesem Augenblick höchster Ekstase ist man nicht nur mit der Quelle aller Wesen vereint, sondern man löst sich darin auf – diese Quelle ist das eigene Selbst.

Diese Quelle ist größer, als es jemals in Worten zu fassen ist. Wir können versuchen, sie zu fassen, indem wir sie mit einem Saatkorn vergleichen, das der Ursprung der Blume, der Blätter, des Stängels, der Zweige und des Duftes ist. Wenn wir nur das Samenkorn sehen, können wir all dies nicht darin entdecken, und doch war es immer da. Andererseits können wir nicht einmal das Samenkorn wirklich mit der Quelle vergleichen, denn das Samenkorn ist in seinem Wachstum von Sonne, Wasser und Erde abhängig. Die ultimative Quelle ist aber von gar nichts abhängig. Sie ist alles, was stark und mächtig ist. Die Quelle auch nur zu denken, ist jenseits von Worten und jenseits unserer begrenzten Fassungskraft, außer indem wir erleben, wie wir die Dinge immer stärker achten, wenn wir mehr Inspiration und Freude, mehr Frieden und Magnetismus erlangen. Auf diese Weise können wir vielleicht ein wenig davon erfassen, wie groß die Quelle sein muss. Je weiter wir werden, desto näher kommen wir an diese Quelle heran. Wie der große indische Dichter Khusrau sagt:

„Wenn ich zu DIR werde, und DU wirst ich, dann kannst DU weder sagen, dass ich von DIR verschieden bin, noch dass DU anders bist."

Die verschiedenen Grade der Ekstase sind wie verschiedene Noten in der Musik. Wir unterscheiden die verschiedenen Grade, in denen wir Ekstase erleben, so wie wir tiefere und höhere Noten unterscheiden. Selbst ein schönes Gedicht zu lesen kann Ekstase hervorrufen. Gute Musik führt in Ekstase und ein Gefühl großer Freude ebenso. All dies bricht Blockaden auf. Die feinen Zellen der Nerven werden befreit und der Körper entspannt sich.

Zwischen Ekstase und sinnlicher Erregung ist ein Unterschied, aber wenn wir dafür Worte finden wollen, entsteht immer Verwirrung. Man könnte sagen, dass Ekstase die Verschmelzung aller Sinnesregungen ist; aber wenn man sagt, dass Ekstase durch Sinneserregung entsteht, ist das auch richtig.

Sosehr wir auch Sinneserfahrungen brauchen, um unsere Erfahrung des Lebens konkret werden zu lassen, so sehr oder noch dringlicher brauchen wir Ekstase, um das Leben ganz zu leben. Die niedere Schöpfung, wie die Tiere, kennt auch flüchtige Erfahrungen von Ekstase. Sie erfreuen sich nicht nur daran, zu grasen und Samen zu finden, Nester zu bauen, in der Luft zu spielen, zu singen und im Wald herumzuspringen. In manchen Momenten fühlen auch Tiere Ekstase. Und wenn wir tief in das Thema eintauchen, werden wir verstehen, was wir in einem der wunderbarsten Verse der islamischen Tradition lesen: „Es gibt Momente, wo selbst die Felsen verzückt werden und die Bäume in Ekstase geraten." Wenn das wahr ist, dann müssen die Menschen, die dazu geschaffen wurden, alle Erfahrungen, die ein Lebewesen machen kann, in sich zu realisieren, Ekstase genauso erleben können, wie sie Sinneserregungen erleben können.

Was ich unter Sinneserregung verstehe, ist die Wirkung, die wir durch Form und Farbe erleben; die Vorliebe für die Zartheit einer Struktur. Sie besteht aus der Wertschätzung, die wir für Duft und Parfüm haben, dem Genuss, der durch das Schmecken von süß, sauer und scharf hervorgerufen wird; der Freude, die wir erleben, wenn wir Poesie, Gesang und Musik hören. All diese Erfahrungen manifestieren sich im Bereich der Sinnlichkeit. Die Welt der Ekstase ist eine andere; beide Welten sind für die Menschen erschaffen worden, damit sie das Leben auf der Erde voll und ganz leben können. Und obwohl die Menschen diese Möglichkeiten im Leben geboten bekommen, leben sie weiterhin nur ein Leben der sinnlichen Erregungen und vergessen, dass es da auch noch ein anderes Leben gibt, ein Leben, das hier auf der Erde erfahren werden kann; etwas, das die Lebenserfahrung vervollständigt.

Der physische Aspekt der Ekstase ist eine Reaktion darauf oder das Ergebnis davon, die Weite des Weltalls erblickt zu haben, den Horizont oder den klaren Himmel geschaut zu haben, die Mondnacht oder die Morgendämmerung in der Natur erlebt zu haben. Ein Sonnenaufgang oder -untergang, der Horizont auf See, mitten in der Natur zu sein, auf die Welt vom Gipfel eines Berges zu schauen, all diese Erfahrungen, selbst ein Erlebnis, wie das kleine Lächeln eines unschuldigen Kindes zu betrachten, all das erhebt uns und vermittelt uns ein Gefühl, das man nicht als sinnliche Erregung beschreiben kann. Das ist Ekstase.

Ein höherer Aspekt der Ekstase ist die moralische Ekstase – wenn es uns leidtut, etwas Unschönes gesagt oder getan zu haben; wenn wir um Vergebung gebeten und denen gegenüber klein beigegeben haben, gegen die wir taktlos waren. Wir haben dann unseren Stolz überwunden. Oder wenn wir denen gegenüber, die etwas für uns getan haben, tiefe Dankbarkeit empfinden; wenn wir scheinbar unendliche Liebe empfinden, Sympathie und Hingabe, die so groß zu sein scheinen, dass unser Herz sie nicht mehr fassen kann; wenn wir so viel Mitleid mit unseren Mitmenschen haben, dass wir uns selbst vergessen; wenn wir tiefstes Glück darin finden, jemandem in Not einen kleinen Dienst erweisen zu können; wenn wir aus der Tiefe unseres Herzens beten; wenn wir unsere eigene Begrenztheit und Kleinheit im Vergleich zur Größe Gottes erkennen ... All diese Erfahrungen sind für uns Menschen erhebend.

In den Augenblicken, in denen wir so etwas erleben, leben wir nicht mehr auf der Erde, sondern in einer anderen Welt. Solche Erfahrungen machen uns sehr glücklich, und doch machen wir sie, ohne irgendetwas dafür zu bezahlen, während sinnliche Erlebnisse etwas kosten.

Wir müssen ins Theater und zu vielerlei Unterhaltungen gehen, die alle etwas kosten. Sie kosten mehr, als sie wert sind; Ekstase aber, die unbezahlbar ist, entsteht von selbst, sobald wir einen Sinn dafür entwickelt haben. Wir müssen dazu nur unsere innere Einstellung ändern.

Einmal besuchte ich in Bengalen einen großen Weisen. Ich sagte zu ihm: „Sie führen ein solch gesegnetes Leben, das so vielen Seelen Freude und Glück bereitet." Aber er antwortete: „Wie gut es mir geht, dass Freude und Glück tausendfach zu mir kommen!"

Ekstase ist eine Reinigung. Die Ekstase eines einzigen Augenblicks kann das Schlimme vieler Jahre wegwaschen, denn sie ist wie ein Bad im Ganges, wie die Hindus sagen. Das ist symbolisch gemeint. Ekstase ist der Ganges, und wenn wir darin baden, werden wir von allen Sünden gereinigt. Es braucht nicht viel, um uns zu verzücken. Eine freundliche Einstellung, eine mitfühlende Geisteshaltung, und schon ist sie da. Wenn wir dies beachten würden, könnten wir erleben, wie unsere Augen aus Mitgefühl füreinander Tränen vergießen. Schon wären wir verzückt. Unsere Seele hätte im spirituellen Ganges gebadet. Dies geschieht durch Selbstvergessen und durch die Zerstörung der Selbstsucht. Aber erinnern wir uns, dass wir niemals behaupten können, selbstlos zu sein. Egal wie selbstlos wir sein mögen, wir sind trotzdem immer noch egoistisch. Aber wir können auf weise Art egoistisch sein. Das nennen wir dann Selbstlosigkeit; und sie ist gewinnbringender, als auf törichte Art egoistisch zu sein; denn im ersten Fall gewinnen wir, und im anderen Fall verlieren wir.

Der dritte Aspekt der Ekstase entsteht, wenn wir mit dem Sinn des Sinns in Berührung kommen, die Essenz der Weisheit erkennen und die Tiefe, die tiefste Tiefe des eigenen Herzens fühlen; wenn wir den Blick auf unser Leben erweitern, wenn wir unsere Vorstellungen erweitern, unser Mitgefühl vertiefen und in die Sphären emporsteigen, in denen die spirituelle Ekstase zu Hause ist. Heutzutage haben sich die vernünftigen Menschen, die man auch die praktisch veranlagten Menschen nennt, angewöhnt, über die Vorstellung zu lachen, dass jemand Visionen hat, Ekstase erlebt oder in so etwas wie Trance geht. Aber da gibt es nichts, was erstaunlich wäre, oder worüber man lachen müsste. Und doch sind all diese Dinge lächerlich, wenn sie von Unwürdigen ausgeführt werden; und meistens sind diese es, die solche Behauptungen aufstellen und den Beifall anderer für ihre Erlebnisse brauchen. Diejenigen, die wirklich solche Dinge erleben, brauchen niemandem zu erzählen, dass sie ein solches Erlebnis hatten. Ihre Belohnung ist die eigene Freude. Das braucht niemand anderes zu wissen. Je weniger andere davon wissen, desto besser.

Warum sollten wir uns als verschieden von anderen darstellen? Das ist reine Eitelkeit. Und je größer die Eitelkeit, umso geringer der Fortschritt, den wir auf dem spirituellen Weg erzielen. Zu versuchen, sich selbst als verschieden von anderen darzustellen, ist das Schlimmste auf dem spirituellen Pfad. Wer wirklich fortgeschritten ist, ist glücklich, sich so wie alle anderen zu verhalten. Für Romanschriftsteller scheint es etwas Großartiges zu sein, Meister zu beschreiben, wie sie in den Höhlen des Himalajas leben, oder in Wäldern, in denen sie niemand finden kann, umherwandern, immer abgehoben und abgeschieden, sodass niemand sie erreichen kann. Aber in jeder Seele ist ein göttlicher Funke, und deshalb ist eine eventuell erreichte höhere Stufe der menschlichen Entwicklung für alle Menschen da, nicht nur für die, die außerhalb der menschlichen Welt leben. Wenn sie außerhalb der Menschenwelt leben, gibt es keine Beziehung zwischen uns und ihnen. Die großen spirituellen Seelen haben in der Welt gelebt, mitten in der Welt, und sich als die größten Meister erwiesen.

Stellen Sie sich das Leben von Abraham oder Moses, das Leben von Jesus Christus vor; und zudem das Leben von Muhammed in Krieg und Schlachten, und doch so auserwählt und weltentrückt, so spirituell, wie nur irgendjemand sein kann. Und Krishna; malen Sie sich aus, wie er in Kurukshetra in der Schlacht kämpft und dabei eine Schrift von Weltbedeutung verfasst. Wenn diese alle in Berghöhlen gelebt hätten, hätten wir nicht von ihnen profitieren können. Was nützen diese Heiligen, die niemals die Tests und Prüfungen dieser groben Welt von früh bis spät sehen und erleben, wo Tausende Versuchungen und Schwierigkeiten, Tausende Probleme warten? Was können sie, die außerhalb der Welt leben, für uns tun, die wir in jedem Augenblick unseres Lebens Tausenden von Schwierigkeiten ausgesetzt sind? Und diese Schwierigkeiten wachsen. Mit der Evolution der Welt wird das Leben schwerer, schwieriger. Nein, die Meisterschaft, die Heiligkeit, die Entfaltung muss sich hier in der Welt zeigen. Es ist sehr leicht, im siebten Himmel weit fortgeschritten zu sein. Aber die Ekstase, die hier mitten unter den Menschen erlebt und an andere weitergegeben wird, ist wertvoller.

Um zurück zur Grobheit und Feinheit der menschlichen Natur zu kommen: Die Helden, Könige, Meister und Propheten, jene, die das Herz der Menschheit für sich gewonnen haben, waren sowohl in der Einstellung als auch in ihrem Charakter fein. Sie waren nicht grobschlächtig. Ihre Vornehmheit war einfach. Mit ihr ist immer Einfachheit verbunden. Gleichzeitig aber war sie subtil, und das machte sie schön. Wenn wir sprechen können, ohne zu sprechen und tun ohne zu tun, sind wir fein, und diese Subtilität sollte gewürdigt werden. Wer gleichzeitig sieht und nicht sieht, weiß und nicht weiß, erlebt und nicht erlebt, wer lebt und dennoch tot ist, dessen Seele lebt ganz.

MEISTERSCHAFT

Der Sinn des Lebens ist es, Meisterschaft zu erlangen. Dies ist der Antrieb des inneren Wesens, und mit dieser Antriebskraft im Rücken entsteht das ganze Universum. Die verschiedenen Stadien vom Mineral- zum Pflanzenreich, vom Pflanzlichen zum Tierreich und vom Tierischen zum Menschlichen beschreiben das Erwachen des Wesens der Seele in die Meisterschaft. Bei Menschen zeigt sich, dass in ihnen jener Geist erwacht ist, der das ganze Universum erschaffen hat, vor allem darin, dass sie das Reich der Mineralien und Pflanzen nutzen und das Tierische zähmen, damit es ihnen dient.

Indem wir unsere Macht erkennen, verstehen und bestmöglich gebrauchen, zeigen wir unsere Meisterschaft. Dabei haben wir Menschen aber einen Feind, und dieser Feind ist die Begrenzung. Der Geist der Begrenzung ist immer ein Hindernis dabei, den Geist der Meisterschaft zu realisieren und auszuüben. Jene, die irgendwann in ihrem Leben diesen Hauptzweck, für den der Mensch geboren wurde, erkannt haben, versuchten den Geist der Meisterschaft zu entwickeln, um sich zu schützen.

Mystik bedeutet, sich aus der Begrenzung in die Vollkommenheit zu entwickeln. Jeder Schmerz und jedes Versagen sind Teil der Beschränkung. Wir entdecken im eigenen Umfeld, dass jene, die unglücklich und unzufrieden mit dem Leben sind und andere unglücklich machen, zu den Beschränkteren gehören. Jene, die sich selbst und anderen helfen können, die glücklich sind und Freude in das Leben anderer bringen, sind der Vollkommenheit näher.

Was wird unter Beschränkung und Vollendung verstanden? Beides sind nur Zustände des Bewusstseins. Wenn wir die Beschränkung vor Augen haben, sind wir eingeschränkt. Wenn wir uns der Vollkommenheit bewusst sind, sind wir vollkommen. Denn es ist ein und dieselbe Person, die im eingeschränkten Bewusstsein beschränkt ist und die im vollkommenen Bewusstsein vollkommen ist. Um ein Beispiel zu geben: Der Sohn eines reichen Mannes hatte viel Geld unter seinem Namen auf der Bank. Aber er wusste nichts davon, und als er Geld ausgeben wollte, fand er nur sehr wenig davon in seiner Tasche. Das schränkte ihn ein. Tatsächlich hatte sein Vater eine große Summe auf seinen Namen in der Bank deponiert, doch davon wusste der Sohn nichts. Genauso ist es bei jeder Seele. Jede Seele weiß, was sie besitzt, aber sie weiß nicht, was ihr auf ihren Namen zusteht. Wir empfinden das als das Unsere, was in unserer Reichweite ist, aber wir halten das für außen vor, was nicht in unserer Reichweite zu sein scheint. Das ist natürlich. Doch die Weisheit öffnet die Pforte, damit wir hinausschauen können und sehen, ob das, was außen vor zu sein scheint, nicht doch dazu bestimmt sein könnte, erkannt zu werden.

Manchmal weiß eine Person um die Meisterschaft über das Leben. Vielleicht ist sie kein Mystiker, aber wenn die Zeit gekommen ist, weiß sie es. Eines Tages wurde mein Interesse geweckt, als ein Mann, der sein ganzes Leben lang nichts als Handel getrieben hatte und so reich dabei wurde, dass er wohl einer der wohlhabendsten Männer des Landes geworden war, mir seinen Park zeigen wollte, einen wunderschönen Park, den er um sein Haus herum hatte anlegen lassen. Als ich bei ihm zu Gast war, gingen wir spazieren. Er sagte: „Es ist wunderschön, morgens und abends hier in meinen Park zu kommen." Ich fragte ihn: „Wie weit erstreckt sich Ihr Park?" Und er antwortete: „Das wollen Sie wissen? Sehen Sie den Horizont von hier aus?" Ich sagte: „Ja." Er erklärte mir: „All dieses Land gehört mir, und außerdem das Meer. Alles, was Sie sehen können." Es war eine wunderbare Antwort und ein Beispiel für die Theorie, die ich anführte; in seinem Bewusstsein war nicht nur, was er besaß, sondern auch all das, was existierte. Er zog keine Trennlinie zwischen dem, was sein Besitz war und dem, was jenseits davon war. Das ist ein Mysterium, und es ist schwer, das Leben so zu betrachten. Aber dieser Mann, der ganz Geschäftsmann war, dieser Mann, der niemals auch nur an Mystik dachte, konnte genauso zu dieser Auffassung kommen, wie sie Mystiker nach Jahren der Meditation entdecken. Es war eine rein mystische Vorstellung.

Wenn sich Derwische – die manchmal geflickte Ärmel haben oder ärmlich gekleidet sind, die manchmal etwas zu essen haben und manchmal nicht – treffen und einander grüßen, so rufen sie aus: „Oh König der Könige, oh Kaiser der Kaiser!“ Denn vor ihnen steht dann das Bewusstsein dessen, was König oder Kaiser bedeutet. Die Ausdehnung ihres Königreichs ist grenzenlos. Das ganze Universum ist ihr Königreich. Eine Seele nähert sich der Vollkommenheit, indem sie das Bewusstsein erweitert und aufsteigt. Wenn die Seele sich spirituell entfaltet, steigt sie in Höhen auf, von denen aus sie einen weiteren Horizont sieht, deshalb wird ihr Besitz größer. Wir könnten sagen: „Indem wir auf den Horizont schauen, wird er noch nicht unser Besitz; was wir besitzen ist das, was wir unser Eigentum nennen.“ Columbus sah Amerika zuerst. Zunächst besaß er es nicht. Der Besitz kam später. Erst müssen wir sehen, danach besitzen wir: Wie könnten wir denn etwas besitzen, wenn wir es nicht sehen? Ohne ihn zu sehen, ist unser Besitz nicht unser Besitz.

Es gibt zwei verschiedene Arten, zwei verschiedene Blickwinkel, wie wir Vollkommenheit erlangen können. Die eine verläuft horizontal, die andere vertikal.

Die senkrechte Art ist, an inneres Wissen zu gelangen. Wie gelangen wir an dieses Wissen? Zuallererst erreichen wir inneres Wissen durch Konzentration. Dies bedeutet, dass wir etwas, das vom eigenen physischen Körper getrennt ist, konkret sehen können und wir uns dessen bewusst sind. Vielleicht kennen wir ein Gedicht, ein Wort, ein Bild, eine Idee oder dergleichen, und wenn wir uns dessen so intensiv bewusst sein können, dass wir darin das Bewusstsein unseres begrenzten Körpers für einen Augenblick verlieren – dann ist das der erste Schritt.

Obwohl das sehr leicht zu sein scheint, so ist dem nicht so. Zu Beginn kommen uns, sobald wir die Augen schließen, um uns zu konzentrieren, tausend Sachen in den Sinn. Auch der physische Körper wird rastlos. Er sagt sich: „Dieser Mensch weiß nichts mehr von mir!“ Und dann wird er nervös und dreht und wendet sich, damit wir wieder auf ihn achten. Denn der Körper mag es nicht, wenn wir ihn nicht beachten. Er ist wie ein Hund oder eine Katze; er möchte, dass wir ihn bemerken. Deshalb erhebt sich eine Art nervöse Aktivität im Körper. Er will sich bewegen, drehen, kratzen oder dergleichen. Der Körper mag es nicht, wenn wir anfangen, ihn zu disziplinieren.

Das zweite Stadium ist, statt eines Gedankens, sich eines Gefühls bewusst zu sein – was noch weitreichender ist; denn Gedanken sind Formen, die sogar der Verstand erkennen kann. Aber das Gefühl hat keine Form, und deshalb ist es nicht leicht, das Denken auf ein Gefühl zu fixieren und bei der Absicht zu bleiben, dieses zu halten. Wenn wir es erst einmal geschafft haben und der Unruhe des Geistes nicht nachgegeben haben, ist das sicherlich erhebend.

Hier ist nun die Grenze der menschlichen Entwicklung erreicht; alles Weitere ist göttliche Entwicklung. Was ist göttliche Entwicklung? Wenn wir noch weiter gehen, werden wir passiv anstatt aktiv. Passiv zu sein ist ein Bewusstseinszustand. Dafür brauchen wir keine Konzentration, dafür brauchen wir Meditation. Hier kommen wir mit der Energie in Berührung, die in uns zwar hörbar und sichtbar ist, von der wir jedoch trotzdem nichts wissen; jene Kraft, die eifrig der Verwirklichung ihres vorgesehenen Zieles zustrebt.

Sobald wir mit diesem Erleben in Berührung kommen, können wir im weiteren Leben nicht mehr behaupten, dass es so etwas wie Zufall gibt. Wenn wir etwas bereits in der Vorbereitungsphase erwischen, noch bevor es sich auf der irdischen Ebene verwirklicht hat, erkennen wir, dass alles vorbestimmt und vorbereitet ist.

Und wenn wir noch weiter gehen, treffen wir auf Bewusstsein in seiner Erscheinungsform der reinen Intelligenz. Das bedeutet zu wissen und doch nichts zu wissen. Und nichts zu wissen bedeutet, alles zu wissen. Denn es ist die Kenntnis von Dingen, die die Fähigkeit des Wissens abstumpfen lässt. Mit anderen Worten: Wenn wir in den Spiegel schauen, bedeckt unser Spiegelbild den Spiegel und es kann sich nichts anderes mehr darin reflektieren. In diesem Moment ist es stumpf, oder in anderen Worten: Es wird durch das verhüllt, dessen es sich bewusst ist. In dem Augenblick, in dem diese Abdeckung weggenommen wird, wird es sein eigenes Selbst, wird reine Intelligenz, reiner Geist. In diesem Zustand sind seine Energie, sein Leben, sein Magnetismus, seine Kraft, sein Fassungsvermögen viel größer, unvergleichlich viel größer, als wir uns vorstellen können. Was das genau ist, ist nicht erklärbar. Wir wissen nur, dass wir selbst diesen Zustand mithilfe der Meditation erreichen können.

Wenn wir noch höher steigen, ist da nicht einmal mehr Bewusstheit, sondern eine Art Zustand, in dem das Wissen alles umfasst, und der das Zeichen innerer Vollkommenheit ist.

Dies ist die eine Richtung der Entwicklung. Doch es gibt noch eine zweite Richtung der Entwicklung: sich im Gegenüber zu spiegeln.

Wenn wir mit jemandem befreundet sind, helfen uns Mitgefühl, Liebe und Freundschaft auf natürliche Weise, uns selbst im anderen zu erkennen, und das führt zu Opferbereitschaft. Niemand wird etwas für jemand anderen hingeben, außer dieser andere sind wir selbst. Wenn sich diese Emotion weiter entfaltet, wird sie immer umfassender: nicht nur gegenüber Freunden und den Nächsten, sondern auch gegenüber Fremden, Tieren, Vögeln und Insekten. Wir sind mit allen Lebewesen im Ein-Klang, und das vermittelt uns so viel Einsicht in unser Gegenüber, wie diese Menschen in sich selber haben. Es erweist sich schnell, dass wir so viel über die anderen wissen, wie diese über sich selbst wissen, oder sogar noch mehr. Dies ist das einfachste Phänomen dieses Bewusstseins; nicht Wunder zu bewirken.

Aber es gibt auch noch einen anderen, einen moralischen Nachweis: Wir befreunden uns mit immer mehr Weisen und Törichten, Tugendhaften und Verschlagenen; als würden wir sie anziehen. Wir können nichts dagegen tun. Mitgefühl ist so stark, dass selbst die Feinde früher oder später dahinschmelzen. Es ist nicht nur eine Geschichte, dass Daniel in die Berghöhle geschickt wurde und die Löwen zähmte. Um dieses Phänomen zu beobachten, müssen wir nicht in die Berge gehen. In der Welt gibt es Schlimmeres als Löwen: Gute und schlechte Veranlagungen, mögliche und unmögliche Leute, und wenn wir sie bezwingen können, haben wir einiges erreicht; denn dies erfordert größere Kraft, als Löwen zu beruhigen. Wir können an verschiedene Vorstellungen denken: Aufgeregte, gegensätzliche, stumpfe, unwissende; Vorstellungen voller Falschheit und Eifersucht; es gibt so viele Schwerter und Gifte in dieser Welt! Und es gibt nur eine Kraft, die Macht des eigenen Mitgefühls, die all diese giftigen Einflüsse integriert! Sie nimmt ihnen das Gift und verletzt uns selbst nicht. Früher oder später können wir sie reinigen, wiederbeleben, schmelzen, formen und sie auf den Sinn des Lebens hin ausrichten.

Die Welt strebt nach Komplexität. Wenn ich Vorlesungen darüber geben würde, wie man Magnetismus entwickelt, damit die Menschen einem zuhören und zu einem kommen; wenn ich auch noch zwanzig Übungen dazu geben würde, wie dies erreicht werden kann, so hätte ich vermutlich großen Erfolg damit. Aber wenn ich ihnen solch einfache Dinge erzähle wie dies: Nämlich dass es auf die Stärkung ihres Mitgefühls ankommt, auf das Erwecken eines verständnisvollen Geistes in ihnen, der alle Macht und allen Magnetismus hat und dessen Erweiterung spirituelle Entfaltung bedeutet, dann werden dies nur wenige verstehen. Denn die Menschen wollen keine einfachen Lehren, sie wollen Komplexität.

Eine weitere Stufe der Entfaltung ist, dass wir auch den Standpunkt des anderen einnehmen und versuchen, so zu denken, wie die andere Person denkt.

Das ist nicht leicht, denn wir lernen von Kindheit an, so zu denken, dass wir zu unseren eigenen Vorstellungen stehen. Wir wechseln nicht zu den Vorstellungen anderer. Allein die Tatsache, dass wir eine eigene Vorstellung haben, lässt uns daran festhalten. Deshalb ist es eine Erweiterung, fähig zu werden, aus dem Blickwinkel eines Kindes oder vom Standpunkt einer unklugen Person aus zu schauen und zu lernen, wie diese die Dinge betrachten. Das Interessanteste daran ist, dass es uns toleranter und geduldiger macht. Auf diese Weise vergrößern wir unser Wissen in einem Ausmaß, wie es uns ein Text niemals vermitteln könnte. Nun fangen wir an, aus allen Quellen zu empfangen; sobald der Geist so geschmeidig geworden ist, dass er nicht mehr auf den eigenen Standpunkt beharrt, ziehen wir Wissen aus allen Ebenen an.

Dieses Verfahren wird Verlernen genannt. Wenn wir zum Beispiel von einem bestimmten Menschen sagen: „Das ist kein netter Mensch“, so ist der übliche Trend doch, bei dieser Vorstellung zu bleiben, auch wenn wir vielleicht völlig falsch liegen. Die höhere Entwicklungsstufe aber ist, auch den Blickwinkel dieses Menschen einzunehmen. Er hat einen Grund dafür, so zu sein, wie er ist. Vielleicht ist er noch nicht weit genug entwickelt, um zu erkennen, oder er ist weiter entwickelt, aber weniger an anderen Personen interessiert. Auch wenn wir dessen Standpunkt sehen, verlieren wir dabei nicht unseren eigenen. Unser Standpunkt ist immer noch da; doch der Standpunkt des anderen wurde unserem eigenen hinzugefügt und dadurch wird unser Wissen größer. Darin liegt eine größere Dehnung unseres Herzens, und manchmal ist es schmerzhaft für das Herz, wenn es gedehnt wird. Indem das Herz ausgedehnt wird, wird es jedoch immer weiter, und indem es immer weiter wird, verwandeln wir es in ein heiliges Buch.

Einen anderen Menschen zu fühlen, ist der dritte Aspekt. Die Menschen sind häufig anders, als sie erscheinen und als sie denken. Manchmal handeln und sprechen sie ganz anders, als sie denken. Und manchmal handeln und sprechen sie ganz anders, als sie fühlen. Wenn wir durch unser Fühlen die Gefühle unseres Gegenübers wahrnehmen können, so nehmen wir einen hohen Standpunkt ein. Wir werden zu einer hoch entwickelten Persönlichkeit, wenn die Gefühle der anderen uns mehr erzählen können als ihre Worte und Taten; und manchmal bekommen wir einen ganz anderen Eindruck von ihnen, als wenn wir sie nur gesehen oder sprechen gehört hätten. Wenn wir an diesem Punkt angekommen sind, hört die menschliche Entwicklung auf und die göttliche Entwicklung beginnt. Von jetzt an erhalten wir zweifellos Einsicht in das innere Wesen der Menschen; ob sie Erfolg haben werden oder nicht, ob sie glücklich werden oder nicht, oder was sie bewirken werden; denn etwas geschieht in diesen Menschen, das den Plan für morgen vorbereitet. Wir beginnen es zu erspüren und fangen an, einen Eindruck davon zu bekommen, und dieser Eindruck ist manchmal genauso deutlich wie irgendetwas Sichtbares oder Hörbares.

Wenn wir weiter gehen, vereinigen wir uns mit allem. Im Bewusstsein ist Entfernung keine Distanz mehr. Wenn wir unser Bewusstsein so ausdehnen können, dass es das Bewusstsein anderer berührt, werden nicht nur deren Gedanken, sondern ihr ganzes inneres Wesen in unserem Wesen gespiegelt. Raum hat keine Bedeutung mehr. Unser Bewusstsein kann jeden noch so fernen Teil der Welt und jeden Menschen berühren.

Wenn wir noch einen Schritt weiter gehen, bleibt uns nichts weiter, als zu erkennen, dass wir mit allen Wesen verbunden sind. Dass nichts und niemand verschieden oder getrennt von uns ist, und dass wir durch Ketten nicht nur an diejenigen gebunden sind, die wir lieben, sondern an alle, die wir je kannten und die wir noch nicht kennen – verbunden durch ein Bewusstsein, das uns stärker miteinander verbindet als jede Kette.

Logischerweise beginnen wir nun das Wirken der Naturgesetze zu verstehen. Wir beginnen zu erkennen, dass das ganze Universum ein Mechanismus ist, der auf ein bestimmtes Ziel hinarbeitet. Daher führt alles Richtige und Falsche, das Gute und das Schlechte zu dem einen gewünschten Ergebnis; ob durch falsche oder richtige Macht – es entsteht etwas, das so beabsichtigt ist, und dies ist der Sinn des Lebens.

Dann hält man sich ganz natürlich zurück vom Dogmatismus des „Sie haben unrecht“ und „Sie haben recht“ und erreicht die Geisteshaltung der Weisen, die nichts sagen, alles wissen, alles tun und alle Dinge ertragen. Dies lässt uns zum Freund und Diener aller werden. Und durch all die Erkenntnisse der mystischen Wahrheit, all den spirituellen Fortschritt erkennen wir das Eine, das Einzige, das zählt und das ist: unseren Mitmenschen ein wenig nützlich zu sein.

KÖRPERBEHERRSCHUNG

Viele Menschen denken, dass das Körperliche nicht viel mit dem Spirituellen zu tun hat. Sie fragen sich: Warum nicht den Aspekt des Körperlichen verwerfen, um ganz und gar spirituell zu werden? Wenn der Zweck des Lebens ohne den körperlichen Aspekt unseres Wesens erreicht werden könnte, hätte die Seele keinen physischen Körper angenommen und der Reine Geist keine physische Welt erschaffen. Ein hindustanischer Dichter sagt: „Wenn der Zweck der Schöpfung von den Engeln erfüllt werden könnte, die rein spirituell sind, dann hätte Gott nicht den Menschen erschaffen." Das deutet darauf hin, dass das, was wir den physischen Körper nennen, eine große Aufgabe zu erfüllen hat. Wenn das Licht Gottes direkt sichtbar gemacht werden könnte, hätte es keine Manifestation eines Christus gegeben. Es war sozusagen notwendig, dass Gott in einem physischen Körper auf der Erde wandelte. Die Meinung, dass der physische Körper aus Sünde bestehe und dass er die niedrigste Daseinsform sei, erweist sich häufig als Irrtum, denn es ist dieser Körper, durch den das höchste und größte Ziel des Lebens erreicht werden kann. Wir nennen ihn nur aus Unwissenheit unseren physischen Körper. Sobald wir darüber mehr wissen, werden wir ihn als den heiligen Tempel Gottes ansehen.

Wir erfahren das Leben durch unseren Körper in fünf Erscheinungsformen. Die erste ist die Gesundheit, deren Besitz der Himmel ist und deren Abwesenheit die Hölle bedeutet. Egal was wir im Leben besitzen: Wohlstand, Name und Berühmtheit, Macht oder eine Stellung, Komfort und Bequemlichkeit – ohne Gesundheit ist all dies nichts. Wenn wir gesund sind, denken wir nicht an sie. Wir schätzen ihren Wert nicht. Wir kümmern uns um Dinge, die wir nicht haben. Wir wagen es, unsere

Gesundheit für Vergnügungen und materiellen Reichtum aufs Spiel zu setzen. Wir sind bereit, unsere Gesundheit für intellektuelle Fantasien, für Fröhlichkeiten, Belustigungen und Unterhaltung zu opfern oder um unseren Ehrgeiz zu befriedigen. Aber sehr häufig kollabieren wir, noch bevor unser Ehrgeiz befriedigt wurde oder der Wunsch erfüllt ist, und dann fangen wir an zu erkennen, was Gesundheit bedeutet. Wir können sie mit nichts kaufen, mit nichts vergleichen. Wenn wir alle Segnungen des Lebens zusammennehmen und sie auf einer Waage wiegen könnten, würden wir erkennen, dass die Gesundheit das höchste Gewicht hat.

Durch Gesundheit werden wir befähigt, sowohl materiell als auch spirituell zu sein. Ihr Fehlen nimmt uns sowohl das Materielle als auch das Spirituelle: Es beraubt uns materiell, weil wir keine gute Kondition haben, und spirituell, weil nur vollständige Gesundheit den Menschen befähigt, das Spirituelle vollständig zu erleben. Ich meine damit nicht, dass es eine Sünde sei, krank zu sein und eine Tugend, gesund zu sein. Ich meine, dass Gesundheit eine Tugend und Krankheit eine Sünde ist.

Balance ist ein weiterer Aspekt der physischen Existenz. Das Gleichgewicht verleiht uns Kontrolle über unseren Körper. Durch das Gleichgewicht sind wir fähig zu stehen, zu gehen und uns zu bewegen. Jede Handlung, jede körperliche Bewegung wird durch das Gleichgewicht ermöglicht. Und wenn die Balance fehlt, wird das auch immer als Mangel in unserem Charakter sowie in unseren Lebensbedingungen sichtbar. In welcher Form sich der Mangel an Balance auch immer zeigt, es bedeutet, dass unserer Persönlichkeit etwas fehlt. Wenn wir den Gang eines Menschen beobachten, die Art, wie er sich bewegt oder aussieht, all sein Tun, so erkennen wir, dass es ohne ausreichende Balance immer an etwas mangelt, das dahinter liegt, etwas, das wir vielleicht noch nicht erkennen können, das wir aber mit der Zeit herausfinden. Wenn Menschen zum Beispiel wackelig laufen, so sollten wir nicht glauben, dass dies nur eine äußerliche Störung ist; es hat mit etwas im Charakter dieser Menschen zu tun. So wie sie beim Laufen schwanken, so schwankend sind auch ihre Entschlossenheit, ihr Glaube. Genau wie die Ärzte den inneren Zustand an den Augen und der Zunge der Patienten ablesen können, so können die Weisen alles, was die Menschen betrifft, an jeder ihrer Bewegungen ablesen, besonders wenn sie das Gleichgewicht beobachten.

Viele westliche Leser orientalischer Philosophie haben mich gefragt: „Warum machen die Adepten im Osten akrobatische Übungen? Sie sitzen sehr lange in bestimmten Haltungen, stehen auf einem Bein, auf ihrem Kopf oder sitzen im Schneidersitz und tun vieles dergleichen mehr, was man von einer spirituellen Person niemals erwarten würde. Wir denken, dass solche Dinge etwas für Akrobaten und Athletinnen sind." Und ich habe geantwortet, dass all solche Sachen wie Sport, athletische Übungen und Akrobatik ein Missbrauch von Energie, Zeit und Arbeit sind, wenn sie als Zeitvertreib gemacht werden. Wir ziehen dann nicht den vollen Nutzen daraus. Aber die Adepten gebrauchen sie für einen höheren Zweck. Nichts in dieser Welt erweist sich als unnütz für die Erlangung von Spiritualität, wenn es richtig geübt wird.

Glauben Sie nicht, dass in die Kirche oder den Tempel zu gehen, Gebete zu verrichten oder mit geschlossenen Augen in Stille zu sitzen die einzigen Wege zur Erlangung von Spiritualität sind! Doch wird unsere Spiritualität gefördert, wenn wir alles auf das spirituelle Ziel hin ausrichten, was wir in unserem täglichen Leben tun. Außerdem ist ein Kirchgang pro Woche nur sehr wenig spirituelle Arbeit. Selbst wenn wir jeden Abend, bevor wir zu Bett gehen, unsere Gebete sagen, ist das nur sehr wenig spirituelle Arbeit. Denn den ganzen Tag über leben wir in Illusion. Alles, was wir tun, ist auch Teil einer spirituellen Vision. Deshalb sollten wir in jedem Augenblick des Tages konzentriert sein. Doch wie können wir das, wenn wir im alltäglichen Leben unserem Handel, Gewerbe oder Beruf nachgehen und tausenderlei Dinge zu tun haben? Die Antwort ist, dass wir alles, was wir tun, in ein Gebet verwandeln sollten. So wird alles unserem spirituellen Erfolg dienen, welchem Beruf, welcher Arbeit oder Beschäftigung wir auch nachgehen. Dann werden all unsere Handlungen zum Gebet. Sämtliche Bewegungen in Richtung Süden, Norden, Westen oder Osten laufen dann auf das spirituelle Ziel zu. Nicht alle erkennen, in welchem Ausmaß ihnen das Gleichgewicht im Leben fehlt. Unter hundert Menschen kann man kaum einen finden, der wirklich im Gleichgewicht ist. Es gibt auch ein spirituelles Gleichgewicht, aber dieses Gleichgewicht wird zunächst durch das Erreichen des Gleichgewichts im Körper und seinen Bewegungen erreicht.

Der dritte Aspekt unserer physischen Existenz ist die Vervollkommnung unseres Körpers, mit anderen Worten: die Feinheit und Sensitivität unseres Körpers. Es gibt ein spirituelles Naturell, und dieses Naturell kann man am Körper eines Menschen erkennen. Es gibt sensitive Menschen, sie sind vielleicht ein bisschen nervös, und es gibt dichte Menschen, die ein ganz anderes Erscheinungsbild haben. Sensitive Menschen, die Musik genießen können, die auf die Schönheit von Form und Farbe ansprechen, die salzig und süß, sauer und bitter vollständig schmecken können, die Kälte und Hitze spüren und Wohlgeruch wahrnehmen und all das voneinander unterscheiden können; solche Menschen sind mit spirituellem Naturell geboren. Dicht werden jene genannt, die Musik nicht lieben, Duft nicht schätzen können und die Schönheit von Form und Farbe nicht verstehen. Ihre Entwicklung wird Zeit brauchen. Daher liegen auch all die Freude und das Vergnügen, die das Leben bietet, nicht im Materiellen, sondern im Spirituellen. Nicht die materiellen Menschen erleben das Leben ganz, sondern die spirituellen.

Man könnte fragen: „Was ist dann mit den Asketen, die das Leben eines Eremiten in Einsamkeit lebten, die sich nicht richtig ernährten, die sich von aller Bequemlichkeit und Schönheit fernhielten?“ Nicht jeder sollte ihnen nachfolgen. Es ist aber genauso falsch, sie zu kritisieren. Solche Menschen machen Lebensexperimente, indem sie alle Freude und alles Vergnügen opfern, die die Erde bieten kann. Durch ihre Einsamkeit experimentieren sie. Genau wie Wissenschaftler sich jahrelang in ihre Laboratorien einschließen. Auch diese Asketen, die alles Weltliche verlassen haben, erreichten ein bestimmtes Wissen, das sie an uns weitergegeben haben. Das ist kein Grundsatz, dem alle folgen sollten, denn Spiritualität hängt nicht von solchen Dingen ab. Warum wurden uns Augen gegeben, wenn nicht, um alles zu würdigen, was schön ist? Wozu wurden uns Ohren gegeben, wenn wir keine Musik genießen dürften? Wozu sind wir auf die Erde geschickt worden, wenn wir nicht auf die Erde schauen dürften, aus Angst, Materialist genannt zu werden? Jene, die Spiritualität zu etwas Derartigem machen wollen, machen aus Gott ein Schreckgespenst, etwas Furchteinflößendes. Tatsächlich aber ist Spiritualität die Fülle des Lebens.

In Hinblick auf den vierten Aspekt unserer physischen Existenz identifizieren wir uns fälschlicherweise mit unserem Körper, den wir „Ich" nennen. Und wenn unser physischer Körper Schmerzen hat, sagen wir: „Ich bin krank." Dies, weil wir uns mit etwas identifizieren, das zu uns gehört, das wir aber nicht sind. Das Erste, was wir auf dem spirituellen Weg lernen, ist, den Körper nicht als unser Selbst, sondern als ein Instrument, ein Fahrzeug zu verstehen, durch das wir das Leben erfahren. Dieses Instrument ist so ausgestattet, dass wir damit alles außerhalb und innerhalb unserer selbst, das es wert ist, erlebt zu werden, erfahren können. Wenn Babys geboren werden und aufwachsen, ist ihre erste Neigung, alles, was außerhalb von ihnen ist, zu genießen und zu erleben, und wir bekommen normalerweise keine Gelegenheit zu erfahren, was in uns ist. Dabei ist der Körper mit dem Werkzeug, mit den Mitteln ausgestattet, sowohl das äußere als auch das innere Leben zu erleben. Wenn wir unsere Hand oder unser Bein viele Jahre lang nicht benutzen, werden sie ihre Vitalität, ihr Leben, ihre Energie verlieren und nicht mehr zu gebrauchen sein. Wir kennen den Verwendungszweck unserer Hände und Füße, welche die äußeren Teile unseres physischen Mechanismus' sind. Aber es gibt auch innere und feinere Teile des physischen Instrumentes, die die Mystiker Zentren nannten, und jedes Zentrum hat ein spezifisches Thema: Intuition, Inspiration, Impression, Offenbarung – sie alle können durch diese Zentren realisiert werden.

So wie die Sinnesorgane das Leben um uns herum erleben können, so können diese Nervenzentren das Leben in uns erleben. Aber wenn diese Zentren viele Jahre lang nicht benutzt werden, dann werden sie stumpf, und sie können nicht mehr für den Zweck eingesetzt werden, für den sie existieren. Viele, die sich der spirituellen Arbeit verschreiben und von einem guten Lehrer begleitet werden, beginnen etwas in der Mitte der Stirn zu spüren, als ob dort etwas aufwachen würde. Nach einiger Zeit können sie einen Lebensbereich wahrnehmen, von dem sie gar nichts wussten. Manche fangen an, ein Gefühl im Solarplexus wahrzunehmen, das sie zuvor nicht hatten. Wenn dieses Fühlen erweckt wird, werden diese Menschen intuitiver. Manche fühlen eine gewisse Sensitivität oben auf dem Kopf oder im Kehlzentrum. Diese spüren sie im Laufe ihres Wachstums immer stärker. Und zweifellos wird es unter ihnen manche geben, die von Natur aus intuitiv sind.

Der Unterschied zwischen jenen, deren Nervenzentren ansprechen und jenen, deren Nervenzentren nicht ansprechen, ist wie der zwischen Fels und Pflanze. Der Fels reagiert nicht auf Mitgefühl, die Pflanze aber schon. Und so beginnen jene, deren intuitive Zentren bis zu einem gewissen Grad erwacht sind, intuitiv zu spüren, und dann folgen Inspiration und Offenbarung. Aber wir sollten bedenken, dass man über solche Dinge nicht sprechen sollte. Diejenigen, die am wenigsten wissen, reden am meisten; und wenn Menschen, die noch nicht reif sind für solche Geheimnisse, eine Theorie oder Ähnliches erfahren, dann sprechen sie mit jedem darüber. Und anschließend schreiben sie ein Buch über ihre eigenen falschen Vorstellungen. Sie hatten nie die Geduld, Ausdauer und richtige hilfreiche Führung und gehen oft in die Irre; und viele von ihnen haben ihre Gesundheit ruiniert und das Gleichgewicht verloren, indem sie versuchten, ihre Zentren zu erwecken. Sie nehmen etwas leicht, was sehr ernsthaft ist, höchst heilig und zu spirituellem Erfolg führt. Andere machen sich darüber lustig. Das sind die mit dem falschen Naturell, die das Mitgefühl nicht so spüren können wie eine Pflanze. Sie können diese Möglichkeiten in sich selbst nicht entdecken und machen sich über jene lustig, die wahrnehmen können; auf diese Weise wurde eine Wissenschaft, die die höchste aller Wissenschaften ist, missbraucht und lächerlich gemacht.

Im Osten geben Lehrer keine spirituelle Führung, bevor sie nicht volles Vertrauen in den Schüler haben. So gestatten sie nicht, dass das höchst Heilige der Lächerlichkeit preisgegeben wird. Wenn sie ihre Schüler einweihen, lassen sie sie schwören, über diese Dinge nicht mit denjenigen zu sprechen, die deren Wert, deren Wichtigkeit und deren Heiligkeit nicht kennen – erst dann bekommen sie Führung. Auch wird jeder Mensch einzeln vom Lehrer geleitet.

Schließlich gibt es noch einen fünften Aspekt unserer physischen Existenz. Das sind die beiden Aspekte Sinnesempfindung und Ekstase. Durch Sinnesempfindung erfahren wir Vergnügen. Durch Verzückung erleben wir Glück. Es gibt einen Unterschied zwischen Vergnügen und Glück. Alles das, was die Menschen gewohnt sind, durch das Medium des Körpers zu erfahren, ist Vergnügen: das Vergnügen des Essens, das Vergnügen des Trinkens und das Vergnügen, schöne Dinge anzusehen. Also wird alles, was sie wohlig wahrnehmen, durch die physischen Sinne erlebt. Aber daneben gibt es ein Glück, das nicht von den Sinnen abhängt, sondern auf reiner Ekstase beruht; und diese Ekstase wird auch durch das Medium des Körpers erlangt.

Wie wird sie erlangt? Aktion hat ihre Wirkung und Ruhe hat ihre Wirkung. Der Effekt der Aktion wird Sinneserregung genannt, der Effekt der Ruhe wird Ekstase genannt. Im Masnavi von Rumi, des wunderbarsten persischen Dichters, lesen wir über den Segen des Schlafes, wo er sagt: „Oh Schlaf, keine größere Seligkeit kann sich mit Dir vergleichen. Im Schlaf sind die Gefangenen frei von ihrem Gefängnis und die Könige besitzen weder Thron noch Krone. Die leidenden Patienten verlieren ihren Schmerz und Kummer und ihre Sorgen sind vergessen." Dies zeigt, dass Schlaf eine Form der Ruhe ist, die automatisch geschieht und die uns über Ängste, Kummer und Unannehmlichkeiten, über Sorgen und Schwierigkeiten erhebt. Wenn wir diesen Zustand der Ruhe willentlich erzeugen können, erfahren wir Meisterschaft, denn wir sind nicht länger von einem automatischen Zustand abhängig. Wir haben etwas Großes erreicht, wenn wir diesen Zustand in uns erzeugen können, der uns über unseren Kummer, unsere Sorgen und Ängste, über Schmerzen und Leid erhebt. Und wir erreichen ihn über die Praxis der Ruhe. Für Adepten ist das Erste, was sie in ihrem Leben lernen, die erwähnten fünf verschiedenen Aspekte zu beherrschen, und erst, wenn sie diese beherrschen, sind sie für den nächsten Schritt auf dem Weg der spirituellen Verwirklichung bereit.

GEISTESKONTROLLE

Die Angewohnheit, sich wegen nichts und wieder nichts Sorgen zu machen, sich wegen kleiner Dinge zu beunruhigen, nervös und ruhelos, voller Furcht und verwirrt zu sein, die Neigung, ohne Grund zu sprechen oder ohne Grund traurig zu sein – all dies kommt von einem Mangel an Geisteskontrolle. Und hat all dies, neben der Auswirkung auf die eigene Persönlichkeit, noch andere Auswirkungen? Ja; alle Schwäche, alle Irrtümer und Fehler, die Menschen unabsichtlich begehen, entstehen aus fehlender Beherrschung des eigenen Geistes. Und wenn es ein Geheimnis für Erfolg gibt, so ist der Schlüssel dazu die Beherrschung des Geistes. Intuition, Inspiration, Offenbarung entstehen, wenn der Geist unter Kontrolle ist. Alle Sorgen, Ängste und alle Furcht und Zweifel entstehen aus einem Mangel an Kontrolle.

Was ist der denkende Geist? Ein Teil der Menschheit hält den denkenden Geist für etwas Unerklärbares, und ein anderer Teil der Menschheit meint, der Geist sei eine Tätigkeit des Gehirns. Das ist eine sehr begrenzte Vorstellung des denkenden Geistes. Die Stimme reicht über Funk Tausende von Meilen weit, doch der Geist ist noch viel feiner als die Stimme. Er kann nicht auf das Gehirn beschränkt und von ihm begrenzt werden, auch wenn das Gehirn das Medium ist, durch das die Gedanken klar werden. Für die Mystiker ist der Geist oder das Gemüt der wahre Mensch; der Körper ist nur das Gewand, das die Menschen tragen. Das englische Wort „mind" hat seinen Ursprung im Sanskrit. Auf Sanskrit heißt es „mana" und ist aus dem Wort „manu" entstanden, was fast gleichbedeutend mit dem englischen Wort für Mensch, „man", ist. Mit anderen Worten: Mensch bedeutet Geist; dass dies richtig ist, können wir erkennen, wenn wir eine andere Person als traurig und niedergeschlagen, als mutig und enthusiastisch oder als ausgeglichen bezeichnen, denn all diese Eigenschaften gehören dem Gemüt an. Die Menschen sind nicht ihr Körper, sondern ihr Gemüt oder Geist. Es gibt den Ausspruch: Was wir sind, spricht deutlicher als das, was wir sagen. Die Stimme des Gemüts reicht also weiter als das gesprochene Wort und hat auch eine weitreichendere Auswirkung.

Es ist die Geisteshaltung, die eine Atmosphäre erschafft. Oft fragen wir uns, warum wir uns in der Gegenwart von Menschen unwohl fühlen, ohne dass diese uns irgendetwas getan hätten; oder dass wir in der Gegenwart von anderen ganz aufgeregt, unharmonisch, müde oder verwirrt werden. Warum ist das so? Das ist die Wirkung des Gemütes oder Geistes dieser Menschen. Ein Gemüt, das brennt, erzeugt Feuer in der Atmosphäre, und alle innerhalb dieser Atmosphäre brennen im gleichen Feuer. Ein Gemüt, das ruhig und friedlich ist, vermittelt denen, die in dessen Atmosphäre kommen, Ruhe und Frieden.

Ich habe einmal meinen spirituellen Lehrer gefragt, wie wir gottesfürchtige Menschen erkennen könnten. Und mein Lehrer antwortete: „Nicht an dem, was sie sagen oder was sie zu sein scheinen, sondern an der Atmosphäre, die ihre Gegenwart erzeugt. Das ist der Nachweis. Denn niemand kann eine Atmosphäre erzeugen, die nicht dem eigenen inneren Wesen entspricht."

In der Bibel wird gesagt, dass zunächst die Erde erschaffen wurde, und später, nach der Erde, die Himmel[1], was besagt, dass zunächst der Körper fertiggestellt wurde und dann das Gemüt oder der Geist. Ein Kind wird sozusagen mit der Vision oder dem Skelett eines Gemüts geboren, und dann werden diesem Fleisch und Haut hinzugefügt.

Ein Gemüt ohne Körper gibt es nicht; das heißt, bevor der Körper fertiggestellt wurde, war das Gemüt nur ein Akasha, ein Aufenthaltsort. Die Erfahrung, die es durch den Körper als sein Fahrzeug gesammelt hat, wurde seine Erkenntnis; und Erkenntnis erschafft den denkenden Geist oder das Gemüt. Die Akasha, die nach der Geburt des Körpers zu einem Gemüt wurde, hat schon undeutliches Wissen von verschiedenen Gemütern gesammelt, die es auf seiner Reise zur Erde traf; vielleicht

1 Garten Eden, Gen. 1-2:5-9

von einem Gemüt mehr als von anderen Gemütern. In diesem Fall erwarb sie die Charakteristika hauptsächlich von einem Individuum, das von der Erde gegangen war. Daneben erwarb diese Akasha durch ihre Eltern das Wissen oder die Mentalität ihrer Ahnen, ihrer Nation und ihrer Ethnie sowie den besonderen Grad der Evolution der ganzen Menschheit zu jener bestimmten Zeit.

Manche sagen, dass Tiere kein Gemüt haben. Aber das ist eine falsche Auffassung. Wo immer es einen Körper gibt, ist auch ein Gemüt. Selbst ein Baum hat ein Gemüt. Luther Burbank sagte mir zur Unterstützung dieses Arguments einmal: „Man sollte die Neigung einer Pflanze beobachten, wohin sie wachsen will; wenn wir das nämlich nicht beachten, wird die Pflanze nicht voll ausgereift wachsen. Ich behandle sie als Lebewesen. Sie sprechen mit mir und ich mit ihnen." Zunächst sollten wir über das Gemüt wissen, dass es, was seine Existenz betrifft, vom Körper unabhängig ist. Aber es wird durch die Erfahrungen, die die Menschen durch ihre Sinne erhalten, bereichert. Zweifellos sind das Gemüt oder der Geist im Körper, aber sie sind auch außerhalb des Körpers, genauso wie das Licht sowohl in der Laterne wie auch außerhalb ist. Der Körper ist die Laterne, in der das Licht leuchtet, aber die Laterne verdeckt das Licht nicht. Das Licht ist von der Laterne unabhängig. Es leuchtet hinaus, genau wie der denkende Geist oder das Gemüt. Das Gehirn ist nicht der Geist, genauso wenig wie das Stück Fleisch in der Brust das Herz ist. Das Fühlen wird in der Brust nur vertieft und die Gedanken werden im Gehirn klarer. Mit anderen Worten: Brillengläser sind keine Augen; Brillen helfen uns nur, Dinge klarer zu sehen. Aber das Sehvermögen ist unabhängig von der Brille, während die Brille vom Sehvermögen abhängig ist. So ist auch der Körper abhängig vom denkenden Geist, während der Geist unabhängig vom Körper ist. Der Körper kann ohne den Geist oder das Gemüt nicht existieren, doch das Gemüt existiert ohne den Körper. Das Gemüt ist das unsichtbare Wesen des Körpers. Es hat seinen Sitz im physischen Wesen; und dieser Sitz wird Gehirn genannt, so wie der Sitz des Gefühls das Herz ist.

Alles, was die Sinne empfangen können, ist außen, aber alles, was der denkende Geist oder das Gemüt empfangen können, ist innen.

Das bedeutet, dass die Imagination aus dem Gemüt aufsteigt und dass der Geist sie empfangen kann. Gefühle, Gedächtnis, Konzentration, Vernunft, all das sind Wahrnehmungen des Geistes. Den Geist oder das Gemüt könnten wir also eher als das Wesen des Menschen bezeichnen als den Körper. Der Körper ist, verglichen mit dem Gemüt, wie ein Mantel, den ein Mensch trägt.

Der Geist hat fünf verschiedene Aspekte. Der erste Aspekt ist die Kraft des Denkens. Und das Denken kann in zwei Teile aufgeteilt werden: Imagination, die aus der selbsttätigen Aktion des Geistes entsteht, und Gedanken, die ein Ergebnis absichtsvollen Denkens sind. Deshalb sind bedächtige Menschen nicht unbedingt einfallsreich und einfallsreiche Menschen nicht unbedingt bedacht. Beide Qualitäten haben ihren Platz. Diejenigen, die daran gewöhnt sind zu denken und keine Vorstellungskraft haben, haben sich weit entfernt von der Schönheit, die durch Poesie und Musik ausgedrückt wird, denn diese kommen aus der Vorstellungskraft. Wenn dem Geist freie Hand gelassen wird, zu tun, was er will, tanzt er förmlich, und aus seinen Gesten entsteht ein Bild, sei es nun in Kunst, Poesie oder Musik. In welcher Form auch immer er sich selbst ausdrückt, sie ist schön.

Viele Menschen lachen über fantasievolle Menschen. Sie sagen: „Die sind in den Wolken. Die träumen." Und doch entstehen alle Werke der Kunst, Musik und Poesie aus der Fantasie dort, wo dem denkenden Geist erlaubt wird, all die Schönheit und Harmonie auszudrücken, die ihm innewohnt, denn Fantasie ist der freie Fluss des Geistes. Wird er aber durch bestimmte Prinzipien oder Regeln eingeschränkt, so arbeitet er nicht frei. Ohne Zweifel werden wir unter den Künstlern und Musikern viele finden, die Träumer und unpraktische Menschen sind. Das bedeutet aber nicht, dass sie weniger begabt sind. Vielleicht hilft ihnen ihre unpraktische Art, etwas zu erreichen, das praktisch veranlagte Menschen nicht erreichen können. Wir müssen ihrem Beispiel nicht folgen, aber wir können sie dennoch wertschätzen. Zudem hat noch niemand je Gott geliebt oder an Gott geglaubt oder gar die Gegenwart Gottes erreicht, ohne dass ihm die eigene Vorstellungskraft dabei geholfen hätte. Diejenigen, die mit den Gläubigen debattieren und fragen: „Aber wo ist Gott? Kannst du ihn mir zeigen? Wie kann man Gott empfangen? Wie erklärst du Gott?“, das sind diejenigen, die keine Fantasie haben, und niemand kann ihnen die eigene Vorstellung vermitteln. Ist es möglich, den Glauben eines anderen zu glauben? Wenn wir an etwas glauben können, dann müssen wir das selbst tun. Und woraus wird dieser Glaube gebildet? Aus der Vorstellung. Jemand sagte: „Wenn du keinen Gott hast, mache dir einen“; und noch nie hat jemand Gott erreicht, der Gott nicht „machen“ konnte. Jene, die sich mit dem abstrakten Gott abmühen, haben keinen Gott; sie benutzen nur das Wort Gott. Sie haben die Wahrheit, aber sie haben keinen Gott.

Wahrheit ohne Gott ist nicht befriedigend. Wir sollten die Wahrheit durch Gott erreichen. Das gibt Befriedigung. Wenn alle Kraft, die wir aus der Nahrung ziehen, durch eine Pille gegeben werden könnte, könnte uns das vielleicht am Leben erhalten, aber es würde uns nicht die Freude des Essens vermitteln. Wenn wir die Pille der Wahrheit nehmen würden, wäre vielleicht ein Teil unseres Wesens zufrieden, aber das ist keine wahre Zufriedenheit. Die Vorstellung einer Gottheit nährt die Menschen. Zunächst müssen wir sie selbst in unserer Vorstellung gestalten; wenn wir unsere Vorstellungskraft jedoch nicht nutzen wollen und nur darauf warten, dass die Gottheit zu uns kommt, werden wir lange warten müssen.

Wenn wir denken, so ist das eine andere Art der Tätigkeit. Dann beherrschen wir, bewusst oder unbewusst, unseren denkenden Geist und richten ihn unserem Willen gemäß aus. Wir werden verlässlich, exakt und bedächtig. Sowohl fantasievolle als auch bedächtige Menschen können ins Extrem verfallen und danebenliegen. Nur wenn wir das Gleichgewicht wahren, bringt das die gewünschten Erfolge. Denkende Menschen können auch so angestrengt denken, dass sie durch ihre eigenen Gedanken verwirrt werden. Es gibt viele, die so extrem denken, dass sie gedankenlos werden.

Der zweite Aspekt des Geistes ist das Gedächtnis. Das Gedächtnis wirkt nicht kreativ, sondern betrachtend. Seine Aufgabe ist es, Eindrücke zu empfangen und zu sammeln. Einige Wissenschaftler sagen, dass jeder Eindruck, der durch unsere Sinne kommt, die Zellen des Gehirns prägt, und dass das, was im Gehirn aufbewahrt wird, dann wieder hervorkommt, wenn wir es wollen. Aber das stimmt so nicht, auch wenn es als symbolische Erklärung dienen kann. Die Wissenschaftler haben ein Bild für das geschaffen, was auf der inneren Ebene geschieht, aber weil sie die innere Ebene nicht erkennen, erklären sie es in physischen Ausdrücken und nennen es Gehirnzellen. In der Essenz stimmt das, es geht dabei aber nicht um die Gehirnzellen, sondern um den denkenden Geist.

Das Gedächtnis kann mit einer fotografischen Platte verglichen werden. Die gewonnenen Eindrücke bleiben dort, und wenn wir uns wieder an etwas erinnern wollen, hilft uns diese geistige Fähigkeit. Es bleibt in Reichweite. Sobald wir ein Erlebnis wieder erinnern wollen, strecken wir sozusagen unsere Hand nach dieser bestimmten Platte aus, die den Eindruck eines bestimmten Erlebnisses gespeichert hat. Keine Erfahrung, die durch Sehen, Riechen, Hören, Spüren oder Schmecken gemacht wurde, ist je verloren. Wenn Menschen sagen: „Mein Gedächtnis ist nicht gut. Ich kann mich nicht mehr an Dinge erinnern. Ich bin abwesend“, so ist das zwar der Grund dafür, dass sie die Kontrolle über diese Fähigkeit verloren haben, aber die Eindrücke sind trotzdem noch da. Häufig sagen Menschen: „Ich weiß es, aber ich kann mich nicht mehr erinnern.“ Mit anderen Worten: Ihr Geist weiß es, aber in ihrem Gehirn ist es noch nicht klar. Wenn wir uns zum Beispiel nicht an den Namen oder das Gesicht von jemandem erinnern können, sagen wir: „Ich denke, ich kenne diesen Namen, aber im Augenblick kann ich ihn nicht finden.“ Das bedeutet, dass unser Geist weiß, dass er da ist, aber er kann es im Gehirn nicht klar herausstellen.

Auch das Gedächtnis kann in zwei Teile aufgeteilt werden. Es gibt bestimmte Dinge, nach denen wir nicht suchen müssen, sie sind immer klar in unserem Gedächtnis, wir müssen nur unsere Hand danach ausstrecken; zum Beispiel die Gestalt, Namen und Gesichter derer, die wir kennen. Wir können uns zu jedem Zeitpunkt an sie erinnern, wenn wir es wollen. Sie leben beständig in unserem Gedächtnis. Aber dann gibt es auch noch den zweiten Teil unseres Gedächtnisses, den wir manchmal das Unterbewusste nennen, wenngleich er eigentlich der Bodensatz unseres Gedächtnisses ist. In diesem Teil des Gedächtnisses wird von allem eine Fotografie angefertigt, was wir je gesehen, kennengelernt oder gehört haben, selbst wenn es nur ein kleines Blitzlicht war, und es bleibt dort. Dort können wir es hin und wieder finden, manchmal leicht und manchmal schwerer, wie es gerade kommt.

Neben diesen beiden Aspekten des Gedächtnisses gibt es einen noch tieferen Bereich, an den das Gedächtnis angeschlossen ist, und dieser Bereich ist das universelle Gedächtnis. Mit anderen Worten, der göttliche Geist (mind), in dem wir nicht nur das wiederfinden, was wir gesehen, gehört oder gewusst haben, sondern in dem wir sogar etwas berühren können, das wir niemals gelernt, gehört, gewusst oder gesehen haben. Hierzu müssen nur die Tore des Gedächtnisses geöffnet werden.

Der dritte Aspekt des Wirkens des Geistes ist Geistesbeherrschung, die Konzentrationskraft. Diese wird auf zwei Arten erlangt: mithilfe des Gedächtnisses und mit der Hilfe des Geistes. Die Konzentration, die mithilfe des Gedächtnisses erlangt wird, ist eine negative beziehungsweise passive Konzentration. Um uns mithilfe des Gedächtnisses zu konzentrieren, brauchen wir nur wenig Anstrengung. Die Hindus lehrten dies, indem sie die Figuren bestimmter Götter oder Göttinnen vor die Menschen hinstellten und sie anwiesen, diese anzuschauen. Dann sollten sie die Augen schließen und an sie denken. Indem sie ein bestimmtes Objekt anschauten, wurde es vom Gedächtnis reflektiert, und diese Reflexion ist Konzentration.

Auch wenn wir die Konzentration nicht trainieren, bewahren wir in uns automatisch Dinge von großem Interesse, Dinge, die unseren Geist zutiefst beeindruckt haben. Aus diesem Grund tragen manche ein Leben lang Furcht mit sich herum, die vielleicht noch aus der Kindheit stammt. Manche tragen einen traurigen Abdruck einer Enttäuschung mit sich. Sie bewahren ihn ihr ganzes Leben lang in ihrem Geist. Der Geist hält einen Eindruck dadurch lebendig, dass er ihn wiederbelebt – einen Eindruck der Rache, der Dankbarkeit, des Erfolgs, des Versagens, der Liebe oder der Bewunderung. Er wird dort aufbewahrt, und der Geist gibt ihm Nahrung, um ihn am Leben zu erhalten. Manchmal ist dies hilfreich und manchmal arbeitet es gegen uns. Die Psychologie nennt das nun eine fixe Idee und ist sofort bereit, es als eine Form der Geisteskrankheit anzusehen, aber es ist keine Geisteskrankheit. Wir machen das alle. Es ist eines der Attribute des denkenden Geistes. Es ist die Fähigkeit, die Qualität, einen Gedanken halten zu können. Ohne Zweifel erscheint es manchmal wie eine Geisteskrankheit, aber das wird es nur durch den Missbrauch dieser Fähigkeit. Jede Fähigkeit kann missbraucht werden und einen Menschen aus dem Gleichgewicht bringen.

Und dann gibt es noch die positive Konzentration, die kreativ ist. Diese Konzentration wird durch Denken erreicht. Wenn wir an einen Baum oder eine Blume denken, muss der Geist Atome erschaffen, um diese Form zu gestalten; deshalb ist es positiv. Wir brauchen Willenskraft, eine größere Geistesaktivität, um uns auf ein Objekt zu konzentrieren, das der Geist gestalten muss. Der Geist muss arbeiten. Das ist nicht nur Konzentration allein, sondern Konzentration und Erzeugen.

Manche haben eine natürliche Konzentrationskraft, anderen dagegen mangelt es daran. Doch das Mysterium des Erfolgs auf allen Gebieten des Lebens sowie das Geheimnis des Fortschritts liegen in der Kraft der Konzentration. Und nicht nur Fortschritt und Erfolg werden dadurch erreicht, auch spirituelle Verwirklichung ist das Ergebnis von Konzentration.

Im Osten ist es in der Moschee üblich, dass ein Mann die Gebete anleitet und alle anderen Betenden hinter ihm stehen. Bevor diese ihre Gebete verrichten, richten sie ihren Geist auf den Geist ihres Anleitenden aus und vereinigen ihre Gedanken mit den seinen. Da war nun ein großer Mystiker, der nie in die Moschee gehen wollte, um zu beten. Er war andauernd im Gebet, deshalb musste er dazu nicht in die Moschee gehen. Aber zu jener Zeit regierte ein orthodoxer König, der ein Dekret erlassen hatte, dass alle den Gebeten beiwohnen mussten. So wurde dieser Mann also von der Polizei gezwungen hinzugehen und mitzumachen, aber mitten während der Gebete ging er davon – was als Straftat betrachtet wurde. Als er vor Gericht gebracht wurde, sagte er dem Richter: „Ich konnte nicht anders. Der Vorbeter ging in seinen Gedanken zu seinem Haus, denn er hatte seine Schlüssel vergessen. So wurde ich, während ich betete, ohne Anleitung in der Moschee zurückgelassen, und deshalb ging ich hinaus." Dies zeigt, dass eine religiöse Form, die beseelt ist, eine schöne und sehr lebendige Form ist. Doch wenn sie nicht mehr beseelt ist, hat sie keinen Wert mehr, wie schön sie auch immer sein mag. Darauf wird auch in der Bibel hingewiesen: „Es ist der Geist, der belebt; das Fleisch nützt nichts."

Der vierte Aspekt des denkenden Geistes ist das Nachdenken. Dies ist eine mathematische Fähigkeit, eine Fähigkeit, die wiegt und misst und richtige und falsche Winkel erkennt. Und es ist diese Fähigkeit, die die Menschen für ihre Taten verantwortlich macht. Wenn wir keine Individuen sind, sind wir nichts als Atome, die von den Einflüssen bewegt werden. Ob uns nun die Umstände bewegen, klimatische oder persönliche Einflüsse, wir bleiben nichts als Instrumente. Wenn wir aber für unsere Handlungen Verantwortung übernehmen können, dann wegen dieser einen Fähigkeit des Geistes, die abwägt und misst und Dinge vernünftig beurteilt. Trotzdem gleichen die Gedankengänge der einen nicht denen der anderen. Und etwas, das gerade jetzt richtig ist, mag morgen vielleicht nicht mehr richtig sein, weil sich die Beweggründe dann geändert haben. Über Beweggründe zu streiten ist sinnlos, denn die Motive jeder einzelnen Person sind verschieden, und der eigene Beweggrund ist für jeden zum jeweiligen Zeitpunkt gut. Anderen die eigene Ratio aufdrängen oder aufzwingen zu wollen, ist sinnlos. Die beste Art und Weise, Menschen anzuleiten, ist, deren eigene Vernunft zu entwickeln, anstatt ihnen die eigene Ratio aufzudrängen, wie es so viele tun.

Es ist herrlich, die Tricks des Verstandes zu beobachten. Wenn jemand anderes etwas getan hat, sagt der Verstand: „Weil diese Person boshaft ist und schon zehn schlimme Dinge getan hat, hat sie sicherlich auch jetzt wieder etwas Schlimmes gemacht." Und wenn jemand selbst etwas Gemeines getan hat, sagt der Verstand: „Ich habe das nur getan, weil ich nicht anders konnte. Da konnte ich nichts machen." Der Verstand bezieht immer die Stellung des Ego. Der Verstand ist ein Sklave und Diener des denkenden Geistes, er gehorcht seinem Wink und Ruf. Der denkende Geist muss sich dem Verstand nur zuwenden, schon steht der Verstand gehorsam zu Diensten. Er mag in keinster Weise recht haben, aber er ist immer da.

Die Vernunft ist das Wertvollste, was es gibt, aber sie ist wertlos, wenn sie Sklave des denkenden Geistes ist. Sie gibt dem Geist einen Grund, etwas richtig oder falsch zu machen. Wenn man zu den Kriminellen ins Gefängnis ginge und sie fragte, warum sie das Falsche getan haben, würde jeder Einzelne einen guten Grund dafür nennen können. Und wenn wir den Verstand noch genauer betrachten, werden wir sehen, dass der Verstand nichts als ein Schleier und eine Abfolge von Schleiern ist, Schleier über Schleier. Und selbst wenn die Schleier gelüftet sind, so bleibt am Ende doch immer nur die Vernunft dahinter übrig. Wenn wir aber weiter gehen, finden wir die gründlichere und tiefer gehende Vernunft. Der Oberflächenverstand ist unzuverlässig, aber die Tiefe ist höchst interessant; denn die Tiefe der Vernunft ist die Essenz der Weisheit. Je tiefer wir die Begründungen verstehen, desto weniger suchen wir nach ihnen, denn sie haben nichts zu bieten. Wir kennen den Grund schon. Es sind die unvernünftigen Menschen, die die Beweggründe eines jeden infrage stellen. Je vernünftiger die Menschen werden, desto mehr verstehen sie die Beweggründe aller anderen. Deshalb können die Weisen sowohl mit den Weisen als auch mit den Unverständigen auskommen. Aber die Unverständigen können weder mit den Törichten noch mit den Weisen auskommen.

Ohne Zweifel gibt es immer einen Grund hinter dem Grund, einen tieferen Grund. Und wenn wir bei diesem tieferen Grund ankommen, beginnen wir all das zu verlernen, was wir einmal gelernt haben, wie es die Mystiker nennen. Wir verlernen es und beginnen das genau Entgegengesetzte zu erkennen. Mit anderen Worten: Es gibt nichts Gutes, das nicht eine schlechte Seite hat und nichts Schlechtes, das keine gute Seite hat. Niemand steigt auf, bevor er fällt, und niemand fällt, ohne die Zusicherung aufzusteigen. Man sieht die Geburt im Tod und den Tod in der Geburt. Das klingt sehr seltsam und es ist auch eine seltsame Idee. Und doch ist es ein Stadium. Wenn wir uns über das erheben, was wir Vernunft nennen, erreichen wir jene Logik, die gleichzeitig ihr Gegenteil ist. Das erklärt auch die Sichtweise von Christus: Wenn man einen Kriminellen zu ihm brachte, kannte er keine andere Einstellung ihm gegenüber als die des Vergebenden. Er erkannte dort nichts Böses. Das heißt es, etwas aus einer höheren Vernunft heraus zu sehen. Und wenn wir all die Tausende von Schleier durchdringen, können wir die Ursache aller Beweggründe erkennen und kommen zu einem Verständnis, das die äußerliche Vernunft nicht bieten kann. Dann verstehen wir alle Lebewesen: Jene, die im Recht sind und jene, die im Unrecht sind. Es wird gesagt, dass die Apostel zu einem bestimmten Zeitpunkt inspiriert wurden, in vielen Sprachen zu sprechen. Das war nicht Englisch, Hindustani oder Chinesisch. Es war die Sprache jeder Seele. Wenn wir jenes Stadium des denkenden Geistes erreicht haben, in dem er die Essenz der Logik berührt, dann kommuniziert dieser mit allen Seelen. Es ist keine große Sache, dreißig Sprachen zu kennen. Wir können hundert Sprachen kennen, wenn wir aber das menschliche Herz nicht kennen, wissen wir gar nichts.

Es gibt eine Sprache des Herzens. Herz spricht zu Herz – und diese Kommunikation macht das Leben interessant. Vielleicht sprechen zwei Menschen nicht miteinander, aber ihr Zusammensitzen kann ein Austausch von erhabenem Ideal und Harmonie sein.

Als ich von meinem spirituellen Lehrer in Indien eingeweiht wurde, war ich zunächst so begierig, wie man nur sein kann, um so viel wie möglich zu assimilieren, zu begreifen. Jeden Tag saß ich in der Gegenwart meines Lehrers, aber er sprach nicht ein einziges Mal über spirituelle Dinge. Manchmal sprach er über Kräuter und Pflanzen, ein anderes Mal über Milch und Butter. Ich ging dort sechs Monate lang hin, in der Hoffnung, vielleicht doch irgendetwas über spirituelle Dinge zu hören. Nach sechs Monaten sprach der Lehrer eines Tages über die beiden Bereiche einer Persönlichkeit zu mir, den äußeren Bereich und den inneren. Und ich war überschwänglich begeistert. In dem Moment, als er zu sprechen begann, holte ich sofort mein Notizbuch und meinen

Bleistift heraus. Aber sobald ich das tat, wechselte mein Lehrer das Thema und sprach über andere Dinge. Ich verstand, was das bedeutete. Es bedeutete zuallererst, dass die Lehren des Herzens durch das Herz aufgenommen werden sollten. Das Herz ist hierfür das Notizbuch. Wenn sie in ein anderes Notizbuch geschrieben werden, bleiben sie in unserer Tasche, aber wenn sie ins Herz geschrieben werden, bleiben sie in unserer Seele. Außerdem müssen wir lernen zu warten, wir müssen die Lektion der Geduld lernen, denn alles Wissen kommt zu seiner eigenen Zeit. Ich fragte mich, ob es das wert wäre: Nach einer langen Reise zu einem Ort zu kommen und dort sechs Monate lang jeden Tag von nichts als Bäumen und Butter zu hören. Und mein tiefstes Selbst antwortete: Ja, das ist es, denn nichts in dieser Welt ist wertvoller als die Gegenwart des Heiligen. Seine Lehre wird vielleicht nicht in Theorien vermittelt, aber durch seine Atmosphäre. Das ist lebendige Lehre, die wahrhaft erhebend ist.

Die Essenz der Vernunft ist die Erkenntnis. Wenn wir also irgendwo göttliches Wissen finden können, dann ist es in der Essenz der Logik zu finden.

Der fünfte Aspekt des denkenden Geistes ist das Gefühl. Wenn diese Fähigkeit nicht zugänglich ist, sind wir Menschen unvollkommen, egal wie weise und klug wir auch sein mögen. Wir leben nicht. Der denkende Geist beginnt zu leben, sobald das Gefühl in ihm erwacht ist. Viele verwenden das Wort Gefühl, aber nur wenige kennen es. Und je mehr wir davon wissen, desto weniger sprechen wir darüber. Es ist so weitreichend, dass, wenn es einen Hinweis auf Gott gibt, dieser im Gefühl zu finden ist.

Heute unterscheiden die Menschen zwischen Intellektualität und Empfindsamkeit, aber tatsächlich ist Intellektualität ohne Empfindsamkeit nicht vollständig. Ohne einen kontinuierlichen Ausfluss von Gefühl kann weder die Denkkraft genährt noch die Fähigkeit des Nachdenkens erhalten werden. In diesem Zeitalter des Materialismus scheinen wir den Wert des Gefühls verloren zu haben. Wir sprechen zwar von Herz, aber wir erkennen nicht seine tatsächliche Wichtigkeit, obwohl es die Hauptsache ist, die Wurzel der Pflanze des Lebens. Die Herzqualität hält das ganze Leben aufrecht. Alle Tugenden, wie Aufrichtigkeit, Respekt, Besonnenheit, Rücksichtnahme und Wertschätzung, kommen aus der Herzqualität. Ohne Herz können die Menschen weder anerkennend oder dankbar sein, noch sind sie fähig, ihre eigene Seele auszudrücken oder die Güte und Hilfe anderer anzunehmen. Ohne die Herzqualitäten bleiben wir egoistisch, sogar dumm egoistisch. Wenn wir auf weise Art egoistisch wären, wäre das erstrebenswert.

Oft sagen die Menschen, dass sie keine Zeit haben, ihre Herzqualitäten zu zeigen, keine Zeit, dem Herzen zu erlauben, sich zu entfalten. Sie sind zu beschäftigt. Aber wir können von morgens bis abends sehr beschäftigt sein und gleichzeitig das, was wir tun, mit ganzem Herzen tun, es aus der Tiefe unseres Herzens heraus ausdrücken. Ist die Herzqualität ausgesperrt, wird alles, was wir tun, leblos. Das Gefühl ist so wichtig in unserem Leben; unser ganzes Leben hängt von unserem Gefühl ab. Wenn wir einmal entmutigt wurden, kann es sein, dass wir unsere Begeisterungsfähigkeit für den Rest unseres Lebens verlieren. Wenn wir einmal enttäuscht wurden, können wir unser Vertrauen vollständig verlieren. Wenn uns das Herz gebrochen wurde, können wir für den Rest unseres Lebens unser Selbstvertrauen verlieren. Einmal verängstigt, behalten wir die Furcht vielleicht für immer im Herzen. Wenn wir einmal versagen, mag der Eindruck des Versagens das ganze Leben lang anhalten.

Im Osten lieben es die Menschen, Hahnenkämpfen zuzusehen. Zwei Männer bringen ihre Vögel zum Kampf, und sobald der eine von ihnen sieht, dass der andere Vogel gewinnen wird, nimmt er seinen Vogel weg, während er noch kämpft, also bevor dieser die Niederlage ahnen kann. Er zieht es vor, die Niederlage anzuerkennen, anstatt zu gestatten, dass sein Vogel von der Niederlage beeindruckt wird, denn wenn er einmal so geprägt wurde, wird er nie mehr kämpfen. Das ist das Geheimnis unseres Gemüts. Und wenn wir einmal gelernt haben, auf unser Gemüt zu achten, nehmen wir, wie bei den Vögeln, jedes Opfer in Kauf, bevor wir unser Gemüt einem schlechten Eindruck aussetzen. Wir werden das Beste aus unserem Leben machen.

Wir können in den Lebensgeschichten der großen Helden und großen Persönlichkeiten lesen, wie sie durch Schwierigkeiten, Sorgen und Probleme gingen und doch ihr Herz davor bewahrten, gedemütigt zu werden. Das gab ihnen all die notwendige Stärke. Sie vermieden grundsätzlich jede Demütigung. Sie waren bereit für Tod, Kriege, Leiden und Armut, aber nicht für Demütigung. Als ich einmal in Nepal war, wollte ich einen Diener. Ich sandte nach einem, und derjenige, der kam, entstammte der Kriegerkaste, den Kshatriyas, mutigen Kriegern in den Bergen. Und als ich ihn fragte, welche Arbeit er tun wolle, erwiderte er: „Jede Arbeit, die Sie wollen; alles, was Sie wollen.“ Ich sagte: „Was wollen Sie dafür?“ – „Was immer Sie geben wollen“, antwortete er. Ich war sehr belustigt darüber, einen Mann zu finden, der bereit war, jede Arbeit zu tun, die ich ihm geben würde, und dafür jede Bezahlung zu akzeptieren, die ich bieten würde. „Nun“, sagte ich, „dann gibt es keine Bedingungen?“ Er antwortete: „Doch, eine: Sie dürfen nie beleidigend zu mir sein.“ Er war bereit, jede Bezahlung zu akzeptieren; bereit, jede Arbeit zu verrichten, aber nicht bereit, irgendeine Demütigung zu ertragen. Ich schätzte diese Einstellung unsagbar. Das war es, was ihn zum Krieger machte.

Gibt es irgendjemanden auf dieser Welt, der zugibt, kein Gefühl zu haben? Und doch gibt es Herzen aus Stein, aus Eisen, aus Erde und aus Diamant, Silber, Gold, Wachs und Papier. Es gibt so viele Arten von Herzen auf dieser Welt, wie es Dinge gibt. Manche Dinge halten das Feuer länger, andere brennen konstant. Einige Dinge werden warm und im nächsten Moment wieder kalt. Andere verschwinden, sobald das Feuer sie berührt, während man wieder andere schmelzen und zu Schmuckstücken formen kann. Und genauso sind die Herzqualitäten. Verschiedene Menschen haben verschiedene Herzqualitäten und die Kenner des Herzens werden jedes anders behandeln. Aber weil wir solche Aspekte nicht bedenken, behandeln wir alle Menschen gleich. Obwohl jede Note ein Klang ist, so unterscheiden sie sich doch in der Tonhöhe und in den Obertönen; genauso wie sich jeder Mensch in der Gestimmtheit und den Schwingungen des Herzens unterscheidet. Gemäß der Schwingungen ihrer Herzen sind Menschen entweder spirituell oder materiell, edel oder gewöhnlich. Das hat nichts mit dem zu tun, was wir tun oder was wir in dieser Welt besitzen. Wir sind klein- oder großmütig, je nachdem, wie unser Herz schwingt.

Mein ganzes Leben lang hatte ich großen Respekt vor jenen, die in der Welt gearbeitet haben, die sich ihr Leben lang angestrengt und ein gewisses Ansehen erreicht haben; und ich betrachtete es immer als höchst heilig, in ihrer Gegenwart sein zu dürfen. Da dieser Qualität mein großes Interesse galt, habe ich zunächst im Osten Wallfahrten zu großen Persönlichkeiten gemacht. Darunter waren Schriftsteller, Weise, Philosophen und Heilige; einmal kam ich sogar in Kontakt mit einem großen Ringkämpfer. Dieser Mann, der mit seinem monströsen Muskelkörper aussah wie ein Riese, hatte ein so mitfühlendes, weitherziges Wesen, eine derartige Einfachheit und Freundlichkeit, dass ich sehr überrascht war. Und ich dachte: Nicht seine Körpergröße und Kraft haben ihn groß gemacht, sondern das, was ihn schmelzen ließ und milde machte; das ist es, was ihn wirklich groß macht.

Gefühl ist Schwingung. Das Herz, das ein Fahrzeug, ein Instrument des Gefühls ist, erschafft Phänomene, wenn wir das Leben nur genau betrachten. Wenn wir jemandem Schmerzen bereiten, wird dieser Schmerz zurückkommen. Wenn wir jemandem Freude bereiten, so kommt auch diese Freude zurück. Wenn wir jemanden lieben, kommt Liebe zurück. Und wenn wir Hass verbreiten, kommt auch dieser Hass in der einen oder anderen Form zu uns zurück – vielleicht als Schmerz, Krankheit, Gesundheit oder Erfolg, Freude oder Glück. Ohne jemals fehlzuschlagen, kommt immer alles in irgendeiner Form zurück. Meist denken die Menschen nicht darüber nach. Wenn sie eine bestimmte Stellung erreicht haben, in der sie Menschen befehligen und harsch mit ihnen sprechen können, denken sie niemals über solche Dinge nach. Aber jedes kleinste Gefühl, das in unseren Herzen aufsteigt und unsere Handlungen, Worte und Bewegungen bestimmt, verursacht eine bestimmte Aktion, die zu uns zurückkommt. Manchmal braucht das nur eine Weile.

Jemand kam zu mir und sagte: „Ich war einmal sehr mitfühlend, aber irgendwie bin ich hart geworden. Warum ist das so?“ Ich antwortete:

„Sie haben versucht, das Wasser in der Tiefe der Erde zu erreichen. Aber anstatt tief hinunter zu graben, gruben Sie im Schlamm und wurden enttäuscht. Wenn Sie die Geduld haben zu graben, bis Sie Wasser finden, dann werden Sie nicht enttäuscht werden."

Häufig glauben die Menschen, dass sie gefühlvoll sind, dass sie Mitgefühl haben. Aber wenn sie es hätten, wären sie Meister und Meisterinnen des Lebens. Dann würden sie nichts mehr weiter wollen. Denn ist diese Quelle im Herzen der Menschen einmal geöffnet, macht sie uns selbstgenügsam und nimmt die andauernde Tragik, der die Seelen in diesem Leben ausgesetzt sind, fort. Diese Tragik ist die Begrenzung. Der Mangel an Gefühl lähmt sehr häufig die anderen vier Aspekte des Geistes. Menschen ohne Gefühl können nicht frei denken. Gefühl macht uns umsichtig. Menschen mögen einen leistungsstarken Geist haben, aber wenn sie nicht fühlen können, ist ihr Geist eingeschränkt, denn wahre Macht liegt im Gefühl, nicht im Denken.

Manchmal kommen Menschen zu mir und sagen: „Ich habe daran gedacht und wollte es, aber ich habe es nie erreicht." Dann antworte ich ihnen: „Sie haben es niemals gewollt. Wenn Sie es gewollt hätten, hätten Sie es erreicht." Sie glauben das nicht. Sie denken weiter, dass sie es gewollt haben. Das mag so sein, aber es genug zu wollen, ist etwas anderes. Wenn wir vor einer Bank stünden und dächten: „All das Geld in der Bank soll zu mir kommen." Würde es kommen? Wir stellen uns vor, dass wir es wollen, aber wir haben Zweifel, wir glauben nicht, dass es kommen wird. Wenn wir es glauben würden, würde es kommen. Zweifel ist ein destruktives Element. Er kann mit dem Schatten verglichen werden, der Feuchtigkeit produziert, die dann die Sonne verbirgt. Die Sonne hat keine Chance, den Ort zu erreichen, der von ihm überdeckt wird.

Die Geschichte von Shirin und Farhad ist eine gut bekannte Geschichte aus Persien. Da war dieser Steinmetz und er arbeitete an einem Denkmal für jemanden. Eines Tages sah er eine Dame, die die zukünftige Königin des Shah war, und er sagte zu ihr: „Ich liebe Sie." Ein Steinmetz, ein Straßenarbeiter, der um die Hand einer Dame anhielt, die die zukünftige Königin sein sollte! Er war ein Mann ohne

Vernunft, aber nicht ohne Gefühl. Die Dame sagte: „Nun gut, ich werde herausfinden, ob Ihre Behauptung stimmt, und dem Shah von Persien mitteilen, dass er warten soll." Und um ihn zu prüfen, hieß sie ihn, einen Weg durch die Berge zu schlagen. Er ging, ein Mann mit Hammer und Meißel. Er fragte sich nicht, ob er dazu fähig wäre oder nicht. Und er baute eine Straße, die Tausende Menschen nicht in einem Jahr gebaut hätten, weil er jedes Mal, wenn er auf den Felsen hämmerte, den Namen Shirin ausrief, den Namen der Frau, die er liebte. Er baute den Weg, und als der König hörte, dass er fertig war, sagte er: „Oh weh, nun habe ich mein Glück verloren. Was soll ich tun?" Jemand in der Umgebung des Königs sagte: „Ich werde sehen, was sich machen lässt." Er ging zu Farhad, dem Steinmetz, und erzählte ihm: „Wie wunderbar ist doch deine Liebe und Hingabe! Phänomenal! Aber hast du nicht gehört, dass Shirin tot ist?" „Sie ist tot?", fragte dieser. „Dann kann ich nicht mehr weiterleben." Und er fiel leblos nieder.

In dieser Geschichte geht es um die Macht des Gefühls. In unserer Zeit fehlt es an der Gefühlsqualität. Alle wollen mit dem Gehirn denken, mit dem Kopf arbeiten, aber nicht mit dem Herzen. Man kann weder schöne Kunst erschaffen, sich schöne Dinge ausdenken und herstellen, noch kann man etwas Schönes im Gedächtnis bewahren oder seine Gedanken in Konzentration halten, wenn kein Gefühl dabei ist. Außerdem, wenn kein Gefühl in Worten wie Dankbarkeit, Dank oder Anerkennung ist, so sind diese Worte ohne Geist. Sie werden reine Höflichkeit. Die Feinheit wird heute missverstanden. Die Menschen lernen nur den äußeren Aspekt. Wäre Gefühl in all dem, was sie sagen, wäre das Leben so viel lebenswerter.

Wenn der Geist betrübt ist, ist er verwirrt. Er kann nichts reflektieren. Erst die Stille befähigt den Geist, Eindrücke zu empfangen und zu reflektieren. Auf Persisch wird der Geist ein Spiegel genannt. Alles, was vor den Spiegel tritt, erscheint darin; aber wenn das weggenommen wird, ist der Spiegel klar. Es bleibt nicht darin. Es bleibt nur so lange im Spiegel, wie sich der Spiegel darauf konzentriert, und genauso ist es mit dem denkenden Geist. Die Qualität des Geistes, die ihn zu manchen Zeiten still macht und aktiv zu anderen Zeiten, die ihn manchmal dazu bringt, zu reflektieren, was er sieht, und manchmal jede Reflexion vermeiden lässt, sodass ihn keine äußere Reflexion erreichen kann, diese Qualität wird durch Konzentration, Kontemplation und Meditation entwickelt. Der Geist wird durch den Meister-Trainer trainiert, indem er tief taucht, sich hoch aufschwingt, sich weit ausbreitet und auf eine Idee zentriert wird. Wenn einmal der Geist beherrscht wird, haben wir das Leben gemeistert. Alle Seelen sind von der Zeit an, wo sie geboren werden, wie eine Maschine allen Einflüssen ausgesetzt, Einflüssen des Wetters und allem, was durch die fünf Sinne wirkt. Niemand kann zum Beispiel durch eine Straße laufen, ohne die Plakate und Anzeigen zu sehen. Unsere Augen werden von dem angezogen, was vor sie tritt. Wir haben keine Absicht zu schauen, doch alles da draußen bestimmt über unsere Augen. Wir sind also ständig unter dem Einfluss der äußeren Welt, die uns unwissentlich kontrolliert. Manche sagen: „Ich bin ein freier Mensch. Ich tue, was ich will." Aber das tun wir nie. Wir tun sehr oft, was wir nicht wollen. Unsere Ohren sind immer dem ausgesetzt, was in sie dringt, ob es nun harmonisch oder unharmonisch ist, und auch dem, was wir sehen, können wir uns nicht entziehen. So bleiben die Menschen ständig unter dem Einfluss des Lebens.

Dann sind da noch die Planeteneinflüsse und die lebendigen Einflüsse von denen, die um uns herum sind; und doch sagen wir: „Ich habe einen freien Willen. Ich bin ein freier Mensch." Wir würden erschrecken, wenn wir wüssten, in welch geringem Ausmaß wir frei sind. Aber dann gibt es doch diesen einen Trost, dass irgendwo in unserem Herzen ein Funke verborgen ist, den allein wir als Quelle des freien Willens bezeichnen können. Wenn dieser Funke gepflegt wird, bekommen wir größere Vitalität, Energie und Kraft. Alles, was wir denken, wird wahr. Alles, was wir sagen, macht Eindruck. Alles, was wir tun, hat eine Wirkung. Was machen die Mystiker? Sie blasen diesen Funken an, um ihn zur Flamme werden zu lassen, so lange, bis er ein helles Feuer wird. Das vermittelt ihnen die Inspiration und die Kraft, die sie befähigt, in dieser Welt ein Leben mit freiem Willen zu leben. Diesen Funken könnten wir das göttliche Erbe des Menschen nennen, in dem wir die überragende Kraft Gottes erkennen, die Seele des Menschen. Spirituell zu werden bedeutet also, dass wir Licht aus dem Funken schlagen, indem wir ihn anblasen, und dann sehen wir das ganze Leben in diesem Licht. Und indem wir das innere Licht zu einem hellen Feuer werden lassen, werden wir fähiger zu denken, zu fühlen und zu handeln.

DIE MACHT DER GEDANKEN

Manche haben durch ihre Lebenserfahrung gelernt, dass die Gedanken Macht haben, andere dagegen fragen sich vielleicht, ob das wirklich so ist. Viele nähern sich diesem Thema auch mit der vorgefassten Meinung, dass, selbst wenn jeder Gedanke eine gewisse Macht hat, diese doch beschränkt ist. Es wäre jedoch nicht übertrieben zu sagen, dass Gedanken eine Macht besitzen, deren Ausmaß unvorstellbar ist; und um einen Beweis dafür zu finden, müssen wir nicht weit gehen. Alles, was wir auf dieser Welt sehen können, ist nichts als ein Phänomen des Denkens. Wir leben darin und sehen es von morgens bis abends, und doch zweifeln wir, ob es so ist. Das zeigt, dass unsere wunderbare Welt uns sogar Stolz und Eitelkeit vermittelt, sodass wir glauben, die Dinge besser zu verstehen, als wir es wirklich tun. Je weniger wir an die Macht der Gedanken glauben, desto sicherer glauben wir, auf der Erde zu stehen. Und doch fühlen wir bewusst oder unbewusst unsere Begrenzung und suchen nach etwas, das unseren Glauben an das Denken stärkt.

Das Denken kann in fünf verschiedene Aspekte unterteilt werden: Vorstellung, Gedanke, Traum, Vision und Materialisation. Vorstellungskraft ist jene Handlungsweise des Geistes, die automatisch funktioniert. Von morgens bis abends arbeiten wir, aber wenn wir uns ausruhen, arbeitet unser denkender Geist einfach als Fantasie weiter. Gedanken entstehen aus willentlichem Denken. Auf diese Weise unterscheiden wir die fantasievollen und die bedächtigen Menschen. Diese beiden Typen kann man nicht verwechseln. Denn die einen sind fantasievoll, was kraftloses Denken, automatisches Denken mit sich bringt. Die anderen sind bedächtig, was bedeutet, dass ihr Denken machtvoll ist.

Wenn diese automatische Aktion im Schlaf geschieht, nennen wir sie Traum. Dieser ist deutlich anders als die Fantasie, denn wenn wir uns etwas ausdenken, sind unsere Sinne offen in die objektive Welt gerichtet, und deshalb bekommt unsere Vorstellung keine konkrete Form. Aber wenn die gleiche automatische Aktion des Geistes im Traum weitergeht, gibt es dort keine objektive Welt zum Vergleich. Die Mystiker können den Zustand des Geistes von Menschen immer an ihren Träumen erkennen, denn im Traum ist das automatische Wirken des denkenden Geistes viel konkreter als in der Fantasie.

Es gibt einige, die den Charakter oder die Zukunft an den Vorstellungen der Menschen ablesen können. Sie bitten immer darum, eine Blume, eine Frucht oder etwas, was sie lieben, zu nennen, damit sie den Strom der Vorstellungskraft erkennen können. An diesem Strom der Vorstellungskraft finden sie etwas über den Charakter und das Leben der Menschen heraus. Es ist nicht notwendig, Charakterleserin oder Wahrsager zu sein. Alle weisen und aufmerksamen Menschen können durch die Art unserer Kleidung oder unserer Umgebung erkennen, wie wir denken, welche Vorstellungen wir haben. Aber da das Traumstadium dem Geist erlaubt, sich konkreter auszudrücken, ist der Traum die beste Art, den Geisteszustand eines Menschen zu begreifen. Wenn man das einmal verstanden hat, gibt es nur noch wenig Grund, daran zu zweifeln, dass der Traum eine Wirkung auf das Leben der Menschen hat. Tatsächlich wissen die Menschen nicht, ja, sie können es sich nicht einmal vorstellen, in welchem Ausmaß Gedanken das Leben beeinflussen.

Man könnte sagen, dass eine Vision ein Traum ist, den wir im Wachzustand erleben. Menschen, die fantasievoll sind oder fähig zu imaginieren, können einen Gedanken erzeugen. Und wenn dieser Gedanke, den wir erzeugt haben, zum Objekt unserer Konzentration wird, dann wird alles andere vor uns verborgen. Nur noch diese eine Imagination steht als Bild vor uns. Die Wirkung dieser Vision ist sicherlich größer als die eines Traumes. Der Grund dafür ist, dass die Imagination, die im Wachzustand in unserem Geist Bestand haben kann, natürlich stärker ist als die Imagination, die in unserem Traum aktiv war.

Der fünfte Aspekt des Denkens ist Materialisation. Wenn wir dieses Thema studieren, finden wir das größte Geheimnis des Lebens. Zweifellos sind wir gern bereit zu akzeptieren, dass durch die Imagination der Architekten Gebäude erbaut werden oder dass durch die Imagination der Gärtner wunderschöne Gärten entstehen. Aber wenn es um die Materie geht, fragen wir uns üblicherweise, inwieweit Imagination oder Gedanken Macht über sie haben können. Heutzutage, wo die Psychologie beginnt, sich in der westlichen Welt auszubreiten, hören die Menschen wenigstens geduldig zu, wenn man darüber spricht. Und doch gibt es viele, die mit großem Vertrauen Medizin nehmen; wenn man ihnen aber erzählt, dass ein Gedanke sie heilen kann, lächeln sie über diese Idee. Das zeigt, dass bei all dem Fortschritt, den die Menschheit anscheinend gemacht hat, sie doch auf einem Gebiet Rückschritte gemacht hat, nämlich auf dem des höheren Denkens. Denn im Allgemeinen glauben wir nicht an die Macht des Denkens, und noch weniger an das, was wir Emotion nennen.

Tatsächlich aber, wenn man von der Seele eines Gedankens sprechen kann, ist diese Seele das Gefühl, das dahintersteht. Wir können feststellen, dass die Menschen verwirrt werden, wenn sie nur Worte hören, hinter denen kein Gefühl steckt. Die Kraft, die hinter ihm steht, macht einen Gedanken überzeugend, und diese Macht beinhaltet Gefühl. Im Allgemeinen geht die Tendenz dahin, das, was Imagination genannt wird, abzuwinken. Wenn wir sagen, dass eine Person sich etwas vorstellt, dann meinen wir, dass sie sich selbst vergnügt. Wir sagen zu ihr: „Oh, das denkst du dir nur aus; das existiert nicht wirklich." Tatsächlich aber erschaffen wir etwas, wenn wir uns etwas vorstellen, und etwas, das einmal erschaffen wurde, existiert. Und wenn es Gedanken sind, die erschaffen wurden, leben sie länger, denn Gedanken sind kraftvoller als Imaginationen. In solcher Weise ignorieren die Menschen heute jene Kraft, die die einzige Kraft ist und die größte existierende Macht, und nennen sie Sentimentalität, etwas, das ihnen nichts bedeutet. Doch mit dieser Kraft haben Helden Schlachten geschlagen. Und wenn jemals jemand etwas Großes in dieser Welt erreicht hat, dann durch die Kraft des Herzens, nicht durch die Kraft des Gehirns. Die Musik der wunderbarsten Komponisten, die Poesie der großen Dichter der Welt, all das kam aus der Tiefe der Herzen, nicht aus dem Gehirn. Und wenn wir die Tür zum Gefühl, zur Imagination und zu den Gedanken schließen, bedeutet dies, dass wir die Tür zum Leben verschließen.

Die Sufis sehen im Menschen sowohl den Schöpfer als auch die Schöpfung. Der begrenzte Teil im Menschen ist die Schöpfung und der innerste Teil unseres Wesens ist der Schöpfer. Wenn das wahr ist, dann sind wir Menschen sowohl begrenzt als auch unbegrenzt. Wenn wir begrenzt sein wollen, können wir immer eingeschränkter werden. Wenn wir unbegrenzt sein wollen, können wir immer grenzenloser werden. Wenn wir in uns die Illusion der Schöpfung kultivieren, können wir immer mehr zu dieser werden. Aber wenn wir die Kenntnis des Schöpfers in uns kultivieren, können wir auch immer mehr zu diesem werden.

Je weiter wir jeder Art von Schwäche, Krankheit, oder Unglück nachgeben, desto stärker drücken diese uns nieder. Das kann sogar so weit gehen, dass uns die ganze Welt auf den Kopf fällt und uns unter sich begräbt. Andere jedoch werden sich daraus erheben. Es mag schwierig sein, aber es ist doch möglich. Stück für Stück, mit Mut und Geduld werden sie aufstehen und auf der Welt stehen, die sie sonst zerquetscht hätte. Der Erstere geht zugrunde, der Letztere steigt auf. Beides hängt von der Geisteshaltung ab. Und das Wichtigste im Leben ist, die Geisteshaltung zu verändern, ob nun vom materiellen oder vom spirituellen Standpunkt aus betrachtet. Alles, was in den Lehren und durch die Übungen der Sufis gelehrt wird, wird gelehrt, um Schritt für Schritt allmählich die Erfüllung dessen zu erreichen, was Meisterschaft genannt wird.

Meisterschaft kommt durch die Entwicklung der Seele, und das Kennzeichen der Meisterschaft ist, dass wir alles in uns besiegen, das sich uns widersetzt. Das ist die Grundlage zu wahrer Toleranz. Seelen, die diese spirituelle Meisterschaft erlangt haben, zeigen diese nicht nur gegenüber Menschen, sondern sogar gegenüber ihrer Nahrung. Es gibt nichts, was eine Seele, die Meisterschaft erlangt hat, nicht berühren würde, auch wenn sie es vielleicht nicht mag oder gut findet.

Das ganze System der Yogis, besonders das des Hatha-Yoga, beruht darauf, sich mit etwas vertraut zu machen, was unserem Wesen widersteht. Zweifellos können sie dabei zu weit gehen, indem sie sich foltern und quälen, und diese Extreme sind nicht richtig, aber gleichwohl ist es ihr Prinzip.

Es ist nicht die Hitze, die uns tötet, sondern dass wir die Hitze akzeptieren. Das Gleiche gilt für Nahrung und Medizin, denn hinter allem, was es gibt, steht das Denken. Es gibt sogar Yogis, die ins Feuer springen können, ohne zu verbrennen. Wir wissen, dass intolerante Seelen die unglücklichsten in der Welt sind, denn alles verletzt sie. Warum aber fühlen sie sich im Haus unwohl und außen so rastlos? Aufgrund ihrer Neigung, alles abzulehnen, zurückzuweisen und vorzuverurteilen. Diese Neigung muss überwunden werden. Und wenn sie überwunden ist, ist große Meisterschaft erreicht.

Ich erinnere mich, dass mein Lehrer in der Schule uns erzählte, dass die Blätter des Neem-Baumes große Heilkräfte besäßen. Das interessierte mich nicht sehr, aber mein Interesse war geweckt, als er uns erzählte, dass diese Blätter so bitter seien, dass man den aus ihnen gekochten Sud nicht trinken könne. Und das Erste, was ich tat, war, einige dieser Blätter zu sammeln, und niemand verstand, was ich da tat. Aber ich machte einen Tee aus ihnen und trank ihn, und zu meiner größten Zufriedenheit zog ich noch nicht einmal ein Gesicht! Das machte ich vier oder fünf Tage lang weiter und dann vergaß ich es völlig. Wenn wir gegen alles ankämpfen, was uns widerstrebt, erreichen wir Meisterschaft. Doch üblicherweise machen wir das nicht. Wir kämpfen gegen Dinge, die uns davon abhalten, das zu bekommen, was wir wollen. Die Menschen sollten nur mit sich selbst kämpfen, gegen ihre Neigung, etwas abzulehnen. Das würde uns zur Meisterschaft führen. Etwas zu erzwingen, macht als generelles Prinzip im Leben keinen Sinn, aber um uns zu schulen, ist das etwas anderes. Es ist ein Prozess, kein Prinzip.

Man könnte sagen, es ist ein großer Kampf. Ja, das ist so; aber in beidem ist Kampf, im Absteigen und im Aufsteigen. Es ist gerade so gut zu kämpfen und aufzusteigen wie zu kämpfen und abzusteigen. Wann immer wir absteigen, so heißt das nur, dass wir schwach in unserem

Denken sind. Und warum sind wir schwach im Denken? Weil wir schwach im Gefühl sind. Wenn das Gefühl die Gedanken stützt und wenn das Denken konstant bleibt, wird jede Schwierigkeit im Leben überwunden.

KONZENTRATION

Um Konzentration zu erlangen, müssen wir sie nicht nur lernen, wir brauchen zudem auch Ausgeglichenheit. Bevor ich zu diesem Thema komme, möchte ich zunächst erklären, welches Motiv wir dafür haben, uns zu konzentrieren. Da sind diese zwei Aspekte des Lebens: das hörbare Leben und das stille Leben. Mit hörbarem Leben meine ich alle Erfahrungen, alle Eindrücke, die wir durch unsere fünf Sinne bekommen. Dies ist deutlich verschieden von dem, was ich das stille Leben nenne. Und wenn wir fragen, welchen Vorteil wir davon haben, wenn wir mit dem stillen Leben in Berührung kommen, ist die Antwort, dass die Vorteile genauso abstrakt sind wie das stille Leben selbst. Das Leben der Sinneseindrücke ist klar, seine Vorteile sind klar; und doch ist der Gewinn genauso begrenzt wie das Leben der Sinneseindrücke selbst. Daran erkennen wir, dass letztendlich all unsere Sinneseindrücke nur eine geringe Wirkung haben. Sie sind so lange wichtig, wie wir sie erleben. Danach aber ist der Einfluss der Sinne auf das Leben beendet.

Der Wert des stillen Lebens steht für sich. Wir neigen dazu, den Dingen des äußeren Lebens Wirkung und Nutzen zuzuschreiben. Das stille Leben bringt uns keinen besonderen Nutzen, es hat vielmehr einen generellen Nutzen. Anders ausgedrückt: Wenn der Körper eine kleine Schramme hat, kann diese durch eine externe Medikation behandelt werden. Andere Medikamente behandeln jedoch die allgemeine Befindlichkeit, und das ist zufriedenstellender als externe Heilung, auch wenn es weniger spektakulär ist.

Man kann nicht genau sagen, welchen Nutzen wir von der Konzentration haben, aber eigentlich wird jegliche Art von Nutzen auf allen Ebenen durch Konzentration erreicht. Es gibt zwei Arten der Konzentration: automatische Konzentration und willentliche Konzentration.

Automatische Konzentration kann bei vielen Menschen beobachtet werden, die nicht wissen, dass sie sich konzentrieren und es doch tun. Sie konzentrieren sich automatisch, manche zu ihrem Nachteil, andere zu ihrem Vorteil. Zu ihrem Vorteil konzentrieren sich all jene, deren Geist mit ihrem Geschäft, ihrer Kunst, mit jeglicher Beschäftigung, die sie ausführen, verbunden ist. Sie können erfolgreicher arbeiten, weil sie sich konzentrieren. Mögen es nun Komponistinnen, Schriftsteller oder Musikerinnen sein, ihr Erfolg steht in direktem Zusammenhang mit ihrer Konzentrationskraft. Ich hatte einmal das Vergnügen, Paderewski in seinem eigenen Haus zu hören. Er begann sanft auf seinem Klavier zu spielen. Jede Note trug ihn in einen immer tieferen Ozean der Musik. Jede meditative Person konnte klar erkennen, dass er so konzentriert auf das war, was er tat, dass er nicht mehr wusste, wo er war. Woher kommen die Werke der großen Komponisten, die für immer lebendig bleiben und die Herzen der Menschen berühren? – Aus der Konzentration! Genauso ist es bei jedem Dichter, jeder Künstlerin. Die Konzentration bringt Farbe und Form hervor und gestaltet das Bild. Natürlich kann niemand ohne Konzentration Erfolg haben, seien es nun Künstler, Schriftstellerinnen, Musiker oder Dichterinnen oder irgendjemand aus Geschäftswelt oder Industrie.

Manchmal wirkt Konzentration zu unserem Nachteil. Einige Leute denken ständig, dass sie unglücklich sind, dass alles, was sie tun, schiefgeht, dass alle, die sie kennen, sie nicht mögen, dass alle sie hassen. Dann fangen einige an, wirklich zu glauben, dass sie unfähig sind, irgendetwas zu tun, dass sie unfähig und nutzlos sind. Andere glauben in ihrem Selbstmitleid, dass sie krank sind. Auf diese Weise erschaffen sie Krankheit, selbst wenn sie nicht krank sind. Andere halten durch Konzentration an ihrer Krankheit fest und denken ständig daran. Kein Arzt könnte jemals Erfolg bei ihnen haben. Ein alter Arzt sagte einmal: „Es gibt viele Krankheiten, aber es gibt noch mehr Patienten." Wenn jemand einmal durch Konzentration zum Patienten wurde, ist diese Person nur sehr schwer zu heilen. Und es gibt viele Fälle von derartig automatischer Konzentration zum Nachteil der Menschen. Denker, Philosophinnen und Meditierende lehren bewusste Konzentration. Die ganze Mystik und Spiritualität basiert auf dem Ideal der Konzentration. Diese mystische Konzentration kann in vier verschiedene Stufen aufgeteilt werden. Die erste ist Konzentration, die nächste Kontemplation, die dritte Meditation, die vierte Verwirklichung.

Die erste Stufe wird dadurch definiert, dass wir die Gedanken auf ein Objekt richten. Wir sollten uns aber nicht einfach auf irgendein Objekt konzentrieren, das uns gerade in den Weg kommt, denn das, worauf wir uns konzentrieren, hat eine Wirkung auf uns. Wenn wir uns auf ein totes Objekt konzentrieren, hat dies die Wirkung, unsere Seele abzutöten. Wenn wir uns auf ein lebendiges Objekt konzentrieren, hat dies natürlich einen belebenden Effekt. Darin finden wir das Geheimnis aller Lehren der Prophetinnen und Mystiker.

Diese Konzentration wird auf dreierlei Arten erreicht. Die erste geschieht durch Handlung. Wir machen eine bestimmte Bewegung oder tun etwas, das dem Geist hilft, sich auf ein bestimmtes Objekt zu konzentrieren. Eine andere Art ist die Konzentration durch Worte. Indem wir ein bestimmtes Wort wiederholen, lernen wir, automatisch an ein bestimmtes Objekt zu denken. Die dritte Art ist die durch das Gedächtnis. Das Gedächtnis ist wie ein Lagerhaus. Hier holen sich die Bauleute alles, was sie wollen: Platten, Pfähle, Ziegelsteine. Wenn wir uns auf diese Weise konzentrieren, machen wir das, was Kinder tun, wenn sie ihre Spielhäuser mit Bauklötzchen bauen. Wir sammeln Dinge aus unserem Gedächtnis und komponieren Objekte, um uns auf das Gewünschte zu konzentrieren.

Um zu kontemplieren, müssen wir weit genug fortgeschritten sein. Denn wir kontemplieren kein Objekt, sondern eine Idee. Natürlich können wir denken, dass wir zu allem fähig sind und dass wir nach der Konzentration auch kontemplieren können; aber es ist das Wesen des Denkens, dass es uns aus den Händen gleitet, wenn wir versuchen, es zu halten. Deshalb hat der Geist meist das Objekt der Konzentration schon wie ein widerspenstiges Pferd abgeworfen, bevor wir denken können. Der Geist ist nicht immer so ungehorsam; er zeigt sich aber ungehorsam, wenn er sich selbst bestimmen will. Er ist wie der Körper. Wir fühlen, wie wir ganz natürlich in Ruhe sitzen, aber kaum bleiben wir fünf Minuten lang wirklich still, beginnt der Körper schon, sich rastlos zu fühlen. Noch schwieriger ist es, den Geist dazu zu bringen, zu gehorchen. Die Mystiker finden deshalb ein Seil, um den Geist an einen bestimmten Ort zu binden, wo er sich nicht bewegen kann. Was ist dieses Seil? Dieses Seil ist der Atem. Durch dieses Seil binden sie den Geist fest und bringen ihn dort zum Stehen, wo sie es wollen. Das ist wie bei einem Vogel, der seinen Speichel gebraucht, um sein Nest zu bauen. Die Mystiker erschaffen auf gleiche Weise mit dem Atem die Atmosphäre, das Licht und den Magnetismus, in dem sie jeweils leben.

Eine Eigenart des denkenden Geistes ähnelt einer Schallplatte: Was immer in ihn eingeprägt wurde, kann er reproduzieren. Eine andere Eigenschaft des Geistes ist, dass er nicht nur etwas reproduziert, sondern das wieder hervorbringt, was auch immer in ihn eingeprägt wurde. Wenn Hässlichkeit gespeichert wurde, erschafft er Zwietracht und Disharmonie. Wenn wir Konzentration lernen, bereinigt das die Schallplatte und lässt sie das hervorbringen, was wir wollen, nicht das, was automatisch kommt. In dieser Welt sind wir so offen für Eindrücke. Wir gehen mit offenen Augen und Ohren herum – doch nicht nur Augen und Ohren sind offen: Auch die Lippen sind offen, um weiterzugeben, was Augen und Ohren aufnehmen. Das ist der gefährliche Teil.

Der dritte Teil der Konzentration ist die Meditation. In dieser Stufe werden wir kommunikativ. Wir kommunizieren mit dem stillen Leben und natürlich eröffnet das auch eine Kommunikation mit dem äußeren Leben. Wir beginnen nun zu erkennen, dass das innere und das äußere Leben, dass tatsächlich sogar alles kommunikativ ist. Dann beginnen die Menschen das zu lernen, was durch Bücherstudien niemals gelernt werden kann, nämlich dass das stille Leben der größte Lehrer ist und alle Dinge kennt. Es lehrt nicht nur, sondern bringt uns all den Frieden, die Freude, die Kraft und Harmonie, die das Leben wunderschön machen.

Niemand kann behaupten, meditativ zu sein, denn meditative Menschen sagen das nicht mit den Lippen. Ihre Ausstrahlung spricht für sich, und nur die Ausstrahlung kann ausdrücken, ob es wahr oder falsch ist. Ich fragte einmal meinen spirituellen Lehrer, woran wir erkennen, dass jemand Gott kennt. Er sagte: „Es sind nicht jene, die den Namen Gottes anrufen, sondern jene, deren Stille davon spricht." Viele suchen und halten Ausschau nach etwas Wertvollem, etwas Wunderbarem, aber es gibt nichts Wunderbareres als die menschliche Seele.

Verwirklichung ist das Ergebnis der drei anderen Arten. In der dritten Art der Erfahrung verfolgen wir die Meditation; aber in dieser jetzt verfolgt die Meditation den Menschen. Mit anderen Worten: Die Sänger singen nicht länger das Lied, sondern das Lied singt die Sänger. Diese vierte Stufe ist eine Art Ausdehnung des Bewusstseins, die Entfaltung der Seele; wir tauchen tief in uns selbst hinab; wir kommunizieren mit jedem Atom des Lebens, das in dieser Welt existiert; wir erkennen das wahre „Ich". Das ist die Erfüllung des Lebenszwecks.

WILLE

Worte wie zum Beispiel Wunsch, Verlangen, Liebe und ähnliche haben mehr oder weniger dieselbe Bedeutung. Das Wort „Wille“ jedoch ist wesentlich weitreichender als all diese anderen Worte. Der Grund dafür ist, dass der Wille das Leben selbst ist. Die Bibel beschreibt Gott als die Liebe. Liebe in welcher Bedeutung? Liebe im Sinn von Willen. Der Schöpfer erschuf das Universum durch was? Durch Liebe? Durch den Willen, die Liebe kam danach. Liebe ist Wille, wenn er durch seine Manifestation erkannt wird. Erst dadurch wird er Liebe genannt, als Ursprung jedoch steht der Wille dahinter.

Zum Beispiel wird behauptet, dass das Taj Mahal, dieses große Bauwerk in Agra, ein Zeichen der Liebe des Kaisers für seine Geliebte sei. Objektiv gesehen können wir es aber nicht wirklich einen Ausdruck der Liebe nennen. Wir würden es eher ein Phänomen des Willens nennen. Wenigstens zum Baubeginn des Gebäudes sollten wir zunächst den Geist, den Impuls sehen, der es begonnen hat, ein Phänomen des Willens des Kaisers. Ab dem Zeitpunkt seiner Vollendung können wir sagen, es war ein Ausdruck seiner Liebe. Wenn jemand sagt: „Ich sehne mich danach“ oder „ich wünsche es mir“, so ist das ein unvollkommener Wille; ein Wille, der sich seiner Stärke nicht bewusst ist; ein Wille, der sich nicht sicher ist, was er will. Dann wird er Verlangen oder Wunsch genannt. Aber wenn jemand sagt: „Es ist mein Wille“, dann ist das definitiv. Eine Person, die nie sagen kann: „Es ist mein Wille“, hat keinen Willen.

Daraus können wir schließen, dass der Wille die Quelle und der Ursprung aller Phänomene ist. Die Hindus nannten die Schöpfung einen Traum des Brahma, des Schöpfers. Ein Traum aber ist ein Phänomen des unbewussten Willens, ein automatisches Wirken des

Willens.

Der Wille ist ein Akt der Seele. Man kann die Seele auch das Selbst des Willens nennen. Der Unterschied zwischen Seele und Wille ist wie der Unterschied zwischen der Person und ihrer Handlungen.

Es gibt einen Unterschied zwischen bedachten und fantasievollen Menschen; der Unterschied liegt darin, dass die einen willentlich denken und die anderen willenlos. Wenn wir den Wert des Willens kennen, begreifen wir, dass es nichts Kostbareres auf der Welt gibt als den Willen. Dadurch stellt sich im Geist von bedachten Menschen natürlich die Frage: „Trage ich Willen in mir? Habe ich einen starken oder einen schwachen Willen?" Die Antwort ist, dass niemand ohne Willen existieren kann. Alle haben einen Willen.

Das automatische Wirken des Geistes erschafft Imagination und die Wirkung der Imagination hängt von der Kultivierung des Gemütes ab. Wenn das Gemüt hoch gestimmt ist, wird natürlich auch die Imagination auf Höheres eingestimmt sein; wenn das Gemüt jedoch nicht hoch gestimmt ist, werden auch die Imaginationen nicht hoch eingestimmt sein.

Imagination hat ihren Platz und ihren Wert. Aber wann? Wenn das Herz so eingestimmt ist, dass die Imagination sich auf nichts anderes als das Paradies ausrichten kann. Das Herz, das derart durch Liebe, Harmonie und Schönheit eingestimmt ist, beginnt unwillentlich und von allein zu fließen. Und in diesem absichtslosen Fließen reagiert es auf alles, was es berührt, oder das ihm irgendwie entspricht. Wenn dies in Form von Linie, Farbe oder Noten geschieht, dann werden daraus Kunst, Gemälde, Musik oder Dichtung geschaffen. Genau dann hat Imagination ihren Wert. Aber in Geschäftlichem, Wissenschaftlichem und all den Dingen, die mit dem täglichen Leben und der Welt verbunden sind, ist es besser, die Imagination hintanzustellen und mit dem willentlichen Denken zu arbeiten.

So wie Nacht und Tag sinnvoll und Ruhe und Aktion notwendig sind, so haben auch Denken und Imagination ihren Platz in unserem Leben. Wenn zum Beispiel ein Dichter seinen Willen einsetzen würde, um seine Fantasie zu lenken, so würde daraus ein Gedanke entstehen, und es würde steif werden. Für Dichter ist es natürlich, ihr Denken im Raum schweben und ihr Herz ausdrücken zu lassen, was auch immer es berührt. Was es dann ausdrückt, ist eine Inspiration. Wenn wir aber Geschäftlichem nachgehen, dürfen wir unser Herz nicht frei in der Luft schweben lassen. Wir müssen an die Gegebenheiten der Erde denken und sehr sorgsam die Zahlen bedenken.

Nun kommen wir zur Frage, wie wir unseren Willen aufrechterhalten können. Wir leben auf eine Weise, die uns unseres Willens beraubt. Unser Wille wird nicht nur durch die Kämpfe geschwächt, die wir im Leben führen müssen, sondern auch durch unser eigenes Selbst, unsere Gedanken, unsere Sehnsüchte, unsere Wünsche und Motive. Diejenigen, die wissen, wie unser inneres Wesen mit dem vollkommenen Willen verbunden ist, wissen, dass unsere Lebenserfahrungen unseren Willen kleiner, enger und begrenzter werden lassen. Unsere Freuden berauben uns genauso unseres Willens wie unsere Sorgen. Unsere Vergnügungen nehmen uns genau wie unsere Schmerzen unseren Willen. Der einzige Weg, unsere Willenskraft zu erhalten, liegt darin, die Existenz des Willens zu erforschen und zu untersuchen, was unter all den Dingen in unserem Inneren der Wille ist.

Es mag so scheinen, dass ein Motiv die Willenskraft verstärkt. Aber wir werden am Ende zweifellos erkennen, dass es uns eher die Willenskraft nimmt. Motive sind ein Schatten über der Intelligenz, auch wenn das Motiv umso höher ist, je höher die Seele reicht; und je größer die Motivation ist, desto größer ist der Mensch. Wenn das Motiv hinter das Ideal zurückfällt, ist das der Niedergang des Menschen. Wenn das Motiv unser Ideal ist, steigen wir auf. Die Weite unseres Motivs ist so weit wie unsere Vision, und die Stärke des Motivs ist so stark wie unsere Stärke.

Außerdem gibt es diesen Ausspruch: „Der Mensch denkt, Gott lenkt." Wir stehen immer einer Macht gegenüber, die größer ist als wir und die nicht immer unsere Sehnsüchte unterstützt. Und so muss eine Person mit Willenskraft, wenn sie einer größeren Macht gegenübersteht, früher oder später klein beigeben und wird vom Verlust des eigenen Willens geprägt. Dies ist nur ein Beispiel, und man könnte Hunderte Beispiele nennen, um zu zeigen, wie uns der eigene Wille genommen wird, ohne dass wir es bemerken. Oft denken wir, dass wir unseren Willen bekommen, wenn wir aktiv und entschlossen sind, und dass wir unseren Willen verlieren, wenn wir passiv sind. Aber dem ist nicht so. In jedem Kampf gibt es den Vorstoß und den Rückzug. Wir sind nicht geschlagen, wenn wir uns zurückziehen, und durch einen Vorstoß gewinnen wir nicht immer. Wenn wir unseren Willen ständig ausüben, überziehen und erschöpfen wir ihn sehr bald. Es ist, als würden wir uns zu sehr auf ein Seil verlassen, das wir in der Hand halten, während es sich an einer scharfen Steinkante aufreibt. Wir können erkennen, dass Menschen, die große Willenskraft bekunden, sehr oft viel schneller versagen als jene, die dies nicht für sich beanspruchen.

Willenskraft und Weisheit liegen ständig im Kampf miteinander. Und das Wichtigste und Weiseste, was wir tun können, ist, eine Balance zwischen Weisheit und Willenskraft herzustellen. Wenn wir sagen: „Ich möchte dies tun; ich werde dies tun", gleichzeitig das Gefühl jedoch sagt: „Nein, das kannst du nicht tun, das solltest du nicht tun", dann werden wir trotz all unserer Willenskraft entweder nicht tun, was wir wollen, oder etwas wider unseres besseren Wissens tun.

Dies zeigt uns das Leben auch in einem anderen Licht: Nämlich dass jene, die weise sind, aber ohne Willen, genauso hilflos sind wie jene, die Willenskraft besitzen, aber keine Weisheit. Es nützt nichts, die Weisheit voranzustellen und die Willenskraft zu vernachlässigen. Wir müssen beide vereinen, und dies geschieht, wenn wir uns in allem, was wir tun, der Wirkung der beiden bewusst werden. Nebenbei bemerkt können wir beides im täglichen Leben üben, indem wir uns Dinge vorenthalten, die wir mögen. Wenn wir immer bekommen, was wir mögen, so beschädigt das zweifellos unseren Willen, denn dann hat unser Wille keine Resonanz.

Wenn wir uns etwas versagen, was wir uns wünschen, bekommt der Wille einen Impuls. Dann wird sich der Wille seiner selbst bewusst, er wird lebendig. Er fragt sich, warum er das nicht bekommen kann. Wir könnten beispielsweise Pfirsiche haben wollen, aber gleichzeitig fühlen wir uns sehr zu den Pfirsichblüten hingezogen. Wir denken, dass die Blume wunderschön ist, und dann kommt die Idee: Warum sie nicht an der Pflanze belassen? Das führt zur Entscheidung, sie nicht zu pflücken. Und das gibt uns einen Ansporn, denn erst wollte unser Wunsch sie haben, dann aber wollte die Vernunft mit ihr weiterarbeiten. So wie Licht durch Reibung entsteht, so entsteht auch der Wille durch Reibung.

Die Stärke des Willens liegt in der Kontrolle; im Gegensatz zur Imagination, die ohne Kontrolle wirkt, denn wenn wir diese kontrollieren wollten, würden wir sie beschädigen. Nichts auf der Welt kann sich ohne Willenskraft bewegen, weder auf dem Gebiet des Denkens noch auf der physischen Ebene. Während die Willenskraft auf das eine jedoch absolute Kontrolle ausübt, wirkt sie auf das andere automatisch.

Es gibt noch einen weiteren Feind der Willenskraft, und das ist die Macht der Wünsche. Manchmal nehmen diese dem Willen all seine Stärke. Manchmal wird die Willenskraft durch den Konflikt mit den Wünschen gestärkt. Die Entsagung, wie sie die Bibel lehrt, bedeutet im Allgemeinen die Zerstörung der Wünsche. Dies sollte nicht als Prinzip, sondern als ein Prozess betrachtet werden. Jene, die darin ein Prinzip sahen, haben verloren. Jene, die es als Prozess auffassten, haben gewonnen.

Der Feind der Vernunft, der Weisheit ist ein Mangel an Stille im denkenden Geist. Wenn der Geist still ist, bringt er die passenden Gedanken hervor, und Weisheit erhebt sich aus ihm wie eine Quelle. Die Sufis haben deshalb verschiedene Übungen in physischer und meditativer Form gelehrt, um den Geist still werden zu lassen, damit die Weisheit, die darin wohnt, wie eine Quelle hervortreten kann. In unruhigem Wasser können wir unser Spiegelbild nicht sehen. Nur in stillem Wasser können wir unser Spiegelbild klar erkennen. Unser Herz kann mit Wasser verglichen werden: Wenn es still ist, erhebt sich die Weisheit von selbst daraus. Weisheit und Wille wirken zusammen auf alles hin, was Erfolg haben wird.

Die Willenskraft wird systematisch entwickelt, indem wir zuerst unseren Körper disziplinieren. Der Körper muss in der vorgeschriebenen Weise sitzen. Er muss an dem Ort stehen, an den er hingestellt wurde. Der Körper sollte durch das, was von ihm verlangt wird, nicht ruhelos und müde werden, aber er sollte den Forderungen der Person gehorchen, der er gehört. In dem Augenblick, in dem die Sufis beginnen, ihren Körper zu disziplinieren, fangen sie an zu begreifen, wie undiszipliniert dieser immer war. Dann entdecken wir, dass dieser Körper, den wir immer „unseren", „uns selbst" genannt haben, und für dessen Bequemlichkeit wir alles Mögliche getan haben, dass dieser Untreue höchst ungehorsam und unzuverlässig zu sein scheint.

Danach kommt die Disziplinierung des Denkens. Dies geschieht durch Konzentration. Wenn der Geist an etwas anderes denkt und wir wollen, dass er einen bestimmten Gedanken denkt, dann wird der Geist äußerst unruhig. Er will nicht an einem Ort stehen bleiben, denn er war schon immer undiszipliniert. Sobald wir ihn disziplinieren wollen, wird er wie ein widerspenstiges Pferd, das man überwältigen muss. Die Schwierigkeit beginnt, wenn wir versuchen, uns zu konzentrieren. Er beginnt zu springen, wo er sich zu anderen Zeiten nur friedlich bewegt hat. Das ist so, weil der Geist ein Wesen ist. Es fühlt sich, wie sich ein wildes Pferd fühlen würde: „Warum sollte ich mich von dir belästigen lassen?" Aber der denkende Geist sollte ein gehorsamer Diener sein, genau wie der Körper ein gehorsames Werkzeug sein sollte, mit dem wir das Leben erfahren. Solange die beiden nicht in der Ordnung sind, wenn sie nicht so agieren, wie wir das wollen, können wir nicht darauf hoffen, wirklich glücklich zu sein und uns wirklich wohl in unserem Leben zu fühlen.

Der Wille kann so stark werden, dass er den Körper kontrolliert und ihn vollkommen gesund macht. Dann könnten wir aber fragen: Was ist dann mit dem Tod? Der Tod ist der Willenskraft nicht fremd. Wir denken, dass wir unseren Tod nicht einladen. Das tun wir tatsächlich nicht, aber der persönliche Wille wird schwach und der höhere Wille beeinflusst diesen schwachen Willen und wandelt ihn in sich selbst um. Denn der kleinere Willen gehört zum größeren Willen. Die Sufis nennen den ersten Qadr und den zweiten Qaza. Qaza spiegelt seine Anweisungen auf Qadr, und Qadr akzeptiert dies unbewusst. Auf der Oberfläche wollen wir immer noch leben, aber in der Tiefe haben wir uns niedergelegt, um zu sterben. Wenn wir nicht vor dem Tod zurücktreten würden, würden wir nicht sterben. In der Tiefe unseres Wesens haben wir uns dem Tod übergeben, bevor uns das Leben genommen wird.

Die eigentliche Kreuzigung ist, den menschlichen Willen an den göttlichen Willen abzutreten. Nach dieser Kreuzigung folgt die Auferstehung. Dahin gelangen wir, indem wir danach streben, Gott zu gefallen. Und es ist nicht schwer, wenn wir erst einmal damit angefangen haben, Gottes Wohlgefallen zu suchen. Doch bevor wir damit nicht begonnen haben, wissen wir noch nicht, was Gott Freude bereitet. Außerdem gibt es noch eine andere Lektion, die die Sufis lehrten: danach zu streben, den Mitmenschen Freude zu bereiten. Und das ist es, was wir üblicherweise ablehnen. Wir sind sehr bemüht, Gott zu erfreuen, aber wenn von uns gefordert wird, unsere Mitmenschen zu erfreuen, verweigern wir uns.

Und doch suchen wir eigentlich in beiden Fällen ein und dasselbe Wesen zu erfreuen. Wir beginnen mit Verzicht, aber wenn wir gelernt haben, im Leben Verzicht zu üben, und wenn wir auf den göttlichen Willen eingestimmt sind, müssen wir nicht mehr verzichten, denn der eigene Wunsch wird zum göttlichen Impuls.

MYSTISCHE ENTSPANNUNG I

Mystische Entspannung ist von höchster Wichtigkeit, denn auf sie ist die ganze spirituelle Kultur gegründet und aufgebaut. Und doch wird sehr wenig darüber gesprochen und geschrieben. Die Wahrheitssucher aller Zeitalter erlebten und studierten sie, und wenn sie sie ganz begriffen hatten, erlangten sie mehr Kraft und höhere Inspiration.

Leben ist Rhythmus. Dieser Rhythmus kann in drei Phasen unterteilt werden, und in jeder Phase verändert der Rhythmus das Wesen und den Charakter des Lebens. Der eine Rhythmus ist bewegt, ein weiterer aktiv, und der dritte ist chaotisch. Der bewegte Rhythmus ist kreativ, produktiv und konstruktiv, alle Stärke und Inspiration werden durch diesen Rhythmus erreicht und wir werden friedvoll. Eine weitere Phase des Rhythmus', der aktive Rhythmus, ist die Ursache von Erfolg und Errungenschaften, von Fortschritt und Verbesserungen, die Quelle von Freude und Erfüllung. Und die dritte Stufe des Rhythmus', der chaotische Rhythmus, ist die Ursache von Versagen, Tod, Krankheit und Zerstörung, die Quelle allen Schmerzes und Kummers.

Der erste Rhythmus ist langsam, der zweite schnell und der dritte ist noch schneller. Die Richtung des ersten ist direkt, die des zweiten ausgeglichen und die des dritten verläuft zickzackförmig. Wenn wir von einer Person sagen, sie sei bedächtig, so heißt das, dass sie im ersten Rhythmus ist. Wenn wir von einer Person sagen, sie sei ausdauernd und erfolgreich, so ist diese im zweiten Rhythmus. Und wenn wir von einer Person sagen, dass sie ihren Kopf verloren habe und vom Weg abgekommen sei, so ist sie im dritten Rhythmus. Sie gräbt entweder ihr eigenes Grab oder das ihrer Angelegenheiten; sie ist ihr eigener Feind. Alles, was sie erreichen will, wird der Zerstörung anheimgegeben, egal was sie erreichen will, egal wie sehr sie sich verbessern und vorankommen will, denn sie hat den dritten Rhythmus angenommen, der chaotisch und destruktiv wirkt. Es liegt also an uns, ob wir uns auf den ersten, den zweiten oder den dritten Rhythmus einstellen, die Bedingungen unseres Lebens werden dem entsprechen.

Haben denn die planetaren Einflüsse nichts mit unserem Leben zu tun? Doch, das haben sie, aber wie wirken denn überhaupt die planetaren Einflüsse auf uns? Wenn wir uns in einen bestimmten Rhythmus gebracht haben, haben diese Einflüsse keine Macht mehr, Erfolg oder Misserfolg zu bewirken. Wenn wir uns nur selbst in diesen Rhythmus bringen, so wird er zum entsprechenden Ergebnis führen, sogar unsere Umgebung wird in gleicher Weise reagieren. Ob wir uns nun in günstiger oder ungünstiger, in zuträglicher oder unzuträglicher Umgebung befinden, es bedeutet nur, dass wir uns selbst in den jeweiligen Rhythmus begeben haben. Ob wir Erfolg, Glück oder Pech haben, liegt an dem Rhythmus, den wir selbst hervorgebracht haben.

Wo finden wir diese Macht, wie können wir sie erkennen? Wenn wir darüber nachdenken, können wir sie sehr einfach sowohl physisch als auch mental oder spirituell erkennen. Es gibt Zeiten, in denen der Körper in vollständiger Ruhe ist, und es gibt Zeiten, in denen der Körper aufgeregt ist, in denen der Atem seinen Rhythmus verloren hat, unregelmäßig und ungleichmäßig geht der chaotische Zustand. Wenn der Körper einen regelmäßigen Kreislauf aufweist, einen ordentlichen Rhythmus und einen gleichmäßigen Atem, dann können wir Dinge tun und etwas erreichen. Wenn der Körper ruhig ist, komfortabel und entspannt, dann können wir denken. Es kommen Inspirationen und Offenbarungen, wir fühlen uns ruhig und sind voller Enthusiasmus und Energie. Im Sanskrit wird der erste Rhythmus Sattva genannt, der zweite Rajas und der dritte Tamas. Vom mittleren Rhythmus kommt das Wort Raja, was bedeutet: Derjenige, der mit seinem Schwert durchgehalten und ein Königreich gebildet hat. Sein Rhythmus ist der mittlere Rhythmus. Der erste Rhythmus wird manchmal auch „Sand" genannt, was an das englische „saint", Heilige/r, erinnert. Aus diesem Rhythmus entspringt Herzensgüte. In unserem Leben überwiegt mal der erste

Rhythmus, mal der zweite und zu wieder anderen Zeiten der dritte. Und doch ist in unserem Leben ein Rhythmus durch alle Veränderungen hindurch vorherrschend, ob wir nun gerade im dritten, zweiten oder ersten Rhythmus sind.

Wenn wir im ersten Rhythmus schwingen, haben wir grundsätzlich die Kraft, etwas zu erreichen, und das sowohl körperlich als auch geistig. Körper und Geist sind so eng miteinander verbunden, dass der Körper immer den gleichen Rhythmus hat wie der denkende Geist. Und welcher Rhythmus auch immer in Körper und Geist vorherrscht, er ist der gleiche wie der der Seele.

Es gab einen König, der, wann immer ihm ein Minister ein Problem vorbrachte, sagte: „Lesen Sie es noch einmal vor." Und der Minister las es noch einmal. Vielleicht hielt ihn der König nach dem zweiten Mal ein weiteres Mal zurück und forderte: „Lesen Sie es noch einmal." Und nachdem er es dreimal gehört hatte, war seine Antwort perfekt. Doch was machen wir manchmal, wenn wir uns mit Menschen unterhalten? Noch bevor das Gespräch zu Ende ist, haben wir schon geantwortet. So ungeduldig und aufgeregt sind wir, und so wild, darauf zu antworten, dass nur einer von hundert Menschen innehält, um zuzuhören, was der andere zu sagen hat.

Dies ist der falsche Rhythmus, der chaotische Rhythmus, der chaotische Ergebnisse hervorbringt. Woher kommt Krieg? Aus chaotischen Handlungen. Wo es chaotische Handlungen gibt, werden Nationen in Kriege verwickelt. Die ganze Welt kann durch chaotische Handlungen in einen Krieg verwickelt werden. Die Menschen bezweifeln, dass der religiöse Glaube von Christus die Welt gerettet habe. Das können sie nicht verstehen. Sie sagen, dass die Menschen sich selbst retten. Aber sie erkennen nicht, dass ein Mensch die ganze Welt zerstören kann, genauso wie ein Mensch die ganze Welt retten kann. Dies vermag er durch seinen Rhythmus. Ein chaotischer Einfluss wirkt wie ein berauschendes Getränk auf Tausende Menschen; wie ein Krankheitserreger, der sich im ganzen Land von einer Person auf die nächste überträgt. Wenn das mechanisch funktioniert, dann kann es auch psychologisch funktionieren, dass der chaotische Einfluss einer

Person die ganze Welt in Verzweiflung stürzen kann, auch wenn das für gewöhnliche Menschen sehr schwer zu verstehen ist.

Die türkische Nation wurde von allen Seiten heftig unter Druck gesetzt und die Kriege hatten das Land sehr arm gemacht. Es sank durch die permanenten Rückschläge immer tiefer. Und dann kam ein Mann, Kamal Pascha, und sein Rhythmus brachte abertausenden toten Seelen, die hungrig, ohne Nahrung und von allen Bemühungen enttäuscht waren, und die auf irgendein positives Ergebnis gewartet hatten, wieder Leben. Und ein Mann feuerte alle an und hob das ganze Land vom Boden auf. Und das ist nur die äußere Ebene. Auf der spirituellen Ebene ist die Wirkung noch machtvoller, nur geben diejenigen, die auf der spirituellen Ebene wirken, es nicht den Blicken preis. Was in der politischen Welt geschieht, ist bekannt, aber auch in der spirituellen Welt geschehen große Dinge; sie sind nicht bekannt; aber ihr Einfluss ist höchst machtvoll – durch ihren Rhythmus.

Wir erkennen das im Leben von Napoleon. Einige mögen sein Leben, einige nicht. Dennoch war er während seiner Kriege die Inspiration, die Kraft und das Rückgrat des ganzen Landes. Das war allein Napoleons Wesen. Er hatte immer, sogar in den größten Sorgen des Krieges, Augenblicke der Stille, manchmal sogar auf dem Pferd. Und während er in der Stille war, erneuerte er all die Stärke, die in den andauernden Verantwortlichkeiten des Krieges verloren gegangen war, und nachdem er seine Augen geschlossen hatte, fühlte er sich wieder erfrischt. Wodurch geschah das? Er hatte den Schlüssel zur Entspannung. Und der liegt darin, den gewünschten Rhythmus anzunehmen.

Wir sollten nicht überrascht sein oder über die Weisen lachen, die eine Hand nach oben halten oder vielleicht mit den Füßen nach oben auf dem Kopf stehen oder in einer Sitzhaltung für lange Zeit verharren. Es gibt einen Grund dafür. Diese Künstler, die um die Kunst der Entspannung wissen, kennen die verschiedenen Arten, wie man Körper und Geist in einen entspannten Zustand bringt. Ich selbst hatte während zwölf Jahren durchgehend nur drei Stunden Schlaf in der Nacht und manchmal nicht einmal das. Und in all den zwölf Jahren war ich niemals krank. Durch meine Entspannungsübungen hatte ich alle notwendige Stärke und fühlte mich vollständig wohl.

Die Frage ist, wie man sich entspannt. Das geschieht nicht nur dadurch, dass wir mit geschlossenen Augen dasitzen; wenn der Geist sich nämlich dem Körper durch Gedanken oder Gefühle zuwendet, dann ist der Körper nicht entspannt, denn der Geist foltert den Körper. Und wenn das Gefühl dem Denken Aufmerksamkeit gibt, foltert es den Geist. Und diese Folter bewirkt nichts Gutes, selbst wenn wir die Augen geschlossen halten und in einer bestimmten Haltung sitzen. Bei der Entspannung sind drei Gesichtspunkte zu beachten:

1. Der Standpunkt des Körpers
2. Der Standpunkt des denkenden Geistes
3. Der Standpunkt des Gefühls

Vom Standpunkt des Körpers aus müssen wir uns daran gewöhnen, Macht über oder Einfluss auf unseren Kreislauf und Puls zu bekommen. Dies geschieht durch die Macht von Gedanken und Willenskraft, zusammen mit dem Atem. Durch Willenskraft können wir unseren Körper in einen bestimmten Zustand bringen, in dem der Blutkreislauf einen bestimmten Rhythmus annimmt. Er wird durch Willenskraft verlangsamt. Sobald der Wille den Kreislauf und den Puls des Körpers in der Hand hat, hat der Wille es auch in der Hand, stundenlang zu meditieren. Das ist der Grund, warum Weise am Ende stundenlang meditieren können: sie beherrschen ihren Kreislauf. Sie können willentlich langsamer oder schneller atmen. Wenn dann weder im Nervensystem noch im Muskelsystem Spannung verbleibt, bewirkt das eine Art der Erholung, wie sie selbst zehn Tage Schlaf nicht bewirken kann. Deshalb bedeutet entspannt zu sein nicht, still zu sitzen. Es geht darum, fähig zu werden, Spannung aus unserem System zu entfernen – aus unserem Kreislauf, unserem Puls und aus unserem Nerven- und Muskelsystem.

Wie entspannen wir den denkenden Geist? Die Methode, den Geist zu entspannen, ist zunächst, den Geist zu ermüden. Wer nicht weiß, wie man den Geist ermüdet, wird den Geist niemals entspannen können.

Konzentration ist die schwerste Tätigkeit, die wir dem Geist aufgeben können, denn der Geist wird dabei auf eine bestimmte Sache fixiert. Danach wird er sich natürlich entspannen, und wenn er sich entspannt, bekommt er alle Kraft.

Die Entspannung des Fühlens wird dadurch erreicht, dass wir tief fühlen. Die Sufis des Ostens spielen in der Meditation Musik, die die Emotionen so sehr aufwühlt, dass das Gedicht, das sie hören, zur Realität wird. Dann kommt die Reaktion, die Entspannung. Alles, was blockiert war, jegliche Verstopfung, ist aufgelöst. Und sie erfahren Inspiration, Energie und ein Gefühl der Freude und Ekstase.

Durch diese drei Arten der Entspannung werden wir auf die höchste Entspannung vorbereitet, nämlich das ganze Wesen zu entspannen: Der Körper ruht, der Geist ist still, das Herz in Frieden. Diese Erfahrung kann Nirwana genannt werden, das Ideal der Denker und der meditativen Seelen. Das ist es, was sie erreichen wollen, denn darin liegt alles. In diesem Zustand wird jede Person für einige Zeit ein Tropfen, der in den eigenen Ursprung assimiliert oder abgetaucht ist. Und für einen Moment abgetaucht zu sein bedeutet, dass alles, was zum Ursprung gehört, von diesem Tropfen angezogen wird, denn der Ursprung ist die Essenz von allem. Der Tropfen hat alles, was er im Leben besitzt, aus diesem Ursprung erhalten. Er wurde nun neu aufgeladen und wieder erleuchtet.

MYSTISCHE ENTSPANNUNG II

Mystische Entspannung ist faktisch dasselbe wie Meditation. Meist herrscht Verwirrung über das Wort Meditation, weil es von so vielen Menschen benutzt wird, die manchmal ganz unterschiedliche Vorstellungen davon haben. Indem wir es mystische Entspannung nennen, wird die Bedeutung einfach und klar.

Vom physischen Standpunkt aus gesehen, gibt es die Aktion des sich Zusammenziehens und des sich Ausdehnens. Letztere beschert uns innere Vitalität, während Entspannung das gegenläufige Verfahren ist. Die Energie wird entweder auf die äußere Ebene gebracht, oder die Energie wird dazu gebracht, in ihrem natürlichen, normalen Zustand zu ruhen. Indem wir etwas Schweres heben oder etwas mit Entschlossenheit tun, laden wir unseren Körper mit der Energie aus dem Inneren auf, und diese bringt sich dann durch unsere Muskeln und Nerven zum Ausdruck. Im Schlaf befindet sich die Energie im Ruhemodus. Diese Energie ist höchst wertvoll und kostbar. Wird sie äußerlich angewandt, bringt sie äußeren Nutzen, wird sie innerlich angewandt, führt sie zu inneren Erfolgen.

Die Meditation wird durch zwei vorangestellte Stadien erreicht. Das erste Stadium ist die Konzentration, das nächste die Kontemplation. Nach diesen beiden Stadien erreichen wir das dritte, die Meditation. Darauf folgt noch die Verwirklichung.

Ohne Konzentration kann nichts in dieser Welt vollständig verwirklicht werden, sei es nun in unseren Geschäften, unserem Beruf oder in unserer spirituellen Arbeit. Wer in den eigenen Angelegenheiten oder im Beruf keinen Erfolg hat, kann sich nicht richtig konzentrieren. Viele, die Erfolg im Leben haben, verdanken dies der Tatsache, dass sie über eine gute Konzentration verfügen. Und vielleicht wissen sie das nicht einmal. Im Westen gab es viele große Erfinder, die wunderbare Dinge geschaffen haben, doch sie selbst wussten nicht, dass sie dies ihrer Konzentrationsfähigkeit zu verdanken hatten. Manche werden mit ihr als natürlicher Gabe geboren, und deshalb bringen sie alles, was auch immer sie unternehmen, zum Erfolg. Künstler können mithilfe der Konzentration wunderschöne Werke schaffen. Wissenschaftlerinnen können dadurch großartige wissenschaftliche Ergebnisse erzielen. Poeten gehen damit mühelos der Dichtkunst nach. Für Mystikerinnen wird die mystische Inspiration fließen. Ohne Konzentration jedoch sind wir nicht fähig, unsere Gaben zu nutzen, egal wie begabt wir sind. Wir können dann kaum als begabt angesehen werden. Nur durch die Kraft der Konzentration können wir uns vollständig ausdrücken.

Konzentration ist der Anfang der Meditation. Meditation ist das Ende der Konzentration. Wenn wir uns die Konzentration einmal vollständig angeeignet haben, ist es für uns leicht zu meditieren. Aus metaphysischer Sicht können der Konzentration drei Aspekte zugeordnet werden: Reflexion, Konstruktion, Improvisation. Die erste Konzentrationsart besteht darin, ein beliebiges Objekt, das vor uns hingestellt wird, zu reflektieren. Die Spiegelqualität des Geistes befähigt uns, uns auf diese Weise zu konzentrieren. Wenn uns eine bestimmte Sache beeindruckt, die wir außerhalb von uns entdeckt haben, versuchen wir, uns auf diese zu konzentrieren, um sie so in unserem Geist festzuhalten. Mit anderen Worten: Wir richten unseren Geist auf das Objekt aus, das uns beeindruckt hat, und unser Geist tut nichts anderes, als es zu spiegeln.

Die andere Art der Konzentration ist zu konstruieren oder zusammenzustellen. Zum Beispiel wenn Künstlern gesagt wird, sie sollen ein besonders fantasievolles Bild gestalten, und sie erschaffen in ihrem Geist ein Wesen mit dem Gesicht eines Menschen, den Hörnern eines Büffels und den Flügeln eines Vogels. Das Material dazu war in ihrem Geist. Um diese bestimmte Form zu gestalten, haben sie es nur neu zusammengestellt. Dies ist konstruktive Konzentration, Visualisierung. Anders gesagt: Wir bringen das Denken dazu, etwas unter Anleitung des Willens zu erschaffen.

Alles, was wir sehen und denken, erkennen wir in unserem eigenen Geist. Wir können in unseren Gedanken einen Engel oder einen Teufel erschaffen. Wir erschaffen Gott in unserem Denken. Der Turmbau zu Babel ist ein Gedankengebilde. Die menschlichen Gedanken haben große Macht; und wenn wir zu der Erkenntnis gelangen, dass alles aus einer Quelle kommt und sich auf ein Ziel hin entwickelt, fangen wir an zu erkennen, dass die Quelle und das Ziel Gott sind. Dann ist für uns die Welt der Vielfalt nicht mehr Vielfalt, sondern Einheit; sie ist eins.

Der dritte Aspekt der Konzentration ist Improvisation. Wenn Dichtern gesagt wird, sie sollen ein Gedicht über eine Rosenknospe schreiben, beginnen sie zu improvisieren. Sie fügen ihr beispielsweise einen Tautropfen hinzu und gestalten das Bild einer Morgenröte. Dann nehmen sie noch einen sanften Wasserlauf und bauen ihr damit einen schönen Hintergrund.

Oft meinen wir, Konzentration hieße, die Augen zu schließen und einmal wöchentlich still in der Kirche zu sitzen. Doch selbst wenn wir dies tun, wissen wir nicht, wo unser Denken ist, obwohl wir in der Kirche sitzen.

Wenn wir uns erlauben, gestört zu werden, so zeigt das, dass unsere Konzentration nicht gut ist. Und wenn unsere Konzentration nicht gut ist, zeigt das, dass es uns an Willenskraft mangelt. Der beste Weg, uns selbst vor Störungen zu schützen, ist daher, die Konzentrationskraft zu entwickeln, damit sich die Willenskraft natürlich entfaltet und wir fähig werden, all den Störungen zu widerstehen, die auftauchen, wenn wir inmitten des Gedränges leben müssen.

Das beste Heilmittel für einen umherschweifenden Geist ist die natürliche Konzentration. Das bedeutet aber nicht, den Geist zu zwingen. Wir sollten den Geist zunächst natürlich arbeiten und Dinge denken lassen, über die er nachdenken will. Warum sollte der Geist an etwas denken, zu dem er keine Beziehung hat? Das ist unnatürlich. Es ist, als würden wir etwas essen, das uns nicht schmeckt. Das wird weder aufgenommen, noch wird es etwas Gutes bewirken. Wir sollten an irgendetwas denken, das wir lieben. Auf diese Weise können wir lernen, uns zu konzentrieren.

Manchmal sagen wir, dass eine Person nicht bei sich ist, wenn sie den Geist nicht unter Kontrolle hat. Das heißt, dass ihr Geist mechanisch arbeitet; der Wille hat keine Kontrolle über ihn. Denn der Wille ist der König und der Verstand der Minister. Wenn beide zusammenarbeiten, ist der Geist unter Kontrolle. Das Denken ist nicht länger das eigene, wenn der Verstand nicht dazu hilft und der Wille die Kontrolle verloren hat.

Manchmal ist unser Geist nicht stark genug, um das Objekt zu halten, das wir erreichen wollen; er lässt los. Und manchmal ist der Körper nicht ausreichend leistungsfähig, um es zu halten. Aber wenn wir dieses Objekt nicht erreichen, dann bleibt es nur aufgrund unseres Geisteszustandes unerreicht. Den Gesetzen der Natur gemäß, ist es eines natürlichen, friedlichen Todes gestorben.

Die Bibel spricht von Entsagung. Und die Menschen denken, das würde bedeuten, nicht zu essen und zu trinken und alles aufzugeben, was schön im Leben ist; sich irgendwo in die Einsamkeit zurückzuziehen und nie wieder zu erscheinen. Das ist die Fehlinterpretation einer richtigen Lehre. Entsagung bedeutet Selbstaufgabe; es kommt von Selbstvergessen. Wenn wir unsere Umgebung studieren, erkennen wir, dass glückliche Menschen deshalb glücklich sind, weil sie weniger an sich denken. Sind sie dagegen unglücklich, dann deshalb, weil sie zu viel an sich denken. Es gibt viel Elend in der Welt, aber das größte Elend ist das Selbstmitleid. Solche Menschen sind schwerer als Felsen, schwer für sich selbst und schwer für andere. Andere können sie nicht ertragen und sie können sich auch selbst kaum aushalten.

Es ist nicht leicht, sich selbst zu vergessen. Aber wenn wir dazu fähig werden, was für eine wunderbare Energie erzeugen wir dann in uns selbst! Es ist ein großes Mysterium und gibt uns Macht über Himmel und Hölle. Omar Khayyam sagt in seinem Rubaiyat: „Der Himmel ist die Vision erfüllter Sehnsüchte. Die Hölle ist der Schatten der brennenden Seele." Wo ist dieser Schatten? Wo ist diese Vision? Sind sie nicht in uns? Wir sind es, die sie in uns bewahren. Deshalb sind wir es selbst, die uns Himmel und Hölle bereiten. Und sie können durch nichts anderes verwandelt werden als durch Konzentration.

Doch darüber hinaus hat Konzentration eine noch größere Bedeutung, denn sie ist jene kreative Kraft, die wir Menschen als Erbschaft Gottes besitzen. Diese kreative Kraft beginnt nun Wunder zu wirken. Wir könnten zum Beispiel denken: „Ich hätte heute Abend gern Fisch", und wenn wir nach Hause kommen, hat unsere Haushälterin an diesem Abend Fisch gekocht. Das ist ein Phänomen der Konzentration. Es mag sein, dass wir es nicht wissen, aber es funktioniert so: Unser Gedanke traf das Denken der Haushälterin und daraufhin servierte sie uns dieses Gericht. Stellen Sie sich vor, welch große Kraft das ist! Wir müssen noch nicht einmal über unsere Wünsche nachdenken. Die reine Tatsache, dass wir das Verlangen haben, reicht schon. Die Konzentration bringt es hervor und materialisiert es.

So groß ist die Macht der Konzentration. Im Osten gibt es viele Geschichten, die man sich über Fakire, Derwische, Weise und Mahatmas erzählt. Viele Leute fragen sich, ob sie wahr sind, und wenn sie wahr sind, wie das sein kann. Sie wollen eine wissenschaftliche Erklärung, und es kann sein, dass die Wissenschaft es eines Tages herausfindet. Dessen ungeachtet finden wir darin genauso viel Falschheit wie Wahrheit, denn alles kann imitiert werden. Es gibt Gold und die Imitation von Gold. Es gibt Silber und die Imitation von Silber. Und so gibt es auch die Imitation von Wahrheit. Was höchst wunderbar und erstaunlich erscheint, ist überhaupt nicht wunderbar. Und doch gibt es Dinge, die viel wunderbarer sind, als wir es uns vorstellen können und sie alle kommen aus der Geisteskraft. Und woher kommt diese? Aus der Quelle aller Dinge, aus der Macht Gottes.

Selbst zur Vereinigung mit Gott hilft die Konzentration; zum Beispiel ist das Erscheinen von Stigmata bei manchen Heiligen ein Resultat der Konzentration. Wenn das nicht so wäre, welche Bedeutung und welchen Nutzen hätte dann die Konzentration? Es erscheint uns deshalb ungewöhnlich, weil nur sehr wenige wissen, was wahre Konzentration ist. Wenn wir die Konzentration gemeistert haben, müssen wir nicht mehr weit gehen. Unser nächster Schritt ist schon das Ziel, auf das wir uns konzentrierten.

Kontemplation ist das zweite Stadium der Konzentration. Kontemplation ist die Wiederholung einer bestimmten Idee und diese Wiederholung materialisiert die Idee. Es waren die kontemplativen Menschen, die in der Welt große Werke vollbrachten. Oft wissen sie das gar nicht. Die kontinuierliche Wiederholung einer bestimmten Idee erschafft diese Idee erst und bringt sie in die Welt. Zum Beispiel können diejenigen, die über Gesundheit kontemplieren, eine so perfekte Gesundheit hervorrufen, wie es kein Arzt oder irgendetwas sonst bewirken könnte. Jene, die auf Inspiration kontemplieren, werden starke Inspiration hervorbringen. Jene, die Stärke und Macht kontemplieren, entwickeln Stärke und Macht. Dieses Stadium erreichen wir allerdings erst dann, wenn wir Konzentration zustande bringen können, denn die Konzentration ist das erste Stadium, und wir müssen schrittweise auf das Stadium der Kontemplation zugehen. Coues Idee, uns täglich zu sagen: „Es geht mir jeden Tag in jeder Weise immer besser", ist etwas, das den Denkern schon seit Tausenden Jahren bekannt war. Darauf basierte die ganze Methode der Mystik. Aber er lässt den ersten Teil aus, die Konzentration. Er schlägt Kontemplation vor, was erst der zweite Teil ist.

Wir fragen vielleicht: Inwieweit nun kann Kontemplation helfen? Es gibt nichts auf der Welt, was für kontemplative Menschen nicht erreichbar wäre, wenn sie nur wissen, wie man kontempliert. Das ist zweifellos Kauderwelsch für alle, die nichts von diesem Thema verstehen. Wir fragen uns oft, welche Beziehung zwischen unseren Vorstellungen und den äußeren Dingen besteht. Vielleicht können wir uns selbst von Krankheit heilen, aber wenn etwas Äußerliches schiefgeht, eine Geldangelegenheit oder eine geschäftliche Transaktion, welcher logische Zusammenhang besteht hier mit dem Geist? Die Antwort darauf ist, dass alles, was existiert, ob nun Geschäftliches oder sonst irgendetwas, alles Sichtbare oder Unsichtbare, zwar außerhalb zu sein scheint, doch in Wirklichkeit ist es in unserem kreativen Geist. Es ist lediglich insofern außen, wie unsere Augen es im Außen sehen, eigentlich aber ist es in uns, weil unser Geist es umgibt. Es wird in unserem Geist beherbergt. Das Herz trägt die äußere Welt in sich.

Ein hindustanischer Dichter beschreibt dies wunderbar: „Land und

Meer sind nicht zu groß für das menschliche Herz, sie zu fassen." Mit anderen Worten: Das menschliche Herz ist größer als das Universum. Und wenn es tausend Universen gäbe, das menschliche Herz könnte ihnen Unterkunft bieten. Doch die Menschen, die sich, beeindruckt von den äußeren Begrenzungen, ihres inneren Wesens nicht bewusst sind, bleiben unter der Wirkung ihrer Schwäche, Begrenztheit und Kleinheit. Und dies hält sie davon ab, diese große Kraft zu nutzen, die sie in sich entdecken können, dieses große Licht, mit dem sie das Leben klarer erkennen können. Und das alles nur, weil sie sich selbst nicht wirklich kennen.

Das dritte Stadium ist die Meditation. Dieses Stadium hat mit dem denkenden Geist nichts zu tun. Es ist das Erleben des Bewusstseins. Meditation bedeutet, tief in uns hinabzutauchen und hoch in höhere Sphären aufzusteigen und weiter zu werden als das Universum. In diesen Erfahrungen erleben wir die Seligkeit der Meditation. Wir sollten jeden Tag unseres Lebens in eine Meditation verwandeln. Was auch immer unsere Arbeit sein mag, wir müssen sie tun, und dabei sollten wir gleichzeitig meditieren. Dann werden wir die verborgene Bedeutung unserer Arbeit entdecken und auf diese Weise verwandeln wir unser Leben aus einem weltlichen Leben in ein spirituelles. Das gilt für alle, egal ob wir in einem Garten, einer Fabrik oder sonst wo arbeiten. Sobald wir die geeignete Meditation für unsere Arbeit kennen, werden wir uns entfalten, und alle Arbeit wird uns zur Meditation werden. Wenn wir dies erreicht haben, wird das Gehalt, das wir verdienen, nichts sein verglichen mit dem Gewinn, den wir daraus ziehen. Wenn unser Geist konzentriert ist, machen wir unsere Arbeit gut, und sogar besser als andere. Einmal beobachtete ich einen Telegrafen in einem Bahnhof in Rajaputana, der Telegramme annahm. Er tat das, während er gleichzeitig meditierte. Als ich an der Reihe war, sagte ich zu ihm: „Ich kam, um Ihnen dieses Telegramm zu geben, und ich bewundere Sie. Es ist wunderbar, wie Sie Ihre Meditation während Ihrer Arbeit aufrechterhalten." Er sah mich an, lächelte, und wir wurden Freunde.

Ohne das Spirituelle wäre Arbeit in den Zeiten eine Plage, in denen die Lebensnotwendigkeiten sehr umfangreich sind und in denen die Menschen so wenig Ruhe haben. Entsprechend ist es das Beste für uns Menschen, wenn wir im täglichen Leben meditieren. Wenn wir dies richtig ausführen, werden wir nicht nur aus der Erde Gewinn ziehen, sondern auch aus dem Himmel. Meditation meint das Streben der Seele nach spiritueller Entfaltung, und dieses Bestreben kann auf unterschiedliche Weisen ausgeführt werden, damit es zu unserem Beruf und unserer Arbeit passt.

Die Menschen fragen immer nach dem Gewinn, den sie von etwas haben. In keinem Zeitalter waren die Menschen so besorgt wie heute, Gewinn zu erzielen, und sie geben ihr Leben dafür hin. Das bedeutet nicht, dass die Menschen heute nicht bereit wären, Opfer zu bringen. Sie sind genauso wie vor tausend Jahren bereit, Opfer zu bringen, und sogar noch stärker; sie müssen nur wissen, was sie dafür bekommen. Sie sind so interessiert am Gewinn, dass sie den Gewinn immer im Blick haben. Und wenn es um etwas geht, was nicht sofort Gewinn abwirft, oder sie nicht wissen, welchen und wie viel Gewinn es geben wird, so denken sie sogar: „Nun gut, vielleicht ist es dann etwas, das ich ohne Opfer bekommen kann."

Es ist seltsam. Wenn Menschen zu einem Stimmlehrer gehen, um ihre Stimme ausbilden zu lassen, arbeiten sie sechs oder neun Jahre lang und hören auf alles, was der Stimmlehrer sagt. Sie tun alles, um ihre Stimme auszubilden. Aber wenn sie zu spirituellen Menschen kommen, bitten sie sie, ob sie ihnen nicht beim Tee etwas über Konzentration erzählen könnten; und während sie noch den Tee trinken, fragen sie: „Und was ist mit Meditation?" Und sie wollen die Antwort in einem Satz!

Aber auf diese Weise erreichen wir die Meditation nicht. Wir erlangen dieses Wissen entsprechend unserem Ideal. Es ist größer als Religion, heiliger als irgendetwas sonst auf der Welt. Das Erkennen des Selbst ist wie die Vereinigung mit Gott. Selbsterkenntnis ist spirituelle Verwirklichung. Kann diese durch oberflächliche Vorstellungen davon erreicht werden? Sie ist das Tiefste, was wir erreichen, das Wertvollste, was wir erwerben können. Aus diesem Grund suchen die Menschen im Osten nicht in Büchern danach, noch würden echte Lehrer oder Lehrerinnen Bücher darüber schreiben. Sie schreiben über Philosophie. Sie bereiten den denkenden Geist darauf vor, ihre Lehren annehmen zu können, aber sie erklären nicht, wie man es macht.

Als ich im Westen umherreiste, sah ich zu meiner größten Verwunderung Menschen, die nach dieser Art von Büchern suchten und Bücher über Yoga, Yogis und spirituellen Erfolg kaufen wollten. Viele haben beim Lesen dieser Bücher ihren Verstand verloren. Sie konnten die Balance nicht halten. Wenn wir versuchen, das zu tun, was in den Büchern steht, ist das so, als würden wir in eine Apotheke gehen, um Yogapillen zu bekommen, damit wir Spiritualität erreichen! Es gibt auch viele, die in den Spiegel schauen, um hellsichtig zu werden, die in einen Kristall sehen, um in die Tiefe des Lebens zu starren. Sie schätzen das Höchste, Beste und Heiligste gering. Diesen Weg können nur ernsthafte Menschen gehen. Diejenigen, die erst zu einer Gesellschaft, dann zu einem Institut und dann zu einer okkultistischen Gruppe gehen, wissen nicht, was sie tun und wonach sie suchen. Höhere Erkenntnis gewinnen wir nicht, indem wir an zwanzig verschiedene Plätze gehen; wir würden am Ende enttäuscht sein, weil wir den spirituellen Weg auf die leichte Schulter nahmen.

Da ist diese Geschichte eines Brahmin, zu dem ein Muslim sagte: „Ich bete den formlosen Gott an, und hier sitzen Sie und beten zu diesem Abbild Gottes." Der Brahmin antwortete: „Wenn ich in dieses Abbild Vertrauen habe, wird es mir antworten. Aber wenn Sie kein Vertrauen haben, wird Sie selbst Ihr formloser Gott im Himmel nicht hören." Wenn wir uns nicht ernsthaft mit den Dingen verbinden, werden die Dinge uns verlachen. Das gilt auch für die Dinge der Welt: Wenn wir sie ernst nehmen, werden wir beträchtliche Erfolge erzielen.

Nichts ist von größerer Tragweite als spirituelle Verwirklichung. Wenn wir das auf die leichte Schulter nehmen, wissen wir nicht, was wir tun. Es ist besser, sich überhaupt nicht mit solchen Dingen zu beschäftigen, als es zu tun und mit leeren Händen zurückzukommen. Vom spirituellen Pfad enttäuscht zurückzukommen, ohne das letztendliche Ziel erreicht zu haben, ist das Schlimmste überhaupt. Es macht nichts, bankrott zu gehen. Was wir in der Welt verloren haben, können wir wieder aufnehmen. Aber wenn wir uns auf den spirituellen Pfad begeben haben und umdrehen, sind wir zu bedauern. Das ist der größte Verlust, er kann nie wieder behoben werden.

MAGNETISMUS

Zwischen Magnetismus und elektrischem Strom gibt es keinen großen Unterschied. Die Wissenschaft konnte die Frage, was Elektrizität eigentlich ist, noch nie wirklich beantworten. Wir können aber sagen, dass, bis zu einem gewissen Grad, Elektrizität Magnetismus ist und Magnetismus Elektrizität. Magnetismus ist Anziehungskraft. Elektrizität ist Kraft, die Stärke und Energie verleiht. In der Essenz sind sie die gleiche Kraft. Aber so interessant das Thema Magnetismus aus wissenschaftlicher Sicht auch ist, aus mystischer Sicht ist es mindestens genauso interessant, wenn nicht noch interessanter.

Ein Magnet und das, was von ihm angezogen wird, stehen miteinander in Beziehung. Der Magnet repräsentiert die Essenz; sie ist ein Teil dessen, was das Objekt, das er anzieht, in sich trägt. Wir finden häufig keine Spur dieser Essenz in dem Objekt, die durch den Magneten angezogen wird, aber doch ist die Essenz da, und sie ist der logische Grund, warum es angezogen wird.

Die Alten wussten noch, dass die Beziehung zwischen zwei Menschen desselben Blutes durch diesen Magnetismus beeinflusst wird, und ein tiefer gehendes Studium wird sicherlich die Tatsache beweisen, dass es zwischen zwei Menschen, die Blutsverwandte sind, eine unbewusste Anziehungskraft gibt. Einmal kam ein Mann aus Stockholm nach London, wo er glaubte, keine Verwandten zu haben, und wenn, dann höchstens aus vergangenen Jahrhunderten. Eines Tages rief ihn jemand auf der Straße beim Namen. Als er sich umdrehte, entschuldigte sich der Mann, der ihn gerufen hatte: „Verzeihung, ich habe mich geirrt." Aber er fragte: „Woher kannten Sie meinen Namen? Der Name, den Sie riefen, ist mein richtiger Name!" Und während sie miteinander sprachen, fanden sie heraus, dass sie Cousins waren, wenn auch weit entfernte. Je mehr wir darauf achten, desto mehr Beweise finden wir dafür, dass ein Element von einem ihm ähnlichen Element angezogen wird. Sa'di sagt: „Ein Element zieht das andere Element an, so wie die Taube sich zur Taube hingezogen fühlt und der Adler zum Adler." Finden wir genau dies nicht auch im täglichen Leben? Spieler ziehen andere Spieler sehr schnell an, wenn sie in ein anderes Land umziehen, man weiß nicht wie. Es ist jedoch nicht nur so, dass sich zwei Menschen mit ähnlichem Charakter zueinander hingezogen fühlen, wenn sie sich treffen; das Leben selbst bringt sie dazu, sich zu treffen, es zieht sie buchstäblich zueinander hin. Deshalb ist es ganz natürlich, dass wir, wenn wir traurig sind, jene anziehen, denen es auch nicht gut geht, damit sie sich uns anschließen. Die Glücklichen und Frohen ziehen ganz natürlich Glück an. Auf diese Art wirkt der Magnetismus in der ganzen Schöpfung, und wir können in allen Erscheinungen das Phänomen des Magnetismus erkennen, sowohl in der physischen Welt wie auch in den geistigen Sphären.

Natürlich können wir nicht behaupten, dass ein Element nur immer dasselbe Element anzieht, denn das Element zieht auch das an, was ihm fehlt, sein Gegenstück. Wenn wir an Freundschaft denken, können wir sehen, dass wir uns zu manchen freundschaftlich hingezogen fühlen, andere hingegen halten wir uns lieber vom Leib. Der interessanteste Aspekt dabei ist, dass diejenigen, zu denen wir keine Freundschaft aufbauen wollen, auch wieder Menschen haben, die sich zu ihnen freundschaftlich hingezogen fühlen. Dies führt uns zum Kern musikalischer Harmonie: So wie zwei Noten in Beziehung zueinander stehen und ihre Kombination Harmonie erzeugt, so bewirkt auch energetische Anziehung Harmonie.

Nun kommen wir zum praktischen Gebrauch von Magnetismus. Ob wir nun in Handel oder Industrie, im Haus oder in der Politik arbeiten, in allen Situationen werden wir feststellen, dass Magnetismus das Geheimnis unseres Fortschritts im Leben ist. Und was die Kompetenzen betrifft, denen wir so enorme Wichtigkeit beimessen, so werden wir herausfinden, dass sich zahllose Menschen, die höchst qualifiziert sind, aus Mangel an Magnetismus im Leben nicht durchsetzen können. Gerade hoch qualifizierten Menschen geschieht es häufig, dass die Person, an die sie sich wandten, schon genug von ihnen hat, noch bevor sie von ihrer Qualifikation sprechen können. Die Persönlichkeit hat einen so hohen Stellenwert im Leben, dass sogar mangelnde Qualifikation in Kauf genommen wird, wenn die Persönlichkeit Magnetismus hat. Gerade in diesen Zeiten, in denen der Materialismus so zunimmt, dass der Persönlichkeit in der Gesellschaft immer weniger Wichtigkeit beigemessen wird und Heldentum keinen Platz mehr im Leben hat, wirkt der Magnetismus doch selbsttätig. Er erweist sich sogar dann noch als die Hauptsache und wird es auch immer bleiben. Aber die Menschen beschäftigen sich üblicherweise nicht intensiv mit dem Thema Magnetismus und bemerken den persönlichen Magnetismus nur an der gefühlten Anziehungskraft.

Wenn wir den persönlichen Magnetismus betrachten, können wir diesen in vier verschiedene Kategorien einteilen:

Die übliche Art des Magnetismus spielt sich auf der physischen Ebene ab und hat mit Ernährung, Hygiene, regelmäßiger Lebensführung, richtiger Atmung und geregelter Bewegung und Ruhe zu tun. Dieser Magnetismus hängt auch vom Alter ab und ist wie die auf- und absteigenden Noten in der Oktave. Man kann ihn mit dem Frühling vergleichen, der kommt und geht. Dieser Magnetismus hat mit allem zu tun, was zur physischen Welt gehört.

Dann gibt es noch den Magnetismus, der mental genannt werden könnte. Jemand mit sprühender Intelligenz wird ganz natürlich zum Mittelpunkt seiner Gesellschaft. Menschen, die über Witz und eine scharfe Auffassungsgabe verfügen, sich gut ausdrücken können und schnell verstehen, ziehen immer die anderen um sich herum an und sind bei allen beliebt. Wer die menschliche Natur kennt und über die Dinge und Zustände Bescheid weiß, wirkt auf ganz natürliche Weise anziehend auf Menschen. Wenn es eine Qualifikation gibt, dann diese.

Und ohne diese ist keine andere Qualifikation wirklich sinnvoll. Manche Menschen werden mit dieser Art von sprühender Intelligenz geboren. Solche Menschen werden Genies, erreichen ihre Ziele und helfen anderen dabei, etwas zu erreichen, da diese von ihrem Geist abhängig sind. Diese Menschen können sowohl sich selbst als auch andere führen. Und in all unserem Gleichheitsdenken, in dem wir so absorbiert sind, werden wir doch herausfinden, dass diese Menschen den Lebenskampf gewinnen und vor den Massen stehen; es sind diejenigen, die anführen und ohne die viele verloren sind.

Die Frage ist: Wie können wir diesen Magnetismus entwickeln? Nun, dieser Magnetismus wird durch Lernen, durch Konzentration, durch scharfe Beobachtung des Lebens und durch Kenntnis des rechten Entspannens entwickelt. Sehr viele intelligente Menschen stumpfen mit der Zeit in ihrer Intelligenz ab, weil sie nicht wissen, wie man sich konzentriert und wie man im Leben Ruhepausen macht. Denn es gibt nur einen bestimmten Vorrat an Energie, der konserviert werden kann und der beschränkt ist. Und was geschieht letztendlich, wenn auf diese beschränkte Energie zu viel Druck ausgeübt wird? Wir werden immer weniger intelligent und unsere Geisteskraft verringert sich täglich. Wann immer wir sehen, wie intelligente Menschen ständig geistloser werden, beweist dies, dass die Energiemenge, die vorhanden war, aufgebraucht wurde. Weil wir wissen, wie wir unsere Energien durch Ruhen erhalten und wie wir durch Konzentration unseren Intellekt schärfen, erhalten wir diesen Magnetismus aufrecht. Normalerweise fällt intelligenten Menschen große Verantwortung zu. Von ihnen wird weit mehr verlangt als von weniger intelligenten Menschen. Wenn sie ihrem Geist keine Ruhe gönnen, weil sie nicht wissen, wie man ausruht, und sie sich nicht konzentrieren und dadurch ihren Intellekt schärfen, wird dieser naturgemäß stumpf, so wie ein Messer, das andauernd in Gebrauch ist. Logischerweise führt der andauernde Gebrauch des Intellekts dazu, dass sie ausdruckslos werden.

Der dritte Aspekt des Magnetismus ist wohl eine höhere Art von Magnetismus als die beiden zuvor beschriebenen, denn dieser Magnetismus ist umfassender und beeinflusst andere Menschen tiefer gehend.

Es ist der Magnetismus der Liebe, der Sympathie und der Freundlichkeit.

Wenn wir von Natur aus mitfühlend und tolerant sind; wenn wir vergeben und vergessen; wenn wir keine Bitterkeit oder Boshaftigkeit gegenüber anderen in uns tragen; wenn wir Schönheit bewundern, sie in der Kunst, in der Natur und in allen Formen lieben; wenn wir uns Freund und Feind, Bekannten und Fremden, also allen gleichermaßen zuwenden; wenn wir durchstehen und ertragen können und die Kraft haben, in allen Lebenslagen Geduld zu bewahren; wenn wir den Schmerz der anderen in unserem Herzen fühlen können und immer bereit sind, Freundschaft zu schließen, dann ist unser Magnetismus größer als alle anderen bekannten Magnetismen. Wir müssen nicht weit gehen, um das zu beobachten. Halten wir nur nach dem Guten im Menschen Ausschau, werden wir es finden. In unserer Umgebung gibt es viele, in denen wir diese Qualität entdecken können.

Eines Tages sah ein sehr weit gereister Mann einen indischen Mystiker und meinte: „Wir haben so viel über die Heiligen, Weisen und Mahatmas, die in Indien leben, gehört und gelesen, aber als wir dort waren, haben wir keinen einzigen von ihnen gefunden." Und der Mystiker antwortete ihm: „Sie hätten nicht so weit reisen müssen. Man kann überall wertvolle Seelen, die einander lieben, Heilige und Weise finden."

Sobald wir sie zu schätzen wissen, können wir sie erkennen. Wenn wir sie jedoch nicht würdigen, können wir solche Qualitäten selbst in einem Engel, der uns besucht, nicht wahrnehmen. Gleichwohl: Wir mögen sie Heilige oder Weise, Propheten oder Mahatmas nennen, wenn uns etwas zu Menschen hinzieht, dann die Naturgewalt der Liebe, die diese ausströmen.

Nun ist die Frage, wie wir diese Qualität entwickeln können. Es gibt nur eine Möglichkeit: Indem wir eine freundschaftliche Lebenshaltung studieren, kennen, praktizieren und leben. Indem wir von morgens bis abends diesen Gedanken kontemplieren: „Ich will allen, die ich treffe, allen, die mich lieben und die mich hassen, freundliche Gedanken,

Zuwendung, einen Strom von Sympathie und Liebe entgegenbringen." Abgesehen vom Magnetismus, den wir dadurch gewinnen: Wenn wir das Leben betrachten, wie es ist, mit all seinen Begrenzungen, mit all dem Leid, den Schwierigkeiten und den Verantwortlichkeiten, die es uns beschert, scheinen nur der Gedanke und das Gefühl, dass wir unser Bestes tun, freundlich und zartfühlend mit denen umzugehen, die wir täglich treffen, wirklich erstrebenswert. Jedes Gebet, jeder Gottesdienst, jede Religion besteht darin. Denn im Jenseits gibt es niemanden, den wir beglücken können; alle, die wir beglücken können und deren Freude es wert ist, zu erwerben, leben hier; es sind die Menschen. Und richtig verstanden, liegt in der Freude des Menschen die Freude Gottes.

Der vierte Aspekt des Magnetismus ist der Magnetismus selbst. Jeder Mangel an Magnetismus bedeutet, dass dieser Aspekt verborgen ist. Dieser Magnetismus ist die menschliche Seele. Um zu definieren, was die Seele ist, könnten wir sagen, dass die Seele das Selbst des Menschen ist. Aber welches Selbst? Jenes Selbst, das wir nicht kennen.

Es gibt eine lustige indische Geschichte über einige Bauern, die das erste Mal in ihrem Leben miteinander reisten. Deshalb entschieden sie aus Sorge füreinander, am nächsten Morgen nachzuzählen, ob immer noch alle Bauern da wären. Nachdem sie gezählt hatten, wurden sie sehr aufgeregt, denn sie zählten neunzehn, und es war klar, dass zwanzig Bauern von zu Hause aufgebrochen waren. Und so zählte jeder Bauer durch und alle meinten: „Wir sind neunzehn." Und sie konnten nicht herausfinden, wer fehlte, denn alle waren da. Am Ende stellten sie fest, dass alle, die gezählt hatten, vergessen hatten, sich selbst mitzuzählen.

So ist auch der Zustand der Seele. Sie sieht alle Selbste, aber sie sieht sich selbst nicht. Und an dem Tag, an dem die Seele sich selbst erkennt, beginnt ein neues Leben, eine Neugeburt. Solange die Seele sich nicht selbst erkannt hat, entwickelt sie sich nicht, sie wächst nicht. Deshalb beginnen die Menschen in dem Moment, in dem die Seele anfängt, sich selbst zu erkennen, wirklich in dieser Welt zu leben.

Wir sollten aber begreifen, dass der Magnetismus einer selbstverwirklichten Seele größer ist als alle Magnetismen, die man sich jemals vorstellen könnte. Er ist Macht. Er ist Weisheit. Er ist Friede. Er ist Intelligenz. Er ist alles. Dieser Magnetismus heilt. Er heilt Körper und er heilt Herzen. Er erhebt jene, die in Schwierigkeiten, in Leid und Sorgen versunken sind. Er befreit andere aus ihrer Verwirrung, ihrer Dunkelheit. Durch diesen Magnetismus verbreiten die erleuchteten Seelen ihre Liebe und gewinnen dadurch alle Lebewesen. Diesen Magnetismus meinte Christus, als er zu den Fischern sagte: „Folgt mir, und ich werde euch zu Menschenfischern machen." Durch diesen Magnetismus kamen die Großen wie Buddha, Moses, Christus, Mohammed und gewannen die Gunst der Menschheit. Und die Menschheit hat das all die Jahrhunderte hindurch nicht vergessen. Es ist deren Magnetismus, der, auch nachdem sie die Erde verlassen hatten, Millionen und Abermillionen Menschen in einem Bund der Geschwisterlichkeit, Sympathie und Freundschaft zusammenhielt.

Die immense Kraft, die der Seelenmagnetismus verleiht, beweist, dass er ein göttlicher Magnetismus ist. Er ist ein Beweis für etwas hinter der sichtbaren Welt.

DIE KRAFT IN UNS

In den Büchern aus dem Osten lesen wir über verschiedene Wunder, die von großen Seelen vollbracht werden, und wir fragen uns, ob etwas Wahres daran ist. Wir hören, dass es Menschen gibt, die wissen, was weit entfernt geschieht. Dass es Menschen gibt, die ihre Gedanken über große Distanzen hinweg vermitteln können. Dass es Menschen gibt, die Dinge unmittelbar herstellen können, ohne irgendwelche Materialien zu haben. Dass es Menschen gibt, die Dinge verschwinden lassen können. Wir hören oder lesen sogar, dass es manche gibt, die es regnen lassen können und Menschenmengen auf ihren Befehl hin nach ihrem Willen bewegen und die Massen blitzschnell begeistern können. Dass es Menschen gibt, die vor Plagen schützen und im Krieg Wunder bewirken können. Ohne Zweifel gibt es darunter viele Schwindler, aber wo immer es Wahrheit gibt, gibt es auch Falschheit auf der anderen Seite, über die man lachen kann. Doch die Wahrheit bleibt deshalb dieselbe. Viele Geschichten von Wundern und Phänomenen im Osten betreffen zweifellos Schwindler, die durch Geschicklichkeit oder hypnotische Beeinflussung Wunder bewirken können. Doch es gibt auch andere Menschen, die authentisch sind. In ihrem Lebensumfeld geschehen Wunder und die Menschen sehen, wie sie ausgeführt werden. Wahrhaftige Menschen sagen aber niemals, dass sie Wunder bewirken können, noch streben sie nach solchen Kräften. Diese Kräfte kommen auf natürliche Weise. Menschen sind sich normalerweise der Kraft, die sie besitzen, nicht bewusst. Wenn wir diese Kraft erkennen, können wir Dinge tun, die Menschen normalerweise nicht vollbringen können.

Es gibt zweierlei Kräfte: eine wird in der Sufiterminologie Qaza und die andere Qadr genannt. Die eine ist die individuelle Kraft und die andere ist Gottes Kraft. Die individuelle Kraft kann wirken und auch etwas bewirken, solange sie in Übereinstimmung mit Gottes Kraft wirkt. Aber sobald die individuelle Kraft im Gegensatz zu Gottes Kraft wirkt, stellen die Menschen fest, dass ihre Stärke nachlässt und sie nichts mehr bewerkstelligen können. Deshalb suchen die Meister vor allem Gott zu gefallen, in Übereinstimmung mit dem Willen Gottes zu sein. Und genau wie uns Übung dabei hilft, ein Glücksspiel oder irgendeine Sportart zu lernen, so wird den Menschen, deren Denken ständig darauf ausgerichtet ist, alles in Übereinstimmung mit Gottes Willen zu tun, durch den Willen Gottes geholfen.

Häufig haben Menschen den Willen Gottes missverstanden. Wir denken, dass das, was wir als gut erachten, der Wille Gottes sei, und was wir als nicht gut erachten, nicht nach dem Willen Gottes sei. Doch unsere Vorstellung von richtig und falsch hat mit der Macht Gottes nichts zu tun, denn Gottes Sichtweise ist anders als die Sichtweise der Menschen. Wir sehen nur bis hierher und nicht weiter, aber Gott sieht alles.

So fragen wir uns, wenn wir alle zum Körper Gottes gehören, wenn wir alle Atome Seines Wesens sind: Warum verstehen wir nicht, warum wissen wir nicht einfach, was in Übereinstimmung mit dem Willen Gottes ist und was nicht? Die Antwort darauf ist, dass jedes Atom unseres Körpers ein eigenes Bewusstsein hat. Wenn im Finger Schmerz ist, fühlt das Ohr ihn nicht. Wenn Schmerz im Zeh ist, fühlt die Nase ihn nicht; nur der Zeh fühlt ihn. Der Mensch aber fühlt sie in beiden Fällen, denn der Mensch hat den ganzen Körper inne.

Wir Menschen leben in der beschränkten Welt, die wir uns selbst gestaltet haben. Wir erkennen richtig und falsch entsprechend dieser Welt, und die Interessen unseres Lebens sind davon abhängig. Deshalb sind wir nicht immer fähig, in Übereinstimmung mit dem Willen Gottes zu wirken, außer wir machen uns dies zur Gewohnheit.

Was ist der Mensch? Bestehen wir Menschen nur aus unserem Körper? Nein, wir sind denkender Geist, wir sind Seelen. Und die Macht der Menschen ist deshalb größer als die Macht der Sonne, weil die sichtbare

Sonne nur ein Körper ist, Menschen aber bestehen aus Körper, Geist und Seele. Sobald wir uns unseres Körpers, Geistes und der Seele bewusst geworden sind, ist unsere Macht größer als die der Sonne. Denn die Sonne ist die materielle Manifestation von Licht, doch wir tragen alles Licht in uns.

Unsere Körper bestehen aus Strahlung; eine Ausstrahlung, die so groß ist, dass alle unsichtbaren Wesen, die im Weltall leben, durch das Leuchten der menschlichen Form verdeckt werden. Es gibt nichts Unsichtbares; nur dass ein Ding, das sichtbarer ist, ein anders verdeckt, das weniger sichtbar ist.

Darüber hinaus hat der menschliche Geist eine noch größere Kraft, und das ist die Kraft des Willens, des Denkens; diese Kraft kann Bedingungen und Umstände verändern; sie kann Macht auf die Materie, über Dinge und Angelegenheiten ausüben; sie kann sogar so wundersam wirken, dass wir es nicht erklären können. Die Kraft des Geistes kann auf ganze Menschenmengen wirken, wie die folgende Geschichte über Mohammed zeigt:

In einem der großen Kriege, die der Prophet kämpfte, wurde die ganze Armee geschlagen und nur noch zehn, fünfzehn Freunde standen dem Propheten zur Seite, alle anderen waren davongelaufen, verwundet oder tot. Da schaute der Prophet seine Leute an und sah, dass sie alle niedergeschlagen und verzweifelt waren. Also wandte er sich an sie: „Schaut, vor uns steht eine Armee, und wir sind hier fünfzehn Mann. Ihr seht keinerlei Hoffnung, also müsst ihr euch zurückziehen. Aber ich bleibe hier stehen, ob ich nun siegreich zurückkehre oder mein Leben auf dem Schlachtfeld verliere. Geht jetzt. Viele von euch sind schon gegangen, also geht auch ihr jetzt." Sie antworteten: „Nein, Prophet, wenn dein Leben hier auf dem Schlachtfeld enden soll, dann wird unseres zuerst genommen werden. Was sind unsere Leben am Ende wert! Wir wollen unsere Leben zusammen mit dir hingeben, oh Prophet. Wir haben keine Angst vor diesem Feind." Da warf der Prophet sein Schwert, das er in der Hand hatte, weg, beugte sich nieder, nahm ein paar Kieselsteine von der Erde und warf sie nach der Armee. Und die Armee rannte meilenweit davon. Sie erkannten nicht, was hinter ihnen her war. Es waren nur ein paar Kieselsteine. Sie aber sahen große Geschosse und begannen zu rennen.

Das nennt man Macht, das ist die Macht des Menschen. Menschen haben aber nicht nur Macht über Objekte, sondern Menschen haben auch Macht über Lebewesen. Schon die kleine kraftvolle Berührung einer Zirkusdirektorin lässt Elefanten arbeiten und Tiger und Löwen vor ihr tanzen. Wenn ihre Macht noch größer ist, muss sie die Tiere nur noch anschauen, damit sie sich ihren Wünschen gemäß bewegen.

Spirituelle Macht ist es auch, wenn in der Geschichte von Daniel erzählt wird, dass er in der Löwengrube alle Löwen dazu brachte, sich ihm zahm zu Füßen zu legen. Das beweist, welche Macht Menschen haben; doch wenn wir davon nichts wissen, wenn wir uns ihrer nicht bewusst sind, nicht versuchen, sie zu entwickeln, verschließen wir uns vor diesem großen Vorrecht und der Glückseligkeit, die Gott uns gegeben hat; und so arbeiten wir mit unserer begrenzten Macht in dieser Welt für Geld. Am Ende bleibt uns weder das Geld, noch haben wir diese Kraft jemals kennengelernt. Macht hängt weitgehend vom Bewusstsein ab, von der Einstellung des Denkens. Ein schuldbewusstes Gewissen kann Löwen in Kaninchen verwandeln. Sie verlieren ihre Macht, wenn sie sich erst einmal schuldig fühlen; und genauso ist es bei den Menschen. Unsere Kraft wird gemindert, wenn wir Menschen uns von dem beeindrucken lassen, was andere von uns denken und dieser Eindruck Enttäuschung, Kummer oder Scham auslöst; wir sind aber voller Kraft, wenn wir durch einen Gedanken, ein Gefühl oder eine ausgeführte Handlung inspiriert werden.

Die Macht des Wahren macht uns stärker. Neben denen, die das Wirkliche kennen, haben selbst jene einige Macht, die dieses nicht kennen; sie haben, wenn sie rechtschaffen denken, die Macht der Aufrichtigkeit. Nur sehr wenige wissen, welche Macht in der Aufrichtigkeit liegt. Falsche Menschen, egal wie physisch stark sie sein mögen oder wie groß ihre Willenskraft ist, werden durch ihre Falschheit klein gehalten; sie erlaubt ihnen niemals, sich zu erheben. Sie frisst sich in sie hinein, weil sie wie Rost ist. Wer etwas Großes im Leben vollbracht hat, in welcher Lebenslage auch immer, hat es durch die Kraft der Authentizität vollbracht, die Kraft der Aufrichtigkeit, der Ernsthaftigkeit, der Überzeugung. Zweifel raubt uns die menschliche Kraft. Sobald wir denken: Ist es so oder nicht? Wird es geschehen oder nicht? Ist es richtig oder nicht richtig?, sind wir machtlos. Und das ist so ansteckend, dass es sich auf alle Gemüter überträgt. Wir können mit großem Enthusiasmus und mit großer Hoffnung zu einer zweifelnden Person gehen, diese kann uns so mit ihrer Düsternis beeindrucken, dass wir letztendlich im selben Boot mit ihr enden. Zweifel nimmt allen Mut, alle Hoffnung und allen Optimismus.

Wir unterscheiden drei Grade von entwickelten Menschen. Im Sanskrit heißen sie:

1. Atma – eine heilige Person
2. Mahatma – eine göttliche Seele
3. Paramatma – eine allmächtige Seele

Im ersten Fall kann der erleuchtete Mensch fünf verschiedene Kräfte aufweisen. Es sind magnetische Kräfte. Die erste belebt den physischen Körper, die zweite erhellt die Intelligenz, die dritte vertieft die Liebeskraft im Herzen, die vierte vergeistigt und vertieft die Einsicht, und die fünfte vereint sich mit Gott. Durch diesen fünften Aspekt zeigt die erleuchtete Seele ihre größte Macht.

Die Kraft kann auch in zwei Teile aufgeteilt werden: Der eine Teil ist die Kraft der Erkenntnis und der andere die Willenskraft. Die Kraft der Erkenntnis tut nichts und konstruiert nichts. Sie sieht nur: eine passive Kraft. Wer die Kraft der Erkenntnis besitzt, kann in die menschliche Natur hineinsehen. Diese Menschen haben dann Einsicht in das Herz anderer Menschen, in die Seele anderer Menschen, in ihre Lebensumstände, ihre Vergangenheit, Gegenwart und Zukunft. Was inspiriert sie auf ihrem Weg? Was wissen sie? Solche Menschen scheinen die Sprache der Natur, die Sprache des Lebens zu verstehen. Sie scheinen die Form, den Ausdruck, die Bewegung, die Atmosphäre, die Gedanken und Gefühle lesen zu können. Das geht, weil alle Dinge eine ganz bestimmte Schwingung und Richtung haben. Daher bedeutet Erkenntnis zu besitzen, die Sprache des Lebens zu verstehen. Und solche Menschen können so tief sehen, dass die anderen selbst nicht so viel von sich wissen wie diejenigen, die sehen. Denn wir sind alle durch unsere eigenen Angelegenheiten geblendet. Wenn wir darauf hingewiesen werden, mögen wir es vielleicht erkennen, aber wenn man es uns nicht sagt, erkennen wir es nicht. Es scheint, als sei das Wissen über unser eigenes Wesen in uns begraben.

Woher kommt dieses Wissen? Auch aus dem Wissen des Erkennens, jedenfalls am Anfang. Andere Dinge verbessern sie; doch dieses Wissen, das mit Intuition beginnt, ist Erkenntnis. Die großen Erfinder der Welt haben Einsicht in die Dinge. Sie mögen das vielleicht nicht glauben, aber sie haben es trotzdem. Sie durchdringen das Objekt und seinen Zweck und sie gebrauchen es seinem Zweck gemäß. Auf diese Weise machen sie für wissenschaftliche Erfindungen Gebrauch von Einsicht. Wenn sie es wüssten, könnten sie die gleiche Erkenntnis tausendmal besser nutzen.

Die Mahatmas sind anders. Sie haben nicht nur magnetische Kräfte, sondern auch göttlichen Instinkt und göttliche Inspiration. Es gibt Geschichten über die schöpferischen Kräfte der Mahatmas; besonders eine ist sehr interessant, weil sie zeigt, was diese Kraft bewirken kann:

Einmal wurde ein Prinz seines Landes verwiesen, weil seinem Vater dessen Betragen missfiel. Und er ging und lebte lange Zeit in einem Wald mit einem Guru, einem Lehrer, und entwickelte sich spirituell. Als die Zeit kam, dass ihm die Einweihung in die höheren Kräfte gegeben werden sollte, fragte der Guru: „Mein Chela, hast du irgendwelche Verwandte?“ Er antwortet: „Ja, meinen Vater und meine Mutter.“ Der Lehrer sagte: „Du musst erst zu ihnen gehen und sie fragen, ob du diese Einweihung empfangen darfst; denn wenn du sie erst einmal bekommen hast, musst du ein Leben in Einsamkeit leben.“ Der Lehrer dachte, es wäre besser, dass er erst zu seinem Volk gehen würde, um alle Möglichkeiten des irdischen Lebens kennenzulernen. Und wenn er dann ein solches Leben nicht wollte, konnte er zurückkommen. Der Chela war zu diesem Zeitpunkt so weit entwickelt, dass er keinen

Wunsch verspürte, zu seinen Eltern in jenem Königreich zu gehen und sie wiederzusehen. Aber da der Guru es ihm aufgetragen hatte, tat er es. Als er sein Königreich erreichte, ging er in den Garten, in dem er zuvor gelebt hatte und der nun viele Jahre vernachlässigt worden war. Es gab nichts mehr in diesem Garten. Er ging hinein, setzte sich nieder und war sehr betrübt, seinen Garten so vernachlässigt zu sehen. Er nahm Wasser in seinen Krug, versprühte es nach beiden Seiten, und der Garten begann zu blühen. Und so wurde es im ganzen Königreich bekannt, dass ein Weiser angekommen war; der Ort, an dem er ein paar Tage geblieben war, hatte begonnen zu erblühen. Die Geschichte berichtet weiter, dass der König davon hörte, dass sein Sohn da war. Er kam zu ihm und wollte, dass er das Königreich übernähme und für das Land da sein solle. Aber der Prinz weigerte sich und ging fort.

Diese Geschichte ist ein Beispiel für die aufbauende Kraft der Weisen, sie zeigt, wie schöpferisch die Seele eines Mahatma ist. Es ist nicht wahr, dass Mahatmas nur in den Höhlen des Himalaja zu finden sind und wir sie nicht mitten unter den Menschen finden könnten. Sie können überall gefunden werden, in einem Palast inmitten von Reichtümern und Komfort genauso wie an abgelegenen Orten. Sie können in jeder Situation und jeder Position leben. Von Mahatmas geht aber immer ein sich ständig ausbreitender, aufbauender Einfluss aus. Sie sind ein Schutz gegen Krankheiten und Plagen, Kriege und Katastrophen. Ihre aufbauende Kraft hilft den Menschen zu erblühen. Heute sind die Menschen bereit zu glauben, dass ein Premierminister oder ein großer Staatsmann dazu verhelfen kann, ein ganzes Land zu erheben, die Finanzen des Landes in Ordnung zu bringen und das Land gegen andere Nationen zu verteidigen. Aber eine verborgene, unbekannte Seele kann einen noch größeren Einfluss auf ein Land haben. Im Osten weiß man, und es wurde von Millionen Menschen bezeugt, dass, wenn göttliche Seelen lebten, sich ihr Einfluss über das ganze Land erstreckte und es aufbaute.

Der dritte Aspekt der Weisen ist Paramatma, der/die Allmächtige. So jemand ist noch größer; sie sind keine Personen mehr, sie sind gottesbewusst. Wir alle sind das, wovon wir uns bewusst sind. Gefängnisinsassen wissen von ihrem Gefängnis. Menschen, die viel Geld auf der Bank haben, aber dessen nicht bewusst sind, sind trotz ihres Reichtums arm. Wir haben nur das, wovon wir bewusst sind. Deshalb beruht unsere Größe oder unsere Kleinheit auf unserem Bewusstsein. Selbst eine erleuchtete Seele zu werden, beruht nur auf einem Unterschied im Bewusstsein. Es geht nicht darum, wie viel Gutes ein Mensch getan hat. Es gibt viele gute Menschen, aber sie wissen nicht immer, was sie selbst sind.

Daneben gibt es einige, die an Gott glauben und andere, die Gott lieben; und wieder andere, die sich in Gott verloren haben. Für jene, die an Gott glauben, ist Gott im Himmel und sie sind auf der Erde. Für jene, die Gott lieben, ist Gott direkt vor ihnen; sie begegnen ihrem Herrn von Angesicht zu Angesicht. Und jene, die sich in Gott verloren haben, haben ihr wahres Selbst gefunden. Sie sind selbst Gott. Ich weiß von einer gottbewussten Seele, die einst in der Stadt Baroda ausging, wo es die Regel gab, dass niemand mehr nach zehn Uhr nachts auf der Straße sein sollte. Und dieser Weise wanderte herum und hatte die Zeit vergessen. Ein Polizist fragte ihn: „Wohin gehen Sie?“ Doch er hörte nichts. Vielleicht war er weit weg von dem Ort, wo er umherwanderte. Aber als er den Polizisten fragen hörte: „Sind Sie ein Dieb?“, lächelte er und sagte: „Ja.“ Der Polizist nahm ihn mit auf die Wachstation und ließ ihn dort die ganze Nacht sitzen. Am Morgen kam der Offizier und fragte: „Was gibt es zu berichten?“ Der Polizist sagte: „Ich habe einen Dieb gefangen. Ich fand ihn auf der Straße.“ Als jedoch der Offizier den Mann sah, da wusste er, dass dieser eine große Seele war und dass die Menschen großen Respekt vor ihm hatten. Er bat um Verzeihung. „Aber“, fragte er, „als der Polizist Ihnen diese Frage stellte, warum sagten Sie, Sie seien ein Dieb?“ Die Antwort war: „Was bin ich nicht? Ich bin alles.“

Wir versuchen spirituell zu werden, um unser Bewusstsein zu erweitern. Doch wenn wir beleidigt werden, handeln wir nicht danach. Solange uns alle loben, nehmen wir all diese Dinge gerne an. Aber sobald wir beleidigt werden, reagieren wir nicht mehr gleich, dann sagen wir: „Das bin ich nicht.“ Paramatma, die hohe Seele, ist mit Gott vereint, sie ist gottbewusst, universal bewusst. Ihr eigenes Selbst umfasst alle. Ob es nun gute oder verschlagene Menschen sind, ob sie recht oder falsch gehen, sie sind deren eigenes Selbst; sie betrachtet all diese Personen als ihr Selbst. Und auch wenn sie als Dieb bezeichnet wird, kann sie sagen: „Ja. Alle Bezeichnungen sind meine Namen."

Zusammengefasst ist Spiritualität also kein bestimmtes Wissen, Spiritualität ist die Erweiterung des Bewusstseins. Je weiter sich das Bewusstsein ausdehnt, desto größer ist unsere spirituelle Sicht. Und wenn das Bewusstsein irgendwann so weit geworden ist, dass es das ganze Universum umfasst, dann wird es göttliche Vollkommenheit genannt.

DAS GEHEIMNIS DES ATEMS

Sogar für Menschen ohne medizinisches Wissen ist klar, dass der ganze Mechanismus des Körpers stoppt, wenn der Atem aufhört. Das heißt, der Körper wird ohne Atem zum Leichnam, ganz gleich, wie vollkommen der Mechanismus des Körpers sonst auch sein mag. Mit anderen Worten: Was im Körper lebt oder was ihn lebendig macht, ist der Atem. Nur wenige von uns machen sich diese Tatsache bewusst. Wir leben Tag für Tag, arbeiten, sind ganz von den eigenen Gedanken in Anspruch genommen und mit unseren Angelegenheiten beschäftigt, so verfolgen wir unsere Ziele und ignorieren dabei das Prinzip, auf dem unser ganzes Leben basiert. Wenn jemand behauptet: „Beten ist sehr wichtig", denken wir: „Ja, vielleicht." Wenn jemand sagt: „Meditation ist großartig", sagen wir vielleicht: „Ja, das ist schon was." Aber wenn jemand sagt: „Atmen ist ein großes Geheimnis", ist die Reaktion: „Warum habe ich darüber noch nie nachgedacht? Was ist das eigentlich wirklich?"

Wissenschaftlich gesehen ist Atmen das Einatmen und Ausatmen von Luft. Wenn sie eingeatmet wird, erhalten wir Sauerstoff aus der Umgebung, und wenn sie ausgeatmet wird, geben wir Kohlendioxid an die Umgebung ab. Weiterhin erkennen wir, dass die Atmung die Lungen und Atemorgane in Bewegung hält und dass verdauungsfördernde Gase eingeatmet werden, sodass unsere Verdauungsaktivität erhöht wird. Aufgrund dieses Prinzips beginnen die Menschen physische Atemübungen zu nutzen, um gesünder zu werden. Seit einigen Jahren nun (geschrieben 1924) messen die Stimmbildner dem Atem größere Bedeutung bei. In Wirklichkeit ist die Atmung selbst Stimme und die ganze Stimmbildung beruht auf der Atmung. Außerdem beginnen manche Ärzte zu erkennen, dass bei vielen Krankheiten der Nerven, der Lungen oder verschiedener Nervenzentren die Atmung oft sehr hilfreich sein kann. Es scheint im Wissen über die Atmung einen allgemeinen Aufbruch zu geben. Und wer Atmung in Verbindung mit Körperkultur oder zur Verbesserung eines spezifischen Zustandes von Krankheit oder Schwäche anwendet, erzielt wunderbare Ergebnisse. So weit ist das Wissen über den Atem gediehen.

Wenn wir aber das Mysterium des Atems betrachten, betreten wir ein ganz anderes Gebiet. Der fühlbare Atem, den die Nasenlöcher als einströmende und ausströmende Luft wahrnehmen können, ist nur eine Folge der Atmung. Das ist nicht der Atem. Für die Mystiker ist Atem jene Strömung, die die Luft nach innen und außen führt. Die Luft ist fühlbar, nicht der Strom. Er ist eine Art ätherischer Magnetismus, eine feine Sorte von Elektrizität, deren Strom ein- und ausgeht und die Luft in Bewegung setzt.

Es ist das, was die Mystiker Nafs nennen, was auch Selbst bedeutet. Atem ist das Selbst, das eigentliche Selbst des Menschen. Auch Atman bedeutet Seele und im Deutschen wird dasselbe Wort für Atem benutzt. Das zeigt: Wenn es irgendwo eine Spur der Seele gibt, ist diese im Atem zu finden. Der Atem ist, da er das Selbst ist, natürlich nicht nur die Luft, die wir atmen, sondern ein Strom, der, wie die Mystiker sagen, aus der physischen Ebene in die innerste Ebene führt. Er ist ein Strom, der durch Körper, Geist und Seele fließt, das Innerste des Lebens berührt und auch wieder zurückkommt; ein ständiger Strom, der ein- und ausfließt. Dies ist eine völlig andere Erklärung des Atems. Sie zeigt die Tragweite von etwas auf, das nur sehr wenige Menschen als wichtig erachten, und sie lässt uns verstehen, dass der Atem der wichtigste Teil des Wesens ist. Er reicht bis ins Innerste des Lebens und auch hinaus bis an die Oberfläche, wo er die physische Ebene berührt.

Der Atem wird allerdings aus einer Dimension bewirkt, die von der heutigen Wissenschaft nicht wahrgenommen wird, eine Dimension, die von den Mystikern als die „innere“ Dimension gefühlt wird.

Vor einiger Zeit gab ich in England Vorlesungen und im Publikum saß ein bekannter Wissenschaftler. Nach der Vorlesung kam er zu mir und sagte: „Ich bin sehr interessiert, aber eine Sache verwirrt mich. Ich verstehe das Wort ‚im Innern‘ nicht. Was meinen Sie damit? Innerhalb des Körpers? Wir können nur innerhalb des Körpers begreifen.“ Dies weist auf die Schwierigkeit hin, zu einem gemeinsamen Verständnis von Wissenschaft und Mystik zu gelangen. Eines Tages wird sie überwunden sein. Es ist nur eine vorübergehende Schwierigkeit.

Um eine philosophische Erklärung dieser Dimension zu geben, können wir zum Vergleich als Beispiel die Augen nehmen: Was in unseren Augen kann einen kilometerlangen Horizont beherbergen? Er ist im Inneren untergebracht. Das ist das einzige Beispiel, das ich geben kann. Es ist eine Dimension, die nicht gemessen, aber in die etwas eingepasst werden kann, die ein Unterbringungsort ist. Die Anpassung des Auges ist keine anerkannte Dimension, und doch ist sie eine Dimension. Auf gleiche Weise gibt es eine Dimension des denkenden Geistes. Wir können tief denken und sehr innig fühlen; wir können uns des Lebens bewusst sein und sogar immer tiefer bewusst werden – aber wir können nicht mit dem Finger darauf zeigen, denn diese Dimension ist abstrakt. Wenn es dafür einen Ausdruck gibt, dann kann es nur „im Innern“ sein. Und durch diese Dimension fließt ein Strom von der innersten Ebene in die physische Ebene. Dort hält er das Leben lebendig.

Deshalb kann man sagen, dass der Atem die Seele und die Seele der Atem ist.

Es ist wichtig zu verstehen, dass wir nicht in einer geraden Linie einatmen und auf dieselbe Weise ausatmen, wie wir uns das vorstellen. Eigentlich ist die Bewegung wie ein Kreis; von den Nasenlöchern ausgehend beschreibt sie diesen Kreis, und das Ende des Kreises sind wieder die Nasenlöcher.

Der dritte Punkt, den wir über den Atem gehört haben sollten, ist folgender: Er glüht, genau wie ein elektrischer Draht. Genau wie die

Hitze und das Licht nicht auf dieses Glühen begrenzt sind, sondern es auch umgeben, so geht auch die Ausstrahlung dieses Atemkreises durch den ganzen Körper weiter und berührt jeden Teil des Körpers.

Ein weiterer Grundsatz, den wir beachten müssen, ist, dass jede Richtung, die der Atem einschlägt, eine andere Wirkung und ein anderes Ergebnis hervorruft. Zum Beispiel Zusammenziehen, Ausdehnen und Blinzeln, all diese Funktionen sind Spielarten der verschiedenen Richtungen des Atems. So ist es auch mit allen natürlichen Funktionen, die wir während des Tages ganz automatisch ausführen. Auch Husten, Gähnen, tiefes Seufzen, all dies sind verschiedene Funktionen des Atems. Daneben sind die Fähigkeit zu essen und zu trinken sowie die Fähigkeit, alles wieder loszuwerden, was wir im Körper haben, Ergebnisse der unterschiedlichen Richtungen, in denen der Atem sich bewegt. Und wenn der Atem in eine dieser Richtungen nicht funktioniert, wird die entsprechende Funktion des Körpers gestoppt. Das ist eine Lehre, die von Wissenschaft und Medizin erst noch erforscht werden muss. Und je weiter das erforscht sein wird, desto weniger wird es notwendig sein zu operieren oder anderweitig schmerzhafte Dinge zu tun, die Ärzte den Patienten auferlegen oder an ihnen ausführen müssen. Auch die Neigung zu Lungenkrankheiten, der Schmerz während der Geburt und frühzeitiger Tod werden vermeidbar sein, wenn die Wissenschaft des Atems von der heutigen Wissenschaft ganz begriffen sein und allgemein angewandt werden wird.

Ein mögliches Bild für Gott und die Seelen ist das der Sonne und ihrer Strahlen. Die Strahlen sind nicht von der Sonne verschieden; die Sonne ist nichts anderes als die Strahlen. Und doch gibt es eine Sonne und viele Strahlen. Die Strahlen haben keine eigene Existenz; sie sind nur eine Aktivität der Sonne. Obwohl sie nicht von der Sonne getrennt sind, erscheinen sie doch als viele verschiedene Strahlen. Die eine Sonne steht für die Idee des einen Zentrums. Und so ist es auch mit Gott und den Menschen. Was ist Gott? Der Geist, der verschiedene Strahlen aussendet. Jeder Strahl ist eine Seele. Also ist der Atem dieser Strom, der wie ein Strahl ist, ein Strahl, der aus der Sonne kommt, die der Geist Gottes ist. Und dieser Strahl bedeutet Leben.

Was ist der Körper? Der Körper ist nur eine Hülle über diesem Strahl. Wenn sich dieser Strahl aus der Hülle zurückzieht, wird der Körper ein Leichnam.

Es gibt noch eine weitere Hülle – den denkenden Geist. Der Unterschied zwischen denkendem Geist und Herz ist wie der zwischen der Oberfläche und dem Grund. Die Oberfläche des Herzens ist der denkende Geist und die Tiefe des denkenden Geistes ist das Herz. Der Geist drückt die Fähigkeit des Denkens aus, das Herz die des Fühlens. All das ist ein inneres Gewand; ein Gewand, das von genau dem getragen wird, was wir Atem nennen. Deshalb existiert der Strahl, der sich aus dem Körper zurückgezogen hat, immer noch weiter, denn er besitzt noch dieses andere, das innere Gewand. Und wenn er das Gewand namens Geist verloren hat, dann gibt es da ein noch feineres Gewand, das wir Seele nennen. Denn der Atem fließt durch alle drei: Körper, Geist und Seele.

Aus diesem Blickwinkel erkennen wir, dass die Menschen niemals von Gott getrennt waren, dass wir mit jedem Atemzug Gott berühren. Wir sind mit Gott durch den Atemstrom verbunden. So wie Menschen, die Wasser aus einem Brunnen ziehen; das Seil in der Hand, und der Wassereimer im Brunnen. Der Eimer trägt das Wasser, aber das Seil ist in der Hand. Insoweit unsere Seele im Geist Gottes ist, ist sie der Strahl der göttlichen Sonne, während ihr anderes Ende das ist, was wir Atem nennen. Wir sehen ihn nur deshalb nicht weiter reichen, weil einzig der feinere Bereich des physischen Körpers andere Ebenen berührt. Der Atem reicht bis dorthin, aber wir sehen die Bewegung des Atems nicht. In unserem Körper ist die Bewegung des Atems begrenzt; in Wirklichkeit jedoch verbindet dieser Strom, dieser Atem den Körper mit dem göttlichen Geist. Er verbindet Gott und den Menschen in einem Fluss.

Auch die zentrale Strömung unseres denkenden Geistes ist also Atem. Der Tod ist nur das Trennen des Körpers vom Hauptstrom dessen, was wir den Atem nennen. Aber wenn der Körper gegangen ist, haftet noch der denkende Geist am Atem, und solange der Geist lebt, lebt auch die Person noch. Das ist der Beweis für das Jenseits. Viele werden sagen: „Wie uninteressant, nach dem Tod nicht mehr als Individuum, als Körper zu leben, sondern nur als denkender Geist." Aber ist es nicht der Geist, der diesen Körper geformt hat? Der Geist ist selbstständiger, als wir uns vorstellen können. Der Geist existiert in einer Sphäre, in der er einen eigenen Körper hat, so wie der physische Körper in die physische Sphäre gehört. Der Geistkörper ist genauso vollständig und sogar stabiler als der Körper, den wir in der physischen Welt tragen. Der Geistkörper, der ätherisch ist, lebt länger, weil er weniger abhängig von Essen und Wasser ist; er wird mehr als alles andere durch den Atem erhalten. Auch in der physischen Welt werden wir hauptsächlich durch den Atem erhalten, obwohl wir Brot und Wasser und andere Nahrung für die Erhaltung unseres Lebens verantwortlich machen. Wenn wir nur wüssten, dass Brot und Wasser, verglichen mit dem, was der Atem für unser Leben ausmacht, nicht einmal den hundertsten Teil unseres Lebenserhalts ausmachen! Ohne Atem können wir keine fünf Minuten sein, ohne Essen leben wir einige Tage lang weiter.

Da der Atem eine derart große, sogar die allerhöchste Wichtigkeit besitzt, ist klar, dass die Art und Weise, wie wir Ordnung und Harmonie in unseren Körper und in unseren Geist bringen, und wie wir den Geist mit dem Körper, den Körper mit dem Geist sowie Geist und Körper mit der Seele in Harmonie bringen, durch den Atem bewerkstelligt wird. Die Entwicklung des Atems, das Wissen über den Atem, das Training des Atems helfen uns, uns auszurichten, uns einzustimmen und unser Wesen in Ordnung zu bringen. Viele üben den Atem ohne ordentliche Anleitung und ohne Wissen darüber. Sie machen Jahr für Jahr weiter, ohne großen Erfolg. Viele verlieren den Verstand und oft reißen die kleinen Adern in Gehirn und Brust durch falsches Atmen. Wir müssen extrem vorsichtig sein; wir sollten Atemübungen richtig oder gar nicht machen.

Wir können gar nicht alles aufzählen, was mithilfe des Atems erreicht werden kann. Wenn es in dieser Welt Menschen gibt, die, während sie noch auf dieser Erde sind, die inneren Ebenen der Existenz wahrnehmen können, wenn jemand wirklich mit den höheren Ebenen kommunizieren kann, wenn jemand sich vom Leben im Jenseits und wie es sein wird, überzeugen kann, so sind es die Meisterinnen und Meister des Atems, nicht diejenigen, die gescheite Bücher studieren.

Die Yogis haben über das Geheimnis des Atems viel von den Schlangen gelernt; deshalb sehen sie die Schlange als Symbol der Weisheit an. Shiva, der Herr der Yogis, trägt eine Schlange wie eine Halskette um den Nacken. Dies ist das Zeichen des Mysteriums, der Weisheit. In den Wäldern der tropischen Länder, besonders in Indien, gibt es Kobras, die sechs Wochen lang schlafen; und dann wacht die Kobra eines Tages auf und atmet; weil sie hungrig ist, sie will fressen. Und ihre Gedanken ziehen Nahrung heran, von woher auch immer diese sein mag; ihre Nahrung wird durch ihre Gedanken meilenweit herbeigezogen. Der Atem der Kobra ist so magnetisch, dass ihre Nahrung hilflos zu ihr gezogen wird, egal ob es sich um Geflügel oder Wild oder irgendein anderes Tier handelt. Die Anziehungskraft ist so groß, dass Vögel sogar aus der Luft angezogen werden und in ihren Rachen fallen. Die Schlange macht dazu keinerlei Anstrengung. Sie atmet einfach nur; sie öffnet ihr Maul und die Nahrung kommt in ihren Rachen. Und dann ruht sie wieder sechs Wochen lang aus.

Die Schlange ist auch so kräftig gebaut, dass sie ohne Flügel fliegen kann und ohne Füße laufen. So kann sie auch das gesündeste Tier genannt werden. Sie ist niemals krank. Sie stirbt, bevor sie krank wird, aber sie lebt sehr lange. Die Bewohner der Tropenländer sagen, dass eine Kobra noch nach zwölf Jahren Rache nehmen kann. Wenn jemand einmal eine Kobra geschlagen hat, so wird sie sich für immer daran erinnern. Das zeugt von ihrem Gedächtnis, ihrem denkenden Geist. Musik wirkt auf die Kobra genauso, wie sie auf intelligente Menschen wirkt. Je weniger intelligent Menschen sind, desto weniger Anziehungskraft hat Musik auf sie; Musik ist sehr nah mit Intelligenz verwandt. All das besagt, dass wir in der Kobra sämtliche Zeichen von Intelligenz,

Weisheit und Kraft erkennen können.

Die Mystiker haben das Leben der Kobra studiert und zwei wunderbare Sachen entdeckt. Zum einen verschwendet sie keine Energie. Vögel fliegen, bis sie müde sind; Tiere rennen herum. Die Kobra macht das nicht. Sie gräbt ein Loch, in dem sie lebt und ruht. Sie kennt die beste Art auszuruhen, eine Rast, die sie so lange fortsetzen kann, wie sie es wünscht. Das können wir nicht. Von allen Geschöpfen wissen wir Menschen am wenigsten davon, wie man ruht. Wir kennen nur die Arbeit und wissen nichts über das Rasten. Wir legen allen Wert auf die Arbeit, aber keinen auf das Ausruhen; deshalb finden wir auch in der Ruhe nichts, sondern alles in der Arbeit. Wir sehen nicht, was die Ruhe für uns tut.

Außerdem weist die Kobra eine Atemkapazität auf wie kein anderes Geschöpf. Ihr Leistungsvermögen geht als gerade Linie durch ihren ganzen Körper. Der Strom, den sie aus dem Raum erhält und der durch sie hindurchläuft, verleiht ihr Leichtigkeit, Energie, Ausstrahlung und Macht. Verglichen mit der Kobra, sind alle anderen Geschöpfe ungelenk, ungeschickt, unbeholfen, linkisch gebaut. Die Haut der Kobra ist sehr sanft und von seidener Beschaffenheit. Sie kann im Nu abgeworfen und neu werden, wie frisch geboren. Daraus haben die Mystiker gelernt. Sie sagen: „Wir sollten so, wie die Kobra aus ihrer Haut schlüpft, unseren Körper verlassen; wir müssen unsere Gedanken, Ideen, Gefühle hinter uns lassen, wie es die Kobra mit ihrer Haut tut." Sie sagen: „Um unseren Atem zu beherrschen, müssen wir genauso rhythmisch atmen wie eine Kobra. Wir müssen fähig werden, so zu ruhen und zu entspannen wie die Kobra. Dann können wir alles erreichen, was wir uns wünschen." So wie Christus sagte: „Strebt zuallererst nach dem Königreich Gottes ... und alle Dinge werden euch erschlossen werden." Alle Dinge, die der Kobra gegeben werden, alles, was sie braucht, könnte auch uns Menschen gegeben werden, wenn wir nur aufhörten, uns darum zu sorgen. Sa'di sagte es so: „Mein Selbst, du sorgst dich beständig um die Dinge, die du benötigst, aber wisse, dass der Eine, der sich um deine Bedürfnisse kümmert, beständig für sie sorgt. Und doch bist du um sie besorgt, weil deine Krankheit, deine Leidenschaft dich ständig in Sorge hält!“

Wenn wir unser Leben genauer betrachten, erkennen wir das Gleiche. Unsere Sorge um die Dinge scheint unsere Natur, unser Charakter zu sein. Wir können sie nicht abschütteln. Uns zu sorgen wird so sehr Teil unseres Wesens, dass wir daran zweifeln, ob wir noch wirklich leben, wenn wir keine Sorgen mehr hätten! Daher haben die Mystiker seit Tausenden Jahren geübt, ihren Atem in seiner Ausgeglichenheit, seinem Rhythmus, der Ausdehnung, Länge, Weite und Zentrierung zu beherrschen. Alle Sufis in Persien, Ägypten und Indien waren große Meister im Atmen. Und einige Meisterinnen und Meister wissen bei jedem Atemzug, den sie tun, um ihre spirituelle Realisation. Mit jedem Atemzug sind sie sich der Ebene ihrer Verwirklichung bewusst.

Sobald wir wirklich wissen, wie man mit dem Atem arbeitet, gibt es nichts, was wir nicht erreichen können, wenn wir nicht faul sind; wir können von nichts sagen, dass es unmöglich sei. Wir müssen es nur tun; es geht nicht nur darum, die Theorie zu kennen, wir müssen es auch begreifen. Deshalb betrachten die Adepten, die Mystiker, das Atmen nicht nur als Wissenschaft oder Übung; sie sehen darin das Heiligste, heilig wie die Religion. Und um dieses Atmen zu erreichen, verschreiben die Lehrer Disziplin.

Es gibt aber eine große Schwierigkeit. Während meiner Reisen traf ich oft auf vorgefasste Meinungen bei den Menschen, wenn ich über diese Dinge sprach. Sie sind bereit zu lernen, aber sie wollen keine Disziplin. Aber es gibt Disziplin in der Armee; in der Fabrik und im Büro, auch beim Studieren, an der Universität, überall ist Disziplin; aber in spirituellen Dingen wollen die Menschen das nicht; wenn es um spirituelle Dinge geht, machen sie Schwierigkeiten. Sie erachten das als so gering, dass sie dafür kein Opfer bringen wollen. Weil sie nicht wissen, wohin es führt, glauben sie nicht daran. Daneben gibt es auch falsche Methoden, die hier und da gelehrt werden, und Menschen kommerzialisieren das Allerheiligste. Auf diese Weise wird das höchste Ideal in die tiefsten Niederungen hinabgezogen. Es ist an der Zeit, dass das Echte vorgestellt, ernsthaft studiert, erlebt und durch Übung realisiert wird.

DAS MYSTERIUM DES SCHLAFS

Es ist sehr schwer, genau zu sagen, was dieser Zustand ist, den wir Schlaf nennen. Denn wenn wir über diese Frage nachdenken, entdecken wir, dass wir immer schlafen und immer wach sind. Den Unterschied macht nur dieser besondere Bereich, der uns bewusst ist, wenn wir wach sind: In dieser Ebene denken wir: „Ich bin wach", und wenn diese Ebene nicht in unserem Bewusstsein ist, denken wir: „Ich schlafe." In Wirklichkeit sind Wachzustand und Schlaf nichts weiter, als dass das Bewusstsein sich von einer Seite zur anderen wendet, von einem Bereich in einen anderen; deshalb schläft der Mensch, aus mystischer Sicht, nie.

Auch wenn die Seele viel höher steht als der physische Körper, so werden doch der Charakter und die Wesensart der Seele durch den physischen Körper ausgedrückt. Wenn wir in die eine Richtung schauen, nehmen wir die andere nicht wahr. Dies zeigt, dass sich die Sehfähigkeit und das Bewusstsein dessen, was wir sehen, nur mit einer Sache auf einmal beschäftigen kann. Im Osten wurde lange Zeit geglaubt, und das wird heute (1924) von der Wissenschaft im Westen bestätigt, dass das menschliche Ohr nur einen Klang auf einmal vollständig hören kann, nicht zwei oder drei. Dies deutet darauf hin, dass alle Sinne nur dazu taugen, eine Seite zu sehen; die andere ist in diesem Moment im Bewusstsein nicht vorhanden; um eine bestimmte Seite sehen zu können, müssen wir uns dieser zuwenden. Mit anderen Worten: Wir müssen unsere Fähigkeit des Sehens dieser Seite aussetzen.

Das gilt nicht nur für das Körperwesen, sondern auch für das Wesen des denkenden Geistes; der Geist kann nicht zwei Dinge gleichzeitig denken. Und wenn der Geist arbeitet und völlig absorbiert in einem bestimmten Gedanken, in einer bestimmten Vorstellung ist, mögen die äußeren Sinne zwar offen sein, aber sie arbeiten nicht in vollem Umfang. Wenn Dichter über einen Vers nachdenken, steht dieser Vers vor ihrem Geist. Ihre Augen sind offen, aber sie sehen nicht; und wenn sie doch irgendetwas sehen, während sie denken, so ist das nur wie ein bewegtes Bild. Es erscheinen so viele Bilder hintereinander, dass es aussieht, als seien sie fortlaufend. Wenn das Denken aufhört, arbeiten die Augen, und wenn die Augen aufhören zu arbeiten, arbeitet der Geist. Letztendlich scheint daraus ein einziges Bild zu entstehen, aber in Wirklichkeit sind es separate Handlungen des Denkens und der Sinnesorgane. Es stimmt gleichermaßen, dass der Wachzustand für jedes Individuum verschieden und typisch für es selbst ist, wie auch der Schlaf verschieden und bezeichnend für jedes Individuum ist. Eine Person schläft beispielsweise tief und fest. Eine andere schläft nur halb. Wieder eine andere weiß, was um sie herum vorgeht, und schläft trotzdem. Das besagt, dass wir bei verschiedenen Erfahrungen verschieden tief schlafen, und niemand kann das Ausmaß des Schlafes klassifizieren.

Auch der Wachzustand unterscheidet sich bei allen Individuen. Wo viele Menschen in einem Raum sitzen, nimmt doch der eine bewusster wahr, was vor sich geht, als der andere. Wenn fünf Personen Musik hören, nimmt jede von ihnen mit einem anderen Bewusstsein wahr, was sie hört. Jede wird die Musik anders erleben und genießen. Das weist darauf hin, dass Körper und Geist Fahrzeuge oder Instrumente sind, durch die die Seele das Leben erfährt; wobei die Seele jener Teil unseres Wesens ist, der durch Vermittlung von Geist und Körper Bewusstsein erlangt. Die Mystiker nennen sie jenen Teil unseres Wesens, der das Leben durch Instrumente wie den Geist und den Körper bezeugt, und der das eigentliche Wesen ist. Das nennen sie ihr Selbst oder ihre Seele. Die Sufis nennen sie Ruh, und im Sanskrit oder der Terminologie der Veden wird sie Atman genannt, das wahre Wesen des Menschen. Dieses Atman, oder die Seele, wird durch die Lebenserfahrungen, die durch Körper und Geist gemacht werden, getäuscht. Die Täuschung besteht darin, dass sie das Bewusstsein ihres reinen Selbstes verliert, denn es ist nur natürlich, dass wir meinen, arm zu sein, wenn wir ärmlich gekleidet sind; wir denken niemals, dass es nur unsere Kleidung ist, die ärmlich ist. Wenn wir in einen schönen Palast umziehen, denken wir, dass wir groß seien. Wir denken nicht, dass der Palast groß ist, sondern dass wir selbst es sind.

Das zeigt, dass wir nicht das sind, was wir zu sein glauben, sondern das, womit wir uns verbunden fühlen. Die Seele ist niemals krank, aber wenn sie körperliche Krankheit wahrnimmt, sagen wir: „Ich bin krank." Der Grund dafür ist, dass wir unfähig sind, unserem eigenen Bewusstsein unser wahres Selbst zu zeigen. So wie die Augen die ganze Welt, nur sich selbst nicht sehen können, so kann auch die Seele sich selbst nur erkennen, wenn sie sich all dessen bewusst wird, was sich in ihr spiegelt. Die Seele ist weder reich noch arm, weder besorgt noch freudig. Das sind Reflexionen, die auf sie fallen. Sie kann sich selbst nicht erkennen, sie hält sich für das, was in ihr gespiegelt wird, und deshalb leben die Menschen in ihrem Bewusstsein. Wir sind in jedem Augenblick das, wovon wir uns bewusst sind; in heiteren Umgebungen sind wir zufrieden, in erbärmlichen Umgebungen sind wir traurig. Weder Sorge noch Freude kann einen bleibenden Eindruck auf der Seele hinterlassen, denn das Wesen der Seele ist wie ein Spiegel, und obwohl alles, was vor ihm steht, im Spiegel reflektiert wird, kann doch nichts darin verbleiben. Würde die Person vor dem Spiegel entfernt, so wäre der Spiegel wieder so klar wie eh und je.

Der Zweckmäßigkeit halber haben die Mystiker die Erfahrungen des Bewusstseins in fünf verschiedene Phasen aufgeteilt. Die spezielle Phase, die dem Bewusstsein am vertrautesten ist, ist der Wachzustand, den die Seele mit Verstand und Körper erlebt. Dieser Zustand wird von den Sufis Nasut genannt und in den Veden Jagrat. Da die Seele nur das in Betracht zieht, was sie durch die Sinne mithilfe des Verstandes erlebt, sind viele noch nicht bereit, an die Seele, das Jenseits oder an Gott zu glauben, denn die Seele kennt nur den Bereich, der mithilfe von Körper und Verstand erlebt werden kann.

Intellektuelle Menschen entwickeln auch noch ein Bewusstsein für einen weiteren Bereich, den die Sufis Malakut und die Veden

Swapna nennen. Dieser Bereich kann auf zwei Weisen erlebt werden: Erstens, wenn wir ganz in unseren Gedanken versunken sind und kein Bewusstsein mehr über unsere Umgebung haben, und wenn wir in diesem Augenblick nur noch unser Denken und unsere Imaginationen kennen, in die wir ganz vertieft sind. Dieser Zustand ist nicht davon abhängig, wie der Körper Freude und Sorge erlebt.

Zweitens, wenn wir fähig sind, Freude zu erleben: Indem wir unser Bewusstsein auf diese Ebene erheben, können wir in uns selbst den Himmel erschaffen. All die großen Poeten, Denkerinnen und Schriftsteller, die durch Schwierigkeiten, Armut und durch Umstände gingen, in denen die Menschen sie nicht verstanden, sich gegen sie stellten und sogar verachteten, lebten ein äußerst glückliches Leben, weil sie fähig waren, sich in diese Ebene zu erheben, wo sie all die Schönheit, den Trost und die Freude genießen konnten, an denen sich gewöhnliche Menschen nur erfreuen können, wenn sie ihnen auf der physischen Ebene gegeben werden. Wenn uns der Schlüssel zu dieser Ebene in die Hände fällt, sind wir Meisterinnen unseres zukünftigen Lebens.

Wessen Bewusstsein den Himmel widerspiegelt, der ist im Himmel; und wer Folter, Schmerz und Leid wahrnimmt, ist am Ort des Leidens. Die Menschen machen sich Himmel und Hölle selbst. Wie viele Menschen finden wir in dieser Welt, die an ihrer Krankheit festhalten, weil sie ständig an sie denken, sich ihrer bewusst sind. Viele könnten nach einigen Jahren des Leidens gesund werden, wenn sie nicht das Leid im Bewusstsein tragen würden, nicht als etwas Neues, sondern als etwas, das schon immer da war.

Uns gehört nichts, wenn wir nicht bereit sind, es festzuhalten. Wenn wir uns aber daran gewöhnen, einen bestimmten Gedankengang festzuhalten, ohne sein Wesen zu erkennen, wird dieser Gedankengang nach einiger Zeit unser Meister und wir sein Sklave. So ist es auch mit den Sorgen, Ängsten und Nöten, die wir in unserem Denken mit uns herumtragen. Viele sagen: „Das kann ich nicht vergessen", weil sie sich das so vorstellen. Es heißt nicht, dass diese Person nicht vergessen kann, sondern dass sie an etwas festhält, was sie nicht wegwerfen möchte. Wenn wir nur begreifen würden, dass niemand anders jemals etwas für uns aufrechterhält; wir sind es selbst, die es festhalten. Eine Erinnerung, etwas Unangenehmes, etwas Trauriges, einen schlimmen Schmerz, Angst, Sorge – all dies halten wir in unseren eigenen Händen, all dies wird von unserem Bewusstsein gespiegelt. Unsere Seele ist naturgemäß über all das erhaben. Diese Illusionen befinden sich unterhalb der Seele, wenn wir sie nicht mit unseren eigenen Händen hochheben und sie anschauen.

Wenn wir die Psychologie von Versagen und Erfolg in Betracht ziehen, folgt auf Versagen erneutes Versagen. Warum ist das so? Weil ein Bewusstsein, das Erfolg spiegelt, voller Erfolg ist; und die Aktivität, die von solch einem Bewusstsein ausgeht, erschafft produktive Aktivität. Wenn also das Bewusstsein Erfolg vor Augen hat, spiegelt sich dieser darauf zurück und beschert Erfolg. Wenn aber das Bewusstsein von Versagen geprägt ist, wirkt dieses Versagen beständig fort und wird weiteres Versagen nach sich ziehen.

Pessimistische Menschen sprechen oft gegen ihre eigenen Wünsche. Sie möchten etwas tun und sagen: „Ich werde dies tun, aber ich glaube nicht, dass ich Erfolg damit haben werde." Auf diese Weise behindern sie sich selbst. Die Menschen wissen nicht, dass jeder Gedanke einen Eindruck in ihrem Bewusstsein und dessen Wirkungsweise hinterlässt. Die Spiegelung wird entsprechend verwirklicht und die Menschen werden durch Unwissenheit über diese Dinge zu ihren eigenen Feinden. Der Irrtum eines Augenblicks erschafft ein ganzes Leben lang eine Art Hemmung auf ihrem Weg.

Dieses Bewusstseinsstadium wird auch im Traum erlebt, denn der Traum ist die Reaktion auf unsere Erfahrungen des Wachzustandes. Das Wunderbarste, was wir über den Traum lernen können, ist, dass der Traum eine eigene Sprache hat. Wenn wir uns wirklich in Traumerlebnissen auskennen, lehren sie uns, dass jedes Individuum eine eigene Traumsprache hat, die der jeweiligen Natur entspricht. Die Träume von Poeten, von Menschen, die mit ihren Händen arbeiten, von Königen und von armen Menschen unterscheiden sich. Es gibt viele Unterschiede, und so können wir nicht dieselbe Trauminterpretation auf alle Menschen anwenden; erst sollten wir wissen, wer geträumt hat.

Der Traum kann nicht aus sich selbst heraus interpretiert werden. Wir müssen die Person kennen, die den Traum hatte, die Interpretation berücksichtigt dann jeweils ihren Entwicklungsgrad, ihre Ziele und Wünsche, ihre Gegenwart, Vergangenheit und Zukunft sowie ihre spirituellen Hoffnungen.

Auf solche Weise unterscheidet sich die Sprache der Träume; ein Hinweis kann aber gegeben werden: Im Wachzustand sind die Menschen für alle äußeren Eindrücke offen. Zum Beispiel gibt es Momente, in denen der Verstand rezeptiv ist und Momente, in denen er expressiv ist. In den Momenten, in denen er rezeptiv ist, werden alle Eindrücke von allen Personen im Bewusstsein reflektiert. Oft fühlen wir uns niedergeschlagen und können keinen Grund dafür finden, und dann wieder sind wir voller Fröhlichkeit und können auch hierfür keinen Grund finden. Sobald wir ein bestimmtes Gefühl haben, suchen wir nach einem vernünftigen Grund dafür, und die Vernunft ist bereit, uns zu antworten – sowohl richtig, als auch falsch. Wenn wir denken: „Warum lache ich jetzt?", bietet die Vernunft sofort einen Grund an, warum wir lachen. Tatsächlich jedoch kam dieser Eindruck von jemand anderem. Wir glauben allerdings an eine andere Ursache. Im Traum nun beantwortet die Vernunft häufig die Forderungen des forschenden Geistes und entwirft und formt Gedanken und Bilder, die sehr frei weiterlaufen, weil die Willenskraft das Denken im Schlaf nicht kontrolliert. In diesem Stadium verhält sich der Verstand wie ein Schauspieler auf der Bühne: frei, ohne Kontrolle des Willens. Während das geschieht, ist der Verstand vielleicht gerade in seinem rezeptiven Zustand und empfängt einen Eindruck von anderen Menschen, von Freunden oder Feinden, von allen, die an die Träumer denken könnten oder mit denen sie in irgendeiner Weise verbunden sind.

Spirituell ausgerichtete Menschen oder Menschen, die mit den Seelen Verstorbener verbunden sind, empfinden Eindrücke, die in ihrer Seele reflektiert werden, manchmal als innere Führungsimpulse, manchmal als Warnungen, manchmal als Anleitungen. Sie erleben auch etwas, das als Initiation bekannt ist und haben gelegentlich irreführende, verwirrende Erlebnisse; diese finden alle auf einer gewissen Ebene statt, auf der das Bewusstsein das Leben unabhängig vom Körper und dessen Sinnen erfährt.

Die dritte Erfahrung des Bewusstseins wird in der Sufi-Terminologie Jabarut genannt, in Sanskrit oder in den Veden Sushupti. In diesem Stadium ist das Bewusstsein nicht mehr gut mit der Welt verbunden. Es bringt seine Erfahrungen nicht in die Welt, außer in Form eines Gefühls der Freude oder als erneuerte Kraft oder Gesundheit; alles, was wir nach so einem Erlebnis sagen können, ist: „Ich habe sehr gut geschlafen und fühle mich deshalb viel besser." Tatsächlich ist der Grund für diesen Zustand der, dass das Bewusstsein frei von Leiden und Sorgen sowie von allen Aktivitäten und Begrenzungen des Lebens war. Selbst Gefangene können den Segen dieses Stadiums genießen, wenn sie tief schlafen; sie wissen dann nicht mehr, ob sie in einem Palast oder einem Gefängnis sind. Sie kommen an das Erleben jener Ebene heran, die besser als ein Palast ist. Die Menschen erkennen den Wert dieses Stadiums nicht, bis sie aus irgendeinem Grund nicht mehr fähig sind, diesen Segen zu empfangen. Sie können nicht schlafen und denken dann, dass sie alles dafür geben würden, fest schlafen zu können. Das weist darauf hin, dass es nicht nur Schlaf ist, was sie brauchen, sondern den Segen, der darin verborgen ist. Da ist etwas, was die Seele berührt, etwas, das höher und tiefer ist, denn dieses Erleben ist größer, als wir uns vorstellen können. Bei dieser Erfahrung berührt das Bewusstsein einen Bereich, aus dem es keinen Eindruck irgendeiner Form oder eines Namens erhält. Es bekommt den Eindruck eines Gefühls von Leuchten, Leben und Freude. Welche Botschaft bringt das Gefühl? Eine Botschaft Gottes, die jeder Seele direkt gegeben wird. Und was ist diese Botschaft? „Ich bin bei dir", sagt Gott der Seele, „ich bin dein eigenes Wesen und ich bin jenseits aller Begrenzungen, ich bin Leben – du bist sicherer, lebendiger, glücklicher und friedlicher in diesem Wissen als in irgendetwas sonst auf der Welt."

Neben diesen drei Erfahrungen gibt es noch eine vierte Erfahrung, wenn wir danach suchen. Warum kommt sie nicht für alle? Es ist nicht so, dass sie nicht zu allen kommt, aber nicht alle können sie ergreifen. Sie kommt und entgleitet den Menschen wieder, und wir wissen nicht, wann sie kam und wann sie ging. Es gibt einen Moment im Wachzustand von allen Menschen, einen Moment, in dem wir uns über alle Begrenzungen des Lebens erheben, aber er kommt und geht so schnell wie ein Augenzwinkern, sodass wir ihn nicht ergreifen und erkennen können.

Er ist wie ein Vogel, der kam und wieder wegflog, und wir hörten nur seinen Flügelschlag. Nur jene, die diesen Vogel fangen wollen, die wissen wollen, wo der Vogel hinfliegt, wann er kommt und wann er geht, halten nach ihm Ausschau, sitzen wartend da und geben auf den Augenblick acht, wenn er kommt. Dieses Ausschau halten wird Meditation genannt. Meditation bedeutet nicht, einfach die Augen zu schließen und zu sitzen; alle können die Augen schließen und sitzen, aber wir können stundenlang sitzen, wir können unser ganzes Leben lang sitzen und am Ende doch nicht wissen, was kam und was ging. Es geht darum, nach dem Ausschau zu halten, was kommt, und nicht nur danach Ausschau zu halten, sondern auch sich darauf vorzubereiten, indem wir unsere Sinne schärfen, um unseren Körper und unseren Geist aufnahmebereit für die Schwingungen zu machen – damit wir, wenn der Vogel eine Schwingung erzeugt, fühlen, dass er gekommen ist.

In der christlichen Symbolik wird dieser Moment durch die Taube ausgedrückt. Mit anderen Worten: Dies ist der Moment, der sich unserem Bewusstsein sehr plötzlich und mit solcher Glückseligkeit nähert, dass er sozusagen die Tiefe des ganzen Lebens berührt und sich über die Ebene des Tuns, sogar über die Ebene der Gefühle erhebt. „Aber", werden manche sagen, „was macht das mit dem Bewusstsein?" Es erlebt dadurch eine Art Erleuchtung, wie wenn eine Fackel ein weiteres Licht entzündet; diese innere Lebendigkeit, die das Bewusstsein berührt, erzeugt eine Art Erleuchtung, die unser Leben klar werden lässt. Jeder Moment nach diesem Erlebnis wird uns aufgrund dieses einen Augenblicks enthüllt. Er lädt unser Leben mit neuem Licht und neuem Leben auf. Deshalb sitzen im Osten die Yogis so viele Stunden lang in einer bestimmten Haltung in Samadhi oder sie gehen in den Wald und sitzen in der Einsamkeit; das haben sie schon immer praktiziert, um dieses Licht einzufangen, das durch die Taube symbolisiert wird.

Und dann gibt es eine Stufe, die sogar noch höher ist. Bei den Sufis wird sie Hahut genannt, in den Veden Samadhi, sie ist die fünfte Ebene dessen, was das Bewusstsein erlebt. Hier berührt das Bewusstsein die innerste Tiefe seines ureigenen Wesens; so, als würde es die Füße Gottes berühren. Das ist die Kommunion, von der in der christlichen Symbolik gesprochen wird. Es ist, als würden wir die Präsenz Gottes berühren, wenn unser Bewusstsein so leicht, gelöst und frei geworden ist, dass es sich selbst erheben, in die Tiefe des eigenen Wesens tauchen und sie berühren kann.

Dies ist das Geheimnis aller Mystik, aller Religion und Philosophie. Der Prozess dieser Erfahrung gleicht der Verfahrensweise der Alchemie, die auch nicht frei zugänglich ist, sondern nur für jene, die bereit dazu sind und spüren, dass darin die Wahrheit liegt. Es braucht einige Zeit, bis wir mit derartigen Dingen vertraut werden oder auch nur glauben, dass darin irgendetwas Reales steckt und sie nicht nur Gerede und Einbildung sind. Selbst wenn wir die Realität des mystischen Stadiums schon gespürt haben, stellen wir vielleicht doch noch infrage, ob es wirklich wertvoll ist, mit dieser Suche weiterzumachen. Wenn wir das tun, müssen wir jedoch die Führung von jemandem akzeptieren, der oder die Erfahrung darin hat und in den oder die wir Vertrauen und Zutrauen haben. Wir sollten allerdings verstehen, dass der Weg der Schülerschaft, der Weg der Einweihung nicht darin besteht, dass die Lehrer den Schülern etwas Neues erzählen, was diese zuvor nicht gehört hätten, oder ihnen Wunder zeigen; wenn sie das tun, sind sie keine echten Lehrerinnen oder Lehrer. Wir Menschen sind in Wirklichkeit unsere eigenen Lehrer; in uns liegt das Geheimnis unseres Wesens. Die Worte der Lehrer helfen nur, uns selbst zu finden. Nichts, was wir aus Büchern lernen können, nichts, was wir mit Sprache erklären können, nichts, auf das wir mit dem Finger deuten können, ist real. Wenn wir in uns selbst sicher sind, können wir weiterschreiten, aber wenn wir verwirrt sind, können wir nicht weitergehen und kein Lehrer kann uns helfen. Deshalb ist, obwohl auf diesem Weg die Lehrer notwendig sind und ihre Hilfe wertvoll, Selbsthilfe die Hauptsache; diejenigen, die ihre eigene Natur erkennen und von sich selbst lernen, sind die wahren

Eingeweihten. Von dieser Initiation aus gehen wir Schritt für Schritt voran und finden die Erkenntnis und Überzeugung, die wir suchen; und alles, was uns im Leben begegnet, wird nur die Verwirklichung der Essenz vertiefen.

STILLE

Es gibt den Spruch: Reden ist Silber, Schweigen ist Gold. Ein Spruch, der sich immer als richtig erweist. Je besser wir seinen Sinn erkennen, desto klarer erkennen wir seine Richtigkeit. Wie oft am Tag bemerken wir, dass wir etwas gesagt haben, das besser ungesagt geblieben wäre! Wie oft stören wir durch Mangel an Stille unabsichtlich den Frieden unserer Umgebung! Wie oft zeigen wir, indem wir nicht schweigen, unsere Begrenztheit, unsere Beschränkungen, unsere Kleinheit, die wir besser unter Verschluss gehalten hätten! Wie oft schaffen wir es nicht, andere zu respektieren, obwohl wir dies wünschen, weil wir nicht Stille bewahren können! Und es liegt eine große Gefahr für die Menschen in diesem weltlichen Leben, die Gefahr, sich einer Person anzuvertrauen, der wir uns nicht anvertrauen wollten. Wir setzen uns dieser Gefahr aus, wenn wir nicht schweigen können. Der persische Dichter Sa'di, ein großer Lebenskünstler, sagte: „Welchen Wert hat die Vernunft, wenn sie mich nicht rettet, bevor ich etwas sage!" Das zeigt uns, dass wir Fehler machen können, wenn wir keine Kontrolle über unsere Worte haben, wie weise wir auch sein mögen. Für diese Wahrheit können wir leicht Beispiele finden; diejenigen, die viel reden, haben weniger Macht als jene, die wenig sprechen. Denn geschwätzige Menschen sind nicht fähig, eine Idee in tausend Worten auszudrücken, die Meister der Stille in nur einem Wort vermitteln können. Alle können sprechen, aber nicht alle Worte haben dieselbe Kraft. Überdies sagen Worte viel weniger, als Stille auszudrücken vermag. Die Basis eines harmonischen Lebens ist Stille.

Wir werden im Alltag mit Tausenden Problemen konfrontiert, und nicht immer sind wir weit genug entwickelt, ihnen adäquat zu begegnen. Dann hilft uns nur Stille. Denn wenn es eine Religion gibt, eine religiöse Übung, dann die, zu versuchen, Gott zu erfreuen, indem wir darauf achten, was die Menschen erfreut. Die Essenz der Religion ist Verständnis. Und diese Religion können wir nicht leben, ohne Macht über unsere Worte zu haben, ohne die Macht der Stille zu realisieren. Es gibt so viele Gelegenheiten, bei denen wir bereuen, unsere Freunde verletzt zu haben, und die wir hätten vermeiden können, wenn wir unsere Sprache unter Kontrolle gehabt hätten. Schweigen ist das Schild der Unwissenden und der Schutz der Weisen. Denn die Unwissenden zeigen ihre Unwissenheit nicht, wenn sie schweigen, und die Weisen werfen keine Perlen vor die Säue, wenn sie den Wert der Stille kennen.

Was gibt uns Macht über die Worte? Was erzeugt die Kraft, die durch Stille erlangt werden kann? Die Antwort ist: Es ist die Willenskraft, die uns Macht über unsere Worte verleiht; es ist Ruhe, die uns die Kraft der Stille verleiht. Ruhelosigkeit lässt uns zu viel reden. Je mehr Worte wir brauchen, um eine Idee auszudrücken, umso kraftloser wird sie. Wie schade, dass die Menschen so oft daran denken, ihr Geld zu sparen, und nie daran denken, Worte zu sparen. Das ist, als würde man Kieselsteine aufheben und die Perlen wegwerfen. Ein indischer Dichter sagt: „Perlenmuschel, was gibt dir deinen wertvollen Inhalt?" – „Die Stille; meine Lippen waren jahrelang geschlossen." Zunächst bedeutet Stille, mit sich selbst zu kämpfen, einen Impuls zu kontrollieren, aber dann wird genau das zu einer Macht.

Und nun kommen wir zu einer wissenschaftlicheren, metaphysischeren Erklärung der Stille. Das Sprechen verbraucht eine gewisse Menge an Energie, und der Atem, der neues Leben in unseren Körper bringt, wird in seinem Rhythmus behindert, wenn wir ständig reden. Nervöse Menschen reden nicht zu viel, sondern zu viel reden macht die Menschen nervös. Woher kommt die große Kraft, die Yogis und Fakire entwickeln? Sie entwickeln sie, indem sie die Kunst des Schweigens lernen und praktizieren. Deshalb herrschte im Osten, in den Häusern, in denen Fakire meditierten, und sogar in deren Höfen, Stille. Es gab Zeiten in verschiedenen Zivilisationen der Welt, in denen den Menschen beigebracht wurde, eine gewisse Zeit lang Stille zu bewahren, wann immer sie zu einem Fest zusammengerufen wurden. Wie schade, dass wir dies heute so vernachlässigen; wir denken so wenig darüber nach. Es ist etwas, das sich auf die Gesundheit auswirkt und die Seele, das innerste Wesen, ja das Leben selbst berührt. Je tiefer wir über dieses Thema nachdenken, umso mehr erkennen wir, dass wir ständig in Aktion sind. Wohin führt das und was ist das Ergebnis? Soweit wir das überblicken können, führt es zu mehr Kämpfen, Konkurrenz und Uneinigkeit. Als Ergebnis sehen wir, dass dieser Aktionismus uns größere Sorgen, Kümmernisse und Lebenskämpfe beschert. Die Hindus haben einen Ausspruch: „Je mehr wir nach Glück streben, desto unglücklicher werden wir.“ Das liegt daran, dass wir unglücklich werden, wenn wir das Glück in der falschen Richtung suchen. Unsere Lebenserfahrung allein würde ausreichen, uns dies zu lehren, aber das Leben ist so berauschend und verwickelt uns so vollständig in Aktivitäten, dass wir niemals aufhören zu denken.

Es scheint, als würde die Welt zu spirituellen Idealen erwachen, und doch gibt es immer mehr Aktivität; nicht nur äußere Aktivität, sondern auch Gedankenaktivität. In Wirklichkeit hat die Menschheit durch Mangel an Stille und durch Überaktivität von Körper und Geist ihre Nerven zerrüttet. Wir nennen es Schlaf, wenn unser Körper ruht. Aber unser Denken macht in gleicher Weise weiter wie am Tag. In dieser Welt des Konkurrenzkampfes sind alle Menschen hundertfach beschäftigter als jemals zuvor. Unser Leben braucht natürlich viel mehr Stille und Frieden, als es die Menschen brauchen, die im Wald leben und alle Zeit der Welt ihr Eigen nennen können. Was erwarten wir, wenn die Aktivität erhöht und die Stille verloren ist?

Wo lernen wir Achtsamkeit? In der Stille. Und wo üben wir Geduld? In der Stille. Die Stille, die wir in der Meditation üben, ist eine besondere Stille, doch bedeutet Stille auch, dass wir uns jedes Wort, jede Handlung, die wir ausführen, überlegen sollten. Dies ist die erste Lektion, die wir lernen müssen. Meditative Menschen haben gelernt, von dieser Stille in ihrem Leben ganz natürlichen Gebrauch zu machen. Wer die Stille im alltäglichen Leben gelernt hat, weiß bereits, wie man meditiert. Daneben können wir jeden Tag eine halbe Stunde für die Meditation reservieren, aber wenn wir nur eine halbe Stunde meditieren und zwölf oder fünfzehn Stunden aktiv sind, wird die Aktivität die Kraft der Meditation vollständig aufbrauchen. Deshalb müssen beide Teile zusammenspielen. Wenn wir die Kunst der Stille lernen wollen, müssen wir uns dazu entscheiden, den Gedanken an die Stille ständig in unserem Geist zu halten, egal wie viel wir zu tun haben. Wenn wir das nicht bedenken, können wir nicht den vollen Nutzen aus der Meditation ziehen. Das ist vergleichbar mit Menschen, die am Sonntag in die Kirche gehen und die anderen sechs Tage der Woche versuchen, den Gedanken an die Kirche soweit wie möglich zu vermeiden.

Ein sehr gläubiger persischer König wurde einmal von seinem Premierminister gefragt: „Sie verbringen den größten Teil der Nacht mit Meditation und tagsüber arbeiten Sie. Wie kann man das aushalten?" Der Schah antwortete: „In der Nacht folge ich Gott; am Tag folgt Gott mir." Genauso ist es mit der Stille: Wer die Stille sucht, wird von der Stille begleitet. Und so ist es mit allen Dingen, die wir wollen: Wenn wir genügend nach ihnen streben, folgen sie uns nach einiger Zeit selbst.

Es gibt viele, denen es nichts ausmacht, jemanden zu verletzen, solange sie glauben, die Wahrheit zu sprechen. Sie fühlen sich so im Recht, dass es ihnen egal ist, ob die anderen weinen oder lachen. Aber es gibt einen Unterschied zwischen einer Tatsache und der Wahrheit. Über eine Tatsache kann man sprechen; Wahrheit ist das, was nicht in Worte gefasst werden kann. Auch die Behauptung: „Ich sage die Wahrheit" fällt in sich zusammen, sobald wir den Unterschied zwischen Tatsache und Wahrheit erkannt haben. Die Menschen diskutieren Dogmen, Glaubensvorstellungen und moralische Prinzipien so, wie sie sie kennen. Aber es kommt eine Zeit im Leben, in der wir die Wahrheit berühren, die wir nicht in Worte fassen können; dann enden alle Streitgespräche, Diskussionen und Argumente. Dann sagen wir: „Es spielt keine Rolle, wer von uns etwas falsch gemacht hat. Es ist mir allein wichtig, das, was falsch lief, wieder in Ordnung zu bringen." Es kommt eine Zeit, in der die ständige Frage des aktiven Denkens – was ist was und woher kommt was? – aufhört, denn die Antwort erhebt sich aus der Seele und wird in der Stille empfangen.

Im Allgemeinen hören die Menschen auf alles, was von außen kommt; und nicht nur die Ohren sind auf die äußere Welt ausgerichtet, sondern sogar das Herz ist mit den Ohren verbunden. Ein Herz, das auf die Stimmen der äußeren Welt hört, sollte sich von allem abwenden, was von daher kommt, und geduldig warten, bis es fähig wird, die innere Stimme zu hören. Es gibt eine hörbare und eine unhörbare Stimme, eine Stimme von den Lebenden und eine von denen, die nicht leben, die Stimme allen Lebens. Was immer die Menschen in Worten sagen können, sagt wenig aus. Können wir über Dankbarkeit, Hingabe oder Bewunderung sprechen? Niemals, es wird uns immer an Worten fehlen. Jedes tiefe Gefühl hat seine eigene Stimme, die nicht mit äußeren Worten ausgedrückt werden kann. Diese Stimme kommt aus jeder Seele; alle Seelen können nur vom Herzen gehört werden. Und wodurch wird das Herz darauf vorbereitet? Durch Stille.

Wir müssen uns nicht wundern, dass es manche Menschen in die Berge und in den Wald zieht und sie die Wildnis dem Komfort des weltlichen Lebens vorziehen. Sie streben nach etwas Wertvollem. Sie haben etwas von den Erfahrungen, die sie durch ihr Opfer gewonnen haben, weitergegeben. Es ist aber nicht notwendig, ihnen in den Wald oder in Berghöhle zu folgen. Man kann diese Kunst der Stille überall lernen; sogar mitten im geschäftigen Leben können wir Stille bewahren.

Wir suchen die Stille bewusst oder unbewusst in jedem Augenblick unseres Lebens. Wir suchen die Stille und rennen gleichzeitig vor ihr weg. Wo wird das Wort Gottes gehört? In der Stille. Alle Seherinnen, Heiligen, Weisen, Propheten und Meisterinnen haben diese Stimme, die aus dem Inneren kommt, gehört, indem sie still geworden sind. Damit meine ich nicht, dass diese innere Stimme zu uns spricht, weil wir still geworden sind; ich meine, dass wir das Wort, das ständig in unserem Innern erklingt, hören können, wenn wir still geworden sind. Wenn der Geist still geworden ist, kommunizieren wir immer noch mit allen, denen wir begegnen. Wir brauchen nicht mehr viele Worte: Wenn sich die Blicke treffen, verstehen wir. Zwei Menschen können ihr ganzes Leben lang miteinander sprechen und diskutieren und sich doch niemals gegenseitig verstehen. Zwei andere mit stillem Geist schauen einander an und im selben Augenblick entsteht zwischen ihnen eine Kommunikation.

Woher kommen die Unterschiede zwischen den Menschen? Von innen, aus ihren Aktivitäten. Und woher kommt Einvernehmen? Aus der Stille des Geistes. Lärm behindert uns dabei, etwas aus der Ferne zu hören; aufgewühltes Wasser in einem Becken verhindert, dass wir unser Spiegelbild im Wasser sehen können. Nur wenn wir innerlich ruhig sind, können wir die Stimme hören, die ständig zu den Herzen aller Menschen spricht. Wir suchen Führung, wir alle suchen nach Wahrheit; wir suchen das Mysterium. Das Mysterium ist in uns selbst; die Führung ist in unserer eigenen Seele.

Oft treffen wir Menschen, in deren Gegenwart wir ruhelos und nervös werden. Der Grund dafür ist, dass diese Menschen nicht ruhig oder still sind und dass es nicht leicht ist, die eigene Ruhe im Kontakt mit ruhelosen, aufgeregten Menschen zu bewahren. Christus lehrt: „Kämpfe nicht gegen das Falsche", und es bedeutet: „Reagiere nicht auf problematische Zustände oder rastlose Menschen." Das ist genau so, als würden wir an dem Feuer teilhaben, das uns verbrennen wird.

Wir entwickeln die Kraft in uns, allen störenden Einflüssen des täglichen Lebens dadurch zu widerstehen, dass wir uns selbst mittels der Konzentration beruhigen. Unser Geist ist wie ein Boot im Wasser, das von den Wellen bewegt und durch den Wind beeinflusst wird. Die Wellen sind unsere eigenen Emotionen und Leidenschaften, Gedanken und Vorstellungen; und der Wind – das sind die äußeren Einflüsse, mit denen wir zurechtkommen müssen. Um das Boot anhalten zu können, brauchen wir einen Anker, der das Boot dazu bringt, still zu liegen. Dieser Anker ist das Objekt, auf das wir uns konzentrieren; wenn dieser schwer und gewichtig ist, dann wird das Boot anhalten, wenn der Anker aber leicht ist, wird das Boot sich weiterbewegen und nicht zur Ruhe kommen, denn es ist teilweise im Wasser und teilweise in der Luft.

Auf diese Weise beherrschen wir das Boot aber nur; es zu benutzen ist wieder eine andere Aufgabe. Das Boot ist nicht dafür geschaffen, bewegungslos zu bleiben; es wurde zu einem anderen Zweck gebaut. Wir scheinen das nicht alle zu wissen, aber letztlich wurde das Boot gebaut, damit wir von einem Hafen zum anderen gelangen können. Damit das Boot segeln kann, müssen allerlei Bedingungen erfüllt sein;

es darf beispielsweise nicht über seine Kapazität hinaus beladen werden. So darf unser Herz nicht schwer beladen sein mit Dingen, an denen wir hängen, weil das Boot sonst nicht schwimmt. Das Boot soll auch nicht an diesen einen Hafen gebunden bleiben, weil es dann zurückgehalten wird und nicht zu dem Hafen segelt, der seine Bestimmung ist.

Des Weiteren muss das Boot dem Wind folgen, der ihn zum anderen Hafen bringt; dies entspricht dem Gefühl, das eine Seele von der spirituellen Seite des Lebens bekommt. Dieses Gefühl, dieser Wind hilft uns, auf den Hafen zuzusteuern, der unser aller Bestimmung ist. Wenn er erst einmal ganz konzentriert ist, sollte der denkende Geist zu einem Bootskompass werden, der immer in die gleiche Richtung zeigt. Wenn unsere Interessen in tausend verschiedene Richtungen gehen, sind wir nicht bereit für die Reise in diesem Boot. Nur wenn wir uns ausschließlich auf eine Sache ausrichten und alle anderen Dinge als zweitrangig erachten, können wir von einem Hafen zum anderen reisen. Dies ist die Reise, die wir Mystik nennen.

TRÄUME UND OFFENBARUNGEN

Wir alle kennen Träume, und wenn wir sie genauer untersuchen, führen sie uns in die Tiefen des Lebens. Denn durch das Träumen selbst erkennen wir zwei Tatsachen: Zum einen ist etwas aktiv, wenn der Körper schläft, und zum anderen vermittelt es tiefgründigen Denkern Vertrauen in ein Leben nach dem Tod. Der Traum ist der Beweis, dass eine Person auch dann aktiv ist, wenn ihr Körper schläft, sie scheint sogar nicht weniger aktiv zu sein als im physischen Körper. Wenn wir überhaupt einen Unterschied wahrnehmen können, dann eine unterschiedliche Zeitrechnung, denn im Traum können wir blitzschnell von einem Land ins nächste reisen, was sonst einen Monat dauern würde. Wir sind nicht ansatzweise so langsam wie auf der physischen Ebene. In unseren Träumen fliegen wir.

Auf der Traumebene haben wir viel weitreichendere Fähigkeiten. Hier haben wir keinerlei Probleme, unseren Zustand von einem Augenblick zum anderen aus Krankheit in Gesundheit zu verwandeln, aus Versagen in Erfolg. Die Leute sagen, es sei nur Imagination, ein Konstrukt unseres denkenden Geistes. Aber was ist der Geist? Der denkende Geist ist das, worin sich die Welt spiegelt. In ihm liegen Himmel und Erde. Ist das etwas Kleines? Was ist schon der physische Körper im Vergleich zum denkenden Geist, der eine ganze Welt in sich bergen kann? Im Vergleich dazu ist der physische Körper nur ein Tropfen im Ozean.

Einzig aus Unwissenheit kennen wir dieses Königreich in unserem Innern nicht. Warum ist es uns nicht bewusst? Weil wir etwas in der Hand haben wollen; nur dann existiert es für uns. Wir wollen uns die Existenz des Gefühls nicht eingestehen: Wir sagen, dass es nicht zählt, dass es damit nichts auf sich hat; genauso ist es mit dem Traum, er ist nur Imagination, er ist gar nichts. Und doch entstammen sowohl die

Wissenschaft als auch die Kunst der Imagination, dem Geist – nicht einem Felsen, nicht dem physischen Körper. Die Quelle allen Wissens ist der denkende Geist, kein Objekt. Geist bedeutet „ich". Der Geist identifiziert sich; der Körper ist eine Illusion. Wenn der Geist bedrückt ist, sagen wir: „Ich bin traurig." Nicht der Körper, sondern der Geist ist bedrückt; wir identifizieren uns also in Wirklichkeit mit dem Geist, nicht mit dem Körper.

Was sagt es aus, wenn wir uns selbst im Traum sehen? Dass wir selbst nach dem, was wir den Tod nennen, nicht formlos sind; dass nichts verloren, sondern nur Freiheit gewonnen wird, die verloren gegangen war. Weil wir das nicht wissen, haben wir solche Angst, diesen physischen Körper zu verlieren, und es graut uns davor zu sterben. Aber was ist der Tod? Nur ein Schlaf: Der Schlaf des Körpers, der ein Mantel war. Wir können ihn wegnehmen und leben dennoch. Trotz allen Redens über den Tod werden wir erkennen, dass wir leben, dass wir nicht verlieren, sondern gewinnen. Wir sind in der physischen Welt, um zu lernen, und der Traum lehrt uns, dass ein Gesetz darin wirkt: Dass alles, was überraschend, zufällig, ein plötzliches Geschehen zu sein scheint, nicht plötzlich oder zufällig ist. Es scheint nur zufällig, weil es nicht mit den Gegebenheiten verbunden ist.

Es geschieht nichts, was nicht den denkenden Geist durchströmt. Wir haben uns davon abgewandt, wir sind nur offen für die Manifestation. Sagen die Menschen nicht in allen Ländern, wenn Krieg kommt: „Das haben wir nicht gewusst." Ja, so ist es für alle, die schlafen, aber die Wachen konnten die Vorbereitungen erkennen. Wir können das bei allen Dingen wiederfinden. Alle Zufälle, ob angenehm oder unangenehm, werden von langer Hand vorbereitet. Erst existieren sie im Denken, dann auf der physischen Ebene.

Ein Traum zeigt uns die Tiefe des Lebens; durch einen Traum erkennen wir etwas. Hat jeder Traum eine Bedeutung? Ja, aber es gibt in jedem Land Menschen, die seine Sprache genauso wenig kennen wie die des Geistes.

Manchmal ist der denkende Geist noch nicht fähig, sich selbst auszudrücken, dann sind die Träume durcheinander, ein Chaos. Wir sehen eine Ziege mit den Ohren eines Elefanten. Der Geist möchte sich selbst ausdrücken. Was ein Kind sagt, hat Bedeutung, aber es hat noch nicht gelernt zu sprechen, es hat keine Worte; es kann nur schreien oder Geräusche machen, und doch haben diese einen Sinn. So ist es auch mit den Träumen, die nicht korrekt wiedergegeben werden. Es gibt nichts ohne Sinn; nur unser mangelndes Verständnis dieses Sinnes lässt uns im Dunkeln tappen.

Aber was ist mit den völlig sinnlosen Träumen, die wir manchmal haben? Sie sind, wie sie sind, bedingt durch den Zustand des Geistes. Wenn der Zustand des Geistes nicht harmonisch ist, sein Rhythmus nicht regelmäßig, dann wird der Traum so verdreht, dass wir ihn nicht mehr lesen können. Es ist, als würde ein Brief im Dunkeln geschrieben, sodass die Person, die ihn schreibt, nicht sehen kann, was sie schreibt. Und doch ist es ein geschriebener Brief, hinter dem eine Idee steckt. Selbst wenn die Person, die ihn geschrieben hat, ihn nicht mehr verstehen kann, bleibt er immer noch ein Brief. Auch wenn wir die Bedeutung eines Traumes nicht verstehen können, so heißt das nicht, dass er nicht bedeutsam ist; es heißt nur, dass unser eigener „Brief" so verwirrt ist, dass wir ihn nicht mehr lesen können.

Wir könnten fragen, wie der Geist lernen kann, sich selbst auszudrücken? Er muss sich selbst werden. Oft ist der Geist verstört, unharmonisch und ruhelos. Wenn wir betrunken sind, wollen wir Ja sagen, sagen aber Nein. Mit dem Ausdruck des Geistes im Traum ist es genauso.

Die Wissenschaft der Träume zu studieren ist fantastisch. Wie großartig, dass die Träume von Poeten vermutlich poetisch sind und die von Musikerinnen harmonisch. Warum ist das so? Weil ihr Geist geübt ist. Ihr Geist wurde individuell. Ihr Geist drückt sich in ihrer eigenen Welt aus. Manchmal bestaunen wir die Träume poetischer Seelen, wenn wir von ihnen hören; wir sehen den Ablauf vom ersten bis zum letzten Akt, und dass jede kleine Handlung eine bestimmte Bedeutung hat.

Noch interessanter ist der symbolische Traum, wenn wir den Sinn dahinter erkennen können. Es ist wunderbar, zu erkennen, dass einfache Menschen einfache Träume haben, und die Träume verwirrter Menschen verwirrt sind. Und am Klartraum, am Angsttraum, am Traum der Freude oder der Trauer können wir sehen, was die Person ausmacht, die da träumt. Dann erscheint der Traum nicht mehr als Traum; er wird so real wie das Leben auf der physischen Ebene. Ist dieses Leben denn kein Traum? Sind unsere Augen nicht geschlossen? Der König hat seinen Palast vergessen. Wir meinen: „Oh, es ist nur ein Traum, das sagt gar nichts.“ Aber ein Traum kann unser ganzes vergangenes Leben aufzeigen; dieser Traum kann morgen sein. Nur auf der physischen Ebene ist es ein Traum, er wird durch den Zustand des Geistes zu einem Traum.

Wir sagen: „Ja, aber wenn wir wach sind und ein Haus sehen, dann ist dieses auch real. Wenn wir jedoch von einem Palast träumen, finden wir keinen Palast.“ Das ist wahr und nicht wahr. Die Paläste, die auf dieser Ebene gebaut werden, gehören uns genauso, sie sind sogar noch viel mehr unser Eigen. Wenn der Körper stirbt, werden diese bestehen bleiben; sie werden immer da sein. Wenn es ein freudiger Traum war, wird diese Freude wieder auftauchen. Wenn es ein Traum von Licht, von Liebe war, dann wird all das da sein. Sie sind ein Schatz, auf den wir uns verlassen können; der Tod kann ihn uns nicht nehmen. Das gibt uns einen kleinen Einblick in jene Vorstellung, über die die Bibel sagt: „Wo dein Schatz ist, wird auch dein Herz sein.“ Kleine Einblicke bekommen wir auch, wenn wir Träume mit dem Wachzustand vergleichen. Was auch immer wir glauben: Je länger wir es meinen, desto fester etabliert es sich; so erschaffen wir die Welt, in der wir leben. Dies ist das Geheimnis des ganzen Lebens. Aber wie können Worte dies erklären?

Visionen sind eine weitere Form von Träumen. Dabei sehen wir klar, was geschehen wird, oder was vielleicht schon viele Jahre zuvor geschehen ist. Es ist wie ein Aufblitzen. Wann erleben wir so etwas? Wenn unser Herz auf das göttliche Herz ausgerichtet ist. Denn dort ist alles wie ein bewegtes Bild. In Persien gab es den Dichter Firdausi, der vom König gebeten wurde, die Geschichte des Landes aufzuschreiben. Der König versprach ihm für jeden Vers eine Goldmünze. Firdausi ging in die Einsamkeit und schrieb die Überlieferungen der Jahrhunderte nieder: Charaktere, Leben, Taten; er sah alles wie ein Schauspiel und beschrieb es in Versen. Als er an den Hof zurückkehrte, war der König tief beeindruckt, er fand es großartig. Aber es gibt auch viele Menschen in der Welt, die so etwas ablehnen. Die Wirklichkeit wird nur von wenigen akzeptiert. Firdausi wurde am Hof sehr kritisiert, viele dort standen ihm skeptisch gegenüber. Das ging so weit, dass diese Skeptiker dem König erzählten, dass alles nur Firdausis Einbildung sei. Das verletzte den Dichter schwer. Er nahm die Hand dessen, der sich am heftigsten gegen ihn gewandt hatte, legte sie sich auf den Kopf und sagte: „Nun schließe deine Augen und schau." Und der Mann sah so etwas wie ein bewegtes Bild und rief aus: „Ich habe es gesehen!" Doch das Herz des Dichters war verletzt, er konnte die Goldmünzen nicht mehr akzeptieren.

Was war die Botschaft, die uns die Großen brachten, die Prophetinnen, die Meister, Rama und Krishna? Sie war keine Einbildung. Es waren jene Aufzeichnungen, die wir entdecken können, wenn wir tief hinabtauchen, die Prophezeiungen, die der Welt als Lehrstücke gegeben werden, die als Schriften in der Welt existieren. Es ist direkte Kommunion, die durch alle Meister gegeben wird. Im Schlaf sind Visionen klarer als im Wachzustand. Der Grund dafür ist, dass wir während des Schlafes in unserer eigenen Welt leben; wenn wir jedoch wach sind, sind wir nur teilweise in dieser Welt und hauptsächlich in der äußeren Welt. Jedes Phänomen braucht ein Gefäß. Es geht nicht nur um den Klang, der hörbar ist, sondern auch um die Ohren, die es möglich machen, ihn zu hören. Das Herz ist das Gefäß, in dem wir Eindrücke empfangen können, wie die Ohren das Gefäß sind, in dem wir Klang empfangen können. So entspricht der natürliche Schlafzustand einer intensiven Konzentration, einer tiefen Meditation; und daher hat alles, was als Traum auftaucht, Aussagekraft.

Es gibt noch einen letzten, weiteren Schritt – die Offenbarung. Es bedarf eines gewissen spirituell fortgeschrittenen Zustands, damit wir glauben können, dass es so etwas wie Offenbarung gibt. Das Leben offenbart sich, die Natur offenbart sich, und so offenbart sich auch Gott; deshalb wird Gott in Persien „Khuda“ genannt, was Selbstoffenbarung heißt. Alles Wissen, alle Kunst und alle Kultur, die die Menschen kennen, kamen und kommen als Offenbarung. Anders gesagt: Wir lernen nicht nur durch studieren, sondern beziehen unser Wissen auch von der Menschheit. Ein Kind erbt nicht nur die Eigenschaften seiner Eltern oder Ahnen, sondern auch die Qualitäten seiner Nation und seiner Ethnie, sodass wir sagen können, es erbt die Eigenschaften der ganzen Menschheit. Wenn wir diese Schatzkammer des Wissens hinter dem sie verbergenden Schleier wirklich begreifen könnten, würden wir erkennen, dass wir ein Recht auf dieses Erbe haben. Das gibt uns einen Schlüssel, den Schlüssel zum Verständnis des Geheimnisses des Lebens: dass das Wissen nicht nur von außen, sondern auch von innen her erlangt wird. So können wir Wissen, das wir durch das äußere Leben gewinnen, Erlerntes nennen; das Wissen, das wir aus dem Inneren herbeiziehen aber können wir Offenbarung nennen.

Offenbarung kommt von innen. Sie lässt das Herz sich selbst offenbaren; sie ist wie eine Neugeburt der Seele. Wenn wir dieses Stadium erreicht haben, werden alle Dinge und alle Wesen lebendig: Die Felsen, die Bäume, die Luft, der Himmel, die Sterne – sie alle leben. Wir können nun mit allen Dingen und Wesen kommunizieren. Wohin auch immer unser Blick auf Dinge in der Natur oder auf Persönlichkeiten fällt: Wir lesen darin deren Geschichte und erkennen ihre Zukunft. Wir beginnen mit den Seelen der Menschen, denen wir begegnen, zu kommunizieren, noch bevor wir ein Wort mit ihnen gesprochen haben. Ohne dass wir noch irgendeine Frage gestellt haben, beginnt die Seele schon, ihre eigene Geschichte zu erzählen. Jeder Mensch und jedes Objekt steht vor uns wie ein offenes Buch. Dann hört dieses ständige „Warum“ auf, das wir so oft in Menschen finden. Das „Warum“ existiert nicht länger, weil wir die Antwort auf alle Fragen in uns selbst finden. Trotz all der Gelehrtheit der Welt, die wir beigebracht bekommen, wird nämlich dieses andauernde „Warum“ bleiben, solange diese Antwort nicht eröffnet wurde.

Und wieder können wir fragen, wie wir zu solchen Offenbarungen kommen. Die Antwort ist, dass es nichts im ganzen Universum gibt, das nicht im Menschen gefunden werden kann, wenn wir uns nur darum bemühen, es zu entdecken. Aber wenn wir sie nicht selbst herausfinden, kann niemand sie uns geben, denn Wahrheit wird nicht gelernt, Wahrheit wird entdeckt.

In diesem Glauben begaben sich die Weisen des Ostens in die Einsamkeit und saßen in Meditation, um der Offenbarung die Gelegenheit zu geben, aufzusteigen. Zweifellos gibt es beim derzeitigen Lebensstil für uns kaum Zeit, in die Einsamkeit zu gehen. Aber das heißt nicht, dass wir weiterhin unwissend über das bleiben sollten, was das Beste in uns ist, denn alle anderen Schätze der Erde sind nichts im Vergleich zu der unermesslichen Glückseligkeit der Offenbarung; sie können nicht einmal damit verglichen werden. Offenbarung ist wie Aladdins Zauberlampe; wenn wir sie erst einmal entdeckt haben, wirft sie ihr Licht nach links und rechts und alle Dinge werden klar.

EINSICHT UND ERKENNTNIS I

Einsicht kann mit der Sichtweise verglichen werden, die wir beim Sehen durch ein Teleskop erhalten. Aus der Ferne können wir einen weiten Horizont erkennen, wenn wir aber nahe an den Dingen sind, bekommen wir einen begrenzten Horizont. Durch diesen engeren Horizont werden die Dinge klarer, weil wir sie im Detail erkennen. Bei einem weiteren Horizont erkennen wir die Details der Dinge nicht mehr, aber wir gewinnen einen größeren Überblick. Die gleiche Gesetzmäßigkeit gilt für die Einsicht. Wenn wir eine Person anschauen, bekommen wir einen kleinen Eindruck von ihrem Charakter, und wenn wir ein System betrachten, bekommen wir ein Gefühl für diese Anordnung.

Das Herz ist das Teleskop der Seele und die Augen sind das Teleskop des Herzens. So wie es die Augen sind, die sehen, wenn wir durch Brillengläser schauen, und nicht die Brillengläser, so sieht auch die Seele, wenn wir durch unser Herz und durch die Augen schauen. Die Augen haben nicht die Macht zu sehen; die Augen haben nur die Macht, der Seele beim Sehen zu helfen. Sobald die Seele scheidet, können die Augen nicht mehr sehen. So ist das Herz selbst ein Teleskop, das uns hilft, alles wahrzunehmen und zu begreifen, was wir erstreben. Und doch erkennt nicht das Herz, sondern die Seele.

So wie es kurzsichtige und weitsichtige Menschen gibt, so erkennen auch einige mit ihrem geistigen Auge die Dinge, die weit entfernt sind, aber sehen nicht, was in ihrer Nähe ist. Sie haben eine weite Sichtweise. Andere sind kurzsichtig. Sie sehen alles, was ihnen nahe ist, aber sie können nicht darüber hinaus sehen. Man sagt, es gäbe ein drittes Auge, das sieht. Das stimmt, aber manchmal schaut dieses dritte Auge durch die beiden Augen, und dann sehen die gleichen Augen klarer als sonst. Mithilfe des dritten Auges können unsere Augen die Wände der physischen Existenz durchdringen und in den Geist der Menschen sehen, in die Sprache der Menschen und sogar noch tiefer. Wenn wir anfangen zu sehen, bekommt für uns zunächst alles, was wir sehen, einen tieferen Sinn und eine höhere Aussagekraft als zuvor. Jede Bewegung, jede Geste, die Form, Charakterzüge, Stimme, Worte, Atmosphäre, der Blick, alles wird zum Ausdruck des Wesens und des Charakters einer Person. Weil sie dieses Geheimnis nicht kennen, wollen die Menschen Physiognomie, Phrenologie, Handschriftenkunde oder Handlesen lernen. Aber im Vergleich zu einer klaren Sicht sind all diese verschiedenen Wissenschaften begrenzt. Außerdem wird Charakterlesen nicht erlernt, es wird entdeckt. Es ist ein Sinn, der erwacht. Wir müssen es nicht lernen. Wir kennen es.

Dies ist die eine Form der Einsicht, doch es gibt auch noch eine andere, die Einsicht in Angelegenheiten. Das können geschäftliche Angelegenheiten, ein Zustand oder eine Lebenssituation sein; wenn die Sicht erst einmal klar ist, können wir die Situation erfassen. Denn was die Dinge des Lebens kompliziert werden lässt, ist ein Mangel an Wissen. Ein Problem kann ganz klein sein, aber wenn wir nichts darüber wissen, wird es zum schwersten und schwierigsten aller Probleme, einfach deshalb, weil wir es nicht verstehen können. Auch können wir ein Problem analysieren und durchdenken, ohne Einsicht wird es aber immer verwirrend bleiben. Die Entwicklung der Erkenntnisfähigkeit schenkt uns eine klare Sicht auf Situationen, Zustände und die Probleme des Lebens.

Die Fähigkeit des Sehens braucht eine Ausrichtung. Wenn wir zum Beispiel nach rechts oder links, vorn oder hinten schauen wollen, müssen wir unsere Augen ausrichten; diese Ausrichtung geschieht durch den Willen. Während der vierundzwanzig Stunden des Tages und der Nacht sehen wir vielleicht fünf oder fünfzehn Minuten unter Anleitung des Willens; all die andere Zeit schauen wir automatisch. Mit anderen Worten: Unsere Augen sind offen und unser Herz ist abhängig von allem, was gesehen werden kann. Es bekommt unbewusst all die verschiedenen Dinge mit, die die Augen und den Geist anziehen. Alles, was wir tagsüber und nachts sehen, ist nicht das, was wir sehen wollen, sondern das, wozu wir vom Leben um uns herum genötigt werden. Darum haben die Denker und Weisen des Ostens früher ihre Köpfe mit einem Umhang verhüllt, sodass sie nichts und niemanden sahen und sie ihren Blick kontrollieren konnten. Die Sufis hielten in alten Zeiten ihre Köpfe üblicherweise viele Jahre lang so verhüllt. Dadurch entwickelten sie eine solche Energie, dass ihr Blick einzig durch die Beherrschung des Sehens Felsen und Berge durchdringen konnte. Die Yogis aller Zeitalter haben nicht nur ihren Geist, sondern sogar ihre Augen trainiert, und dabei eine solche Stabilität ihres Blickes erreicht, dass sie ihren Blick auf alles, was immer sie wollten, richten konnten, um es zu erforschen oder zu durchdringen.

Die Augen sind also der Spiegel der Seele an der Oberfläche, und sie sprechen klarer, als Worte es vermögen. Für die, die lesen können, sind sie ein Hinweis für die Ebene der Entwicklung, auf der ein Mensch sich befindet. Die Menschen müssen nicht mit uns sprechen; ihre Augen sagen uns, ob sie etwas erfreut oder nicht, ob sie willig oder unwillig sind, oder ob sie sich zu etwas hingezogen fühlen oder nicht. Liebe oder Hass, Stolz oder Bescheidenheit kann in ihren Augen erkannt werden; selbst Weisheit und Dummheit, alles offenbart sich durch die Augen. Wer den Zustand und den Charakter in den Augen sehen kann, kann gewiss auch mit der Seele einer anderen Person kommunizieren.

Vor nicht allzu langer Zeit lebte in Hyderabad ein Murid, ein eher intellektueller Schüler, der gerne redete. Sein Lehrer war an seinen intelligenten Recherchen interessiert, und so ermutigte er ihn zu reden, obwohl es im Osten Sitte ist, dass die Schüler in Gegenwart des Lehrers schweigen. Eines Tages war der Lehrer in einem Zustand der Ekstase, und sein Schüler wollte, wie üblich, diskutieren und argumentieren, doch der Lehrer war zu diesem Zeitpunkt nicht einverstanden damit. Er sagte auf Persisch „Khamosh“, was Stille heißt. Der Schüler schwieg; er ging nach Hause und blieb still. Und niemand hörte ihn danach wieder sprechen, weder im Haus noch außerhalb; er sprach nirgendwo mehr. Die Jahre vergingen und der Mann schwieg weiter. Doch dann kam eine Zeit, wo seine Stille laut zu sprechen begann. Sein stiller

Gedanke manifestierte sich, und sein stiller Wunsch wurde erfüllt; sein stiller Blick heilte, sein stilles Schauen inspirierte. Seine Stille wurde lebendig. Die gesprochenen Worte hatten ihn die ganze Zeit wie tot sein lassen. Von dem Moment an, in dem seine Lippen verschlossen waren, begann die Stille in ihm zu leben. Seine Gegenwart wurde lebendig. In Hyderabad nannten ihn die Leute Schah Khamosh, den König der Stille, oder den stillen König. Ich will dadurch andeuten, dass alle Augen haben, aber es braucht lange Zeit, bis die Augen lebendig werden. Denn die Augen sehen nur bis hierher und nicht weiter. Wenn das Herz mit den Augen verbunden ist, kann es darüber hinaus sehen, und wenn die Seele durch beide schaut, sieht sie noch weiter.

Eine ganz andere Frage ist, wie wir die Augen dazu bringen, sich zu fokussieren. Wenn wir den Mond anschauen wollen, müssen wir zum Himmel schauen, anstatt auf die Erde; wenn wir also nach dem Himmel streben, müssen wir die Blickrichtung ändern. Hier machen viele einen Fehler. Im heutigen Westen, wo eine große Anzahl Studierender eifrig nach der Wahrheit Ausschau hält, gibt es viele unter ihnen, die speziell in dieser Sache fehlgeleitet sind; sie suchen im Außen, um das zu erkennen, was im Innern ist. Dies ist ganz natürlich: Da die Menschen alles, was sie wollen, im Außen suchen, suchen sie auch die innere Verwirklichung im Außen.

Wie können wir nach innen schauen und was werden wir dort sehen? Zunächst bedeutet für materielle Menschen „innen" im Innern des Körpers. Tatsächlich bedeutet „innen" aber nicht nur im Körper, sondern auch außerhalb des Körpers. Das kann anhand des Lichts im Innern einer Lampe erklärt werden: Das Licht ist in der Glaskugel, aber es ist auch außerhalb der Kugel. Genauso ist es mit der Seele; sie ist sowohl innen als auch außen. Auch mit dem denkenden Geist ist es so; er ist zugleich innen und außen. Beide sind nicht durch den Körper begrenzt. Mit anderen Worten: Das Herz ist größer als der Körper und die Seele ist noch größer. Und doch beherbergt das Herz die Seele und der Körper das Herz; das ist das größte Phänomen und sehr schwer, in Worten zu erklären.

Es gibt intuitive Zentren. Um in diese intuitiven Zentren zu schauen, müssen wir die Sicht nach hinten, nach innen wenden; dann können die gleichen Augen, die sonst nach außen schauen, nach innen schauen. Aber das ist nur ein Stadium des Sehens. Im anderen Stadium der Innenschau können wir nicht mit den Augen sehen; es ist unser Herz, das sieht. Und wenn wir fähig werden, auf diese Weise zu sehen, werden Schmerz und Vergnügen, Freude und Sorge jeder Person, die uns begegnet, im eigenen Herzen abgebildet; wir können sie tatsächlich sehen. Wir sehen sie sogar klarer, als unsere Augen sehen können. Doch das ist die Sprache des Herzens. Die Augen wissen nichts davon.

Die Weisen im Osten wurden oft Balakush genannt, was bedeutet: „Die, die einen Schluck von allen Schwierigkeiten getrunken haben." Sie sahen die Schwierigkeiten des Lebens als Wein an, den wir trinken müssen; wenn wir ihn trinken, sind sie verschwunden. Sie hatten keine Angst davor; sie wollten sich da nicht raushalten. Sie sagten: „Wenn wir zu einem bestimmten Zeitpunkt entkommen, wird es uns zu einem anderen Zeitpunkt treffen. So lasst es kommen, wie es ist, und lasst uns den Wein trinken."

Es war der Grundsatz sämtlicher Mahadevas, Derwische und der großen Fakire aller Zeiten: die Schwierigkeiten wie Wein zu trinken. Wenn wir mit dem Leben im Einklang sind, offenbart sich uns das Leben, denn dann ist das Leben unser Freund geworden. Zuvor waren wir ihm fremd. Die Einstellung macht einen großen Unterschied, und dieser Unterschied in der Einstellung macht einen Menschen spirituell oder materiell. Sonst muss nichts verändert werden, nur die Einstellung.

Die Lektion, die wir durch die Entwicklung der Einsicht lernen, ist, uns durch keinerlei Einflüsse mehr aus der Ruhe bringen zu lassen, sondern unter allen Umständen den Rhythmus des Lebens zu bewahren. Das ist schwer angesichts von Einflüssen, die dem Bewahren einer freundlichen Einstellung entgegenwirken. Und doch ist es, weil es so schwierig ist, eine große Errungenschaft. Wir müssen immer durch Schwierigkeiten gehen, um etwas Kostbares und Lohnenswertes zu erreichen. Wir müssen dafür auch nichts bezahlen; wir lernen, ohne dafür zu bezahlen. Es ist etwas, das wir im täglichen Leben üben können, denn wir sind von morgens bis abends inmitten misstönender

Einflüsse, die von allen Seiten kommen. So haben wir viel Gelegenheit, diese Lektion zu lernen: Freundlich gegenüber allen zu bleiben, allen Umständen mutig zu begegnen, und es mit allen Einflüssen aufzunehmen, die sich ergeben. Auf diese Weise wird größere Einsicht ins Leben erreicht.

Wenn unser Begriffsvermögen durch irgendetwas geklärt wird, dann sind es die Vernunft auf der einen und das Gefühl auf der anderen Seite. Ist in uns das Gefühl nicht erwacht, sind wir gleichzeitig wach und schlafen. Es ist nicht die Vernunft, die lebt, es ist das Gefühl. Viele denken, wenn das Gehirn arbeitet, sei das etwas Handfestes; sie nehmen sein Wirken in den Gefühlen nicht wahr. Aber in Wirklichkeit übernimmt das Gefühl den Part des Ingenieurs und das Gehirn ist wie der Mechaniker. Mechaniker können ohne Ingenieur nicht arbeiten, und so kann auch das Gehirn nicht ohne das Gefühl dahinter arbeiten. Beide sind notwendig, um die Einsicht klar werden zu lassen. Wenn wir unsere eigenen Vorstellungen und unsere eigenen Probleme nicht tief greifend verstehen, wie können wir dann die Probleme anderer verstehen? So entsteht keine Kommunikation zwischen zwei Menschen. Heute bedeutet Freundschaft oft nur ein professionelles Interesse; menschliche Beziehungen werden durch bestimmte Interessen gebildet, weltliche Interessen. Die Menschen wissen deshalb nicht, was Gefühl ist. Die Allianzen der Nationen, die Vereinigungen der Arbeiter, all dies wird aus Eigennutz gebildet. Ich bin dein Freund, wenn du meine Angelegenheiten schützt! Wenn also das Gefühl abstumpft, das allein göttlich im Menschen ist, das der Beweis und das Erkennungszeichen für das innere Wesen ist und die göttliche Erbschaft, dann kann selbstverständlich das, was das Leben auch immer sein mag, keine Zivilisation sein, auch wenn wir es zivilisiert nennen.

Eines Tages werden die Menschen ein volleres, ein vollständigeres Leben führen, mit hohen Idealen und großen Prinzipien – dann, wenn das Gefühl in den Menschen genauso erwacht ist wie die Vernunft. Wenn dieser Tag kommt, wird das Wissen spirituell und kein Buchwissen mehr sein. Wir können überall spüren – in Schulen, in Vereinigungen, in Klubs, in sämtlichen Berufen – dass die Menschen direkt oder indirekt nach Wissen suchen; sie spüren, dass es ein ursprüngliches Wissen gibt. Alle Menschen scheinen von ihrem Erleben enttäuscht zu sein. Wir können höchst erfolgreich in der Welt sein, das zählt nicht. Wir mögen reich sein, eine hohe Stellung innehaben, aber wir sind enttäuscht, wir sehnen uns nach etwas, das uns zufrieden macht. Was ist dies? Es ist nicht außen. Es ist in uns. Wir werden es an dem Tag finden, an dem wir in die Wirklichkeit des Lebens erwachen. Wenn wir erst einmal in die Wirklichkeit des Lebens erwacht sind, zählen alle anderen Dinge nur noch wenig. Worauf es ankommt, ist, dass wir klar verstehen, dass das, was uns zufrieden macht, im Innern liegt.

Außerdem öffnet sich eine andere Welt für unser Erleben, wenn das Herz zu leben beginnt. Denn im Allgemeinen nehmen wir in unserem täglichen Leben nur das wahr, was die Sinne empfangen können, und nichts darüber hinaus. Aber wenn wir einmal beginnen, die subtilen Gefühle des Herzens wahrzunehmen, leben wir in einer anderen Welt und gehen doch auf der gleichen Erde und leben unter der gleichen Sonne. Seien Sie deshalb nicht überrascht, wenn Sie Wesen finden, die in einer anderen Welt leben, während sie auf dieser Erde gehen. Es ist für uns Menschen so natürlich wie nur irgendetwas, in unseren Herzen zu leben, anstatt nur auf der Erde. Die Menschen im Osten nennen dies Sahib-i dil, die führenden Denker.

Und wenn wir noch tiefer nach innen gehen, beginnen wir in der Seele zu leben. Inspiration, Intuition, Vision und Offenbarung sind für solche Menschen ganz natürlich. Die Seele wird sich ihrer eigenen Welt bewusst. Und dies ist das Königreich, von dem es in der Bibel heißt: „Strebe zuallererst nach dem Königreich Gottes …“ Hier beginnt die Seele zu erkennen.

Und wir können noch mehr erkennen. Um dieses Stadium zu erreichen, müssen wir den Weg der Meditation unter der Führung einer wahrhaftigen Lehrerin, eines wahrhaftigen Lehrers gehen.

Zunächst müssen wir die Kontrolle über den Blick bekommen, als Nächstes die Kontrolle über die Gefühle und als Drittes die Kontrolle über das Bewusstsein. Sobald wir diese drei Dinge zustande bringen, können wir nach innen schauen.

Nach innen zu schauen hilft uns sehr dabei, nach außen zu schauen; nun beginnt sich die Energie, mit der unser Herz und unsere Augen aufgeladen sind, im Äußeren zu manifestieren. Und wer nach innen schaut, entdeckt, wenn er nach außen schaut, dass sich alles aus dem Inneren im Äußeren manifestiert. Unsere Wirkung ist dann heilsam und tröstend, erhebend und besänftigend. Auch wird unsere Sichtweise so durchdringend, dass nicht nur Menschen, sondern sogar Objekte uns ihr Wesen, ihren Charakter und ihr Geheimnis offenbaren.

EINSICHT UND ERKENNTNIS II

Einsicht hat verschiedene Aspekte: Sie besteht aus Eindruck, Intuition, Inspiration, Traum und Offenbarung.

Wie bekommen wir Eindrücke? Alle Eindrücke erreichen das Gehirn durch die Nervenzentren. Sie werden meist durch den Atem aufgenommen; damit ist aber nicht der Atem gemeint, den wir durch die Nasenlöcher aufnehmen. Sind wir fähig, einen echten Eindruck von einer Person zu bekommen, so müssen wir nicht darauf warten, wie sie sich entwickelt; wir erkennen es unmittelbar. Oft wissen wir beim ersten Blick, ob jemand uns freundlich oder unfreundlich gesonnen ist.

Wenn jemand kommt und zu mir sagt: „Ich bin sehr an Ihrer Philosophie interessiert, aber bevor ich ihr folge, muss ich sie erst studieren", dann kann er sie womöglich tausend Jahre lang studieren und trotzdem keine Erkenntnis daraus gewinnen. Es geht um den ersten Augenblick: Entweder sind Sie mein Freund oder nicht. Wenn sich zwei Menschen treffen, wird Vertrauen aufgebaut; wir brauchen nicht Jahre, um eine Freundschaft zu entwickeln.

Wir bekommen alle einen Eindruck, wenn wir eine bestimmte Person sehen oder eine bestimmte Situation anschauen. Vielleicht glauben wir diesem Eindruck nicht, aber er ist dennoch vorhanden. Der erste Eindruck sagt uns, ob wir Erfolg haben werden oder nicht, ob eine Person die richtige ist oder nicht, ob zwei Menschen Freunde werden oder nicht. Und wenn unsere Fähigkeiten sich entfaltet haben, können wir Eindrücke von Orten, Personen und Bedingungen gewinnen. Eindrücke kommen zu denen, deren Denken still ist. Wer aktiv denkt, kann keine Eindrücke aufnehmen, denn der denkende Geist ist wie Wasser: Wenn die Wasseroberfläche aufgewühlt ist, können wir keine

Spiegelung darin erkennen. Deshalb brauchen wir einen klaren Geist. Wie ist das gemeint? Nicht alles, was falsch genannt wird, ist notwendigerweise falsch; manche Dinge werden aufgrund einer bestimmten Moral, eines bestimmten Grundsatzes, der der mechanischen Aktivität des Geistes entspringt, falsch genannt. Wenn der denkende Geist von allen störenden Aktivitäten rein gehalten wird, wird er wie klares Wasser und kann ganz natürlich Eindrücke aufnehmen.

Der denkende Geist kann mit einer fotografischen Platte verglichen werden. Wenn darauf schon einige Eindrücke sind, passen keine weiteren Eindrücke darauf. Daher sollte das Denken von allen unerwünschten Eindrücken freigehalten werden, damit sich jeder Eindruck klar und deutlich zeigen kann.

Intuition geht noch tiefer, denn durch Intuitionen werden wir gewarnt. Wir fühlen intuitiv: Eines Tages wird mich diese Person betrügen oder sich gegen mich wenden; oder sie wird sich als treu und ernsthaft mir gegenüber erweisen, jemand, auf den man sich verlassen kann. Oder auch: In dieser bestimmten Angelegenheit werde ich Erfolg oder Misserfolg haben. Wir wissen es. Die Schwierigkeit besteht in der Unterscheidungsfähigkeit. Ist es die richtige Intuition? Das ist die große Frage. Denn sobald die Intuition auftaucht, erhebt sich auch die Vernunft, ihr großer Gegenspieler, und sagt: „Nein, so ist das nicht." Damit entsteht im Denken ein Konflikt, und es fällt uns schwer, uns für die eine oder andere Seite zu entscheiden, denn wir haben gleichzeitig zwei Gefühle. Wenn wir es uns zur Gewohnheit machen, die erste Intuition zu erfassen und sie davor bewahren, vom Verstand zerstört zu werden, dann bleibt die Intuition stärker und wir können sie nutzen. Es gibt viele intuitive Menschen. Sie können jedoch nicht immer klar zwischen Intuition und Verstand unterscheiden und verwechseln manchmal beide miteinander, denn häufig ist der zweite Gedanke, als der letzte, klarer als der erste. Dann wird die Intuition vergessen und die Vernunft erinnert. Wir nennen das dann Intuition, doch das stimmt nicht. Vernunft und Intuition sind zwei Gegenspieler, und doch haben beide ihren Platz, ihre Wichtigkeit, ihren Wert. Am besten wäre es, zunächst zu versuchen, die Intuition zu erfassen und sie als solche zu sehen, zu unterscheiden und zu erkennen, und sie erst dann zu durchdenken. Außerdem misstraut die Intuition denen, die sie anzweifeln. Mit anderen Worten: Der Zweifel wird zu einer Wand zwischen uns und unserer Intuition; das heißt, sobald die Intuition auftaucht, erscheint auch die Vernunft, und die Sicht wird verschwommen. Wir sollten Selbstvertrauen entwickeln. Selbst wenn wir uns ein-, zwei- oder dreimal irren, sollten wir weitermachen; mit der Zeit entwickeln wir Vertrauen in unsere Intuition, und dann können wir sie klar wahrnehmen.

Frauen sind intuitiver als Männer. Der Grund dafür ist, dass Frauen von Natur aus empfänglicher und mitfühlender sind; deshalb können sie die Intuition klarer empfangen. Häufig grübelt ein Mann und denkt nach und kommt doch zu keinem Ergebnis, wo eine Frau oder eine intuitivere Person augenblicklich Klarheit über eine bestimmte Frage, einen bestimmten Punkt gewinnt. Das kommt durch die Intuition. Die Intuition ist eine Fähigkeit des tiefgründig fühlenden Herzens, unabhängig davon, ob sie bei einem Mann oder einer Frau auftritt.

Manchmal scheint die Intuition von Hunden, Katzen oder Pferden klarer zu sein als die der Menschen. Sie wissen, wenn es einen Unfall oder einen Todesfall in der Familie geben wird. Sie wissen es vorher und warnen die Menschen. Aber die Menschen sind so emsig in ihre täglichen Beschäftigungen verstrickt, dass sie nicht auf die Intuition der Tiere reagieren. Im Osten glauben die Menschen, dass kleine Insekten von Geschehnissen wissen und diejenigen, die sie verstehen können, warnen, und das ist richtig. Daneben warnen Vögel immer vor Wind und Sturm oder vor Regen oder dem Ausbleiben des Regens. Die Menschen sind von Natur aus mit mehr Intuition ausgestattet, aber weil unser Denken hundertfach in Anspruch genommen wird, stumpfen unsere tiefen Gefühle im täglichen Leben so ab, dass wir die Existenz von Intuition oder Inspiration ignorieren. So werden auch diese Fähigkeiten stumpf und wir fühlen und wissen weniger als die Tiere. Der menschliche Körper ist ein Instrument, durch das wir Wissen über unser inneres Selbst, über Umstände, über andere und alle äußeren Dinge erhalten können.

Die Frage ist nun, wie wir die Fähigkeit der Intuition entwickeln können. Zunächst brauchen wir Selbstvertrauen. Ohne Selbstvertrauen können wir die Fähigkeit der Intuition nicht entfalten, denn sie wird umso stärker, je mehr wir an sie glauben. Wenn wir zweifeln und uns fragen: „Ist das eine Intuition, wird sie mir wirklich helfen, oder soll ich durch meine eigene Intuition getäuscht werden?", dann erzeugt der Verstand natürlich Verwirrung im denkenden Geist und die Intuition wird zerstört. Es gibt viele intuitive Menschen, deren Intuition nur durch diesen aufkommenden Zweifel im Denken, ob die Intuition richtig oder falsch sei, zerstört wurde. Jede Fähigkeit braucht Nahrung; wenn sie nicht genährt wird, verblasst sie und wird zerstört; wir können sie nicht mehr nutzen. Genauso verschwindet diese Fähigkeit auch durch zu schnelles Denken. Wenn wir an tausend Dinge in kurzer Zeit denken, wird der Geist zu aktiv und wir können keine Intuition mehr empfangen, die einen bestimmten Rhythmus braucht, eine gewisse Konzentration.

Ein weiterer Aspekt der Erkenntnis ist die Inspiration. Was ist der Unterschied zwischen Inspiration und Instinkt? Was wir in der niederen Schöpfung als Instinkt wahrnehmen, ist das Gleiche, was im menschlichen Geist in der Form von Intuition oder Inspiration wirkt. Wir könnten sagen, dass aus biologischer Sicht die niederen Lebewesen mit gewissen Instinkten geboren werden, wie Fluchtverhalten oder Selbstverteidigung mit Hörnern oder Bissen. All ihre Fähigkeiten sind angeboren. Sie sind nicht nur das Erbe ihrer Ahnen, sie treten nicht nur in ihrer Familie auf, sondern sie entstammen ihrem innersten Wesen, dem Geist. Durch diesen Geist erhalten alle Lebewesen Führung in der Form von Neigungen. Heute, wo die Wissenschaft wächst und Materialismus herrscht, vergessen die Menschen ihre Erbschaft aus der spirituellen Sphäre und schreiben alles Wissen und alle Erfahrung der materiellen Existenz in der physischen Welt zu. Auf diese Weise versagen wir uns jene Geschenke, die wir unser Eigen nennen könnten und ohne die wir kein erfüllendes Leben führen können.

Inspiration kommt zu Dichtern, Schriftstellerinnen, Erfindern und Wissenschaftlerinnen. Woher kommt sie, was ist ihr Ursprung? Und warum kommt die Inspiration der Musiker nicht zum Dichter, warum die Inspiration der Dichterinnen nicht zu den Musikerinnen? Wie erreicht sie die Person, der sie zukommt? Der Grund dafür ist, dass es einen Geist hinter allen denkenden Geistern gibt. Es gibt ein Herz, das der Ursprung aller Herzen ist, und es gibt einen Geist, in dem sich alles Wissen, das je ein Lebewesen hatte, sammelt und zusammenschließt. Keine Erkenntnis und keine Entdeckung, die irgendwann einmal gemacht wurde, ist verloren. Sie häufen sich an und sammeln sich alle in diesem Geist wie in einem ewigen Speicher. Dies wird von den Sehenden als göttlicher Geist erkannt. Aus diesem Geist können alle Visionen bezogen werden. Der Geist der Dichter ist natürlicherweise in Ekstase, weshalb sie vom göttlichen Geist erleuchtet werden. Aus dem göttlichen Geist manifestiert sich alles, was gebraucht wird. Es kann geschehen, dass ein Dichter sechs Monate lang uninspiriert an einem Gedicht arbeitet, und es stellt weder den Dichter noch die anderen zufrieden, die es als mechanisch empfinden. Andere wiederum werden in einem Augenblick inspiriert und schreiben es nieder. Sie könnten niemals korrigieren, was sie geschrieben haben; sie können es nie verändern. Niemand kann es verändern. Wenn es verändert wird, wird es verdorben. Es ist etwas, was spontan auftritt und vollendet in sich ist, ein Kunstwerk, ein Beispiel für Schönheit, und es kommt so leicht. Das ist Inspiration.

Viele haben versucht, inspirierte Menschen zu imitieren, sowohl in der Dichtkunst als auch in der Wissenschaft. Sie versuchten es, aber sie konnten niemals die Vollendung erreichen, die da in einem einzigen Augenblick durchkam. Und diejenigen, die inspiriert wurden, haben nie danach gesucht, es kam einfach in einer Stimmung. Alles, was aus Inspiration geboren wird, lebt; es behält seinen Wert. Im Osten gibt es Dichter wie Rumi aus Persien oder Kalidasa aus Indien; und noch heute, nach Tausenden Jahren, werden ihre Schriften von Menschen gelesen; sie veralten nie und die Menschen werden ihrer nicht überdrüssig. So ist es auch bei Shakespeare. Er kreierte eine lebendige Welt. Je länger die Zeit verstreicht, umso lebendiger wird sie und umso mehr wird sie geschätzt. Sie lebt ewig. Das ist das Wesen der Inspiration; sie kommt nur zu denen, deren Geist still ist und deren Gedanken von der Schönheit dessen, worüber sie nachsinnen, absorbiert wird. Der Geist der Musiker, die wenig von der Welt außerhalb der Musik wissen, ist konzentriert und fokussiert auf die Schönheit ihrer Kunst. Sie werden die Inspiration ganz natürlich anziehen. Genauso bei Dichtern. Wenn der Geist aber in tausend Dingen verfangen ist, ist er nicht fokussiert und kann keine Inspiration empfangen.

Wie wird Inspiration entwickelt? Durch Konzentration. Inspirierte Dichter fixieren ihr Denken ganz auf die Idee, die sie ausdrücken wollen; sie schwimmen sozusagen in ihrer Schönheit; ihr Geist ist gebündelt und die Inspiration kommt automatisch zu ihnen. Wenn wir uns allerdings um Inspiration bemühen, wenn wir sie herbeiziehen wollen, kommt sie nicht zu uns; sie gehört uns nicht. Wir müssen in der Idee schwimmen und unser Herz mit deren Schönheit verschmelzen. Wir müssen so positiv auf diesen Geist der Schönheit fokussiert sein, dass die Inspiration ganz natürlich in uns hineinfließt.

Der Traum oder die Vision sind andere Aspekte des Erkennens. Oft meinen die Menschen, dass ein Traum eine automatische Aktion des denkenden Geistes ist. Aber das stimmt nicht immer. Keine Bewegung im Geist ist sinnlos. Hinter jeder Bewegung und Aktion steckt eine Bedeutung. Jede Bewegung zielt auf etwas ab, ob mit oder ohne Absicht. Und es gibt keine Bewegung, keine Aktion, die nicht irgendeinen Ursprung hat.

Es gibt drei Sorten von Träumen. Bei der ersten nimmt die Person wahr, wie ihr Denken den gleichen Spuren folgt wie am Tag, und sie sind Hinweise auf die Vergangenheit, Gegenwart oder Zukunft. Dann gibt es eine andere Art Traum, in dem der Geist in allem genau das Gegenteil von dem sieht, was passieren wird. Und es gibt eine dritte Art von Traum, in dem wir etwas aus der Vergangenheit oder Zukunft sehen, wie es tatsächlich geschah oder geschehen wird. Das weist darauf hin, dass alles in der materiellen Welt zunächst auf den inneren Ebenen geformt und dann im Traum vom Geist registriert wird. Wenn wir konzentriert sind, erkennen wir die Geschehnisse klarer.

Es gibt auch ein Stadium des Traums, in dem wir Visionen sehen. Dies geschieht in einem meditativen Zustand. Eine Vision ist ausdrucksstärker und vermittelt sich besser; sie könnte eine Warnung für die Zukunft enthalten, oder uns wird eine Begebenheit aus der Vergangenheit gezeigt. In der Vision können wir noch weiter gehen und mit der unsichtbaren Welt kommunizieren. Aber Visionen haben nur diejenigen, die mit dieser Fähigkeit geboren wurden oder die diese Fähigkeit des Geistes entwickelt haben, indem sie gelernt haben, sich vollständig zu konzentrieren.

Ein Traum kann symbolisch sein und dies ist die interessanteste Art von Träumen. Je größer die Persönlichkeit, desto subtiler ist der Symbolismus ihrer Träume. Wenn wir grob sind, ist auch der Symbolismus grob. Je weiter wir entwickelt sind, desto feiner, künstlerischer und subtiler wird der Traum werden. Für Dichter werden die Symbole zum Beispiel poetisch sein, Träume von Musikern werden musikalische Symbole aufweisen, und in den Träumen von Künstlern werden Symbole aus der Kunst auftauchen.

Im realistischen Traum sehen wir, was tatsächlich geschehen wird. All das, was wir Zufall nennen, ist nur unsere Wahrnehmung; weil wir es nicht vorher wussten, nennen wir es Zufall. Das gibt uns auch Einblick in das, was wir Schicksal nennen. Es gibt jedoch einen Plan; alles ist durchgeplant und dem Geist und jenen, die es erkennen können, im Vorhinein bekannt. Es gibt Weise, die wissen von ihrem Tod ein Jahr im Voraus. So etwas wie Zufall gibt es nicht. Wenn wir es nicht wissen, bedeutet das nur, dass wir es nicht erkennen, nicht sehen; aber es ist da.

Offenbarung ist noch größer. Sie ist die Vollendung des Erkennens. Wenn wir Offenbarungen bekommen, zeugt das von einer höheren Entwicklung, und es beginnt, wenn wir im Einklang mit allen und allem und mit allen Umständen sind. Aber um in dieses Stadium zu kommen, müssen wir uns entsprechend entwickeln. Das Herz muss auf die Stufe und die Tonlage gestimmt sein, in der wir mit Personen, Objekten und Umständen Übereinstimmung spüren. Wenn wir zum Beispiel ein

Klima nicht vertragen, so heißt das, dass wir nicht in Harmonie mit diesem Klima sind; wenn wir mit Menschen nicht auskommen, dass wir nicht in Harmonie mit ihnen sind; wenn wir mit bestimmten Sachen nicht weiterkommen, dass wir nicht in Harmonie mit diesen Sachen sind. Wenn die Umstände schlimm erscheinen, zeigt dies, dass wir nicht in Harmonie mit diesen Umständen sind.

Die Heiligen und Retter der Menschheit hatten Offenbarungen. Es sind nicht nur Geschichten, wenn wir hören, dass Heilige mit den Bäumen und Pflanzen in der Wildnis sprachen, dass sich eine Stimme aus dem Meer erhob und der Heilige sie hörte, dass Meister mit der Sonne, dem Mond und den Sternen sprachen. Denn je tiefer wir ins Leben eintauchen, desto stärker sind wir davon überzeugt, dass alles lebt, ob nun Wesen oder Objekte, ob Kunst oder Natur; was auch immer wir sehen, was immer wir durch unsere Sinne wahrnehmen, was wir berühren können, alles, was uns verständlich ist. Vielleicht wird es von niemand anderem gesehen oder erkannt, doch alles ist miteinander verbunden und kommuniziert. Wenn wir einmal anfangen, mit der Natur und mit der Kunst zu kommunizieren, haben wir den Beweis dafür, denn dann fängt alles an zu sprechen. Wie der große persische Dichter Sa'di sagte: „Wenn das Herz erst einmal offen ist und gelernt hat zu lesen, wird jedes Blatt auf einem Baum eine Seite im Buch des Lebens."

Wenn Offenbarungen beginnen, brauchen wir uns nicht mehr zu unterhalten; noch bevor geredet wird, wissen wir, was die anderen sagen wollen. Uns wird der Zustand all derer offenbart, die uns begegnen, als würden wir einen Brief lesen. Vielleicht spricht jemand mit uns, doch wir erkennen ohne das gesprochene Wort. Das ist kein Gedankenlesen, keine Telepathie, keine Psychometrie oder Hellsichtigkeit, wie die Menschen oft denken. Offenbarung besteht aus allen erdenklichen Phänomenen. Was ist sie also? Sie ist die voll ausgereifte Inspiration. Wenn die Fähigkeit der Intuition voll ausgebildet ist, erhalten wir Offenbarungen. Alle nicht sprechenden Kreaturen und stummen Dinge fangen an zu sprechen. Denn was sind Worte? Sind sie nicht Hüllen über einer Idee? Kein Gefühl kann jemals in Worten ausgedrückt, keine Idee vollständig in Verse gefasst werden. Ein wahrhaftiger kurzer Einblick in die Ideen und Gefühle kann nur auf der Ebene gewonnen werden, die selbst Gefühl ist.

Offenbarung hängt von der Reinheit des Denkens ab. Oft sind die weltlich Weisen nicht wirklich weise. Intellektualität ist eine Sache, Weisheit eine andere. Nicht alles erlernte Wissen aus Büchern und aus den Erfahrungen der Welt, die im Geist als Wissen zusammengetragen werden, ist Weisheit. Wenn das innere Licht auf dieses Wissen geworfen wird, dann bildet sich aus dem Wissen des äußeren Lebens und des inneren Lichts vollkommene Weisheit. Diese Weisheit ist es, die uns auf dem Pfad des Lebens führt.

Diejenigen, die Offenbarungen empfangen haben, gaben uns heilige Bücher wie die Bibel, den Qur'an, die Bhagavad Gita; Hunderte und Tausende Jahre sind vergangen und ihre heiligen Lehren blieben bis heute lebendig. Und doch müssen wir wissen, dass das, was diese Schriften uns in Form von Predigten und Lehren geben, eine Interpretation der lebendigen Weisheit ist, die nicht vollständig in Worten ausgedrückt werden kann. Wir können dieses lebendige Wissen nur kennenlernen, wenn wir es selbst erleben, indem wir unser Herz öffnen. Dann ist der Zweck des Lebens erfüllt.

BEWUSSTSEINSERWEITERUNG

Bewusstsein ist Intelligenz; Intelligenz ist die Seele; die Seele ist der Geist, das innere Wesen, und der Geist ist Gott. Bewusstsein ist also das göttliche Element, der göttliche Teil in uns. Durch unser Bewusstsein werden wir klein oder groß, steigen auf oder stürzen ab, werden eng oder weit. In der griechischen Mythologie und auch anderswo finden wir die Flügel des Adlers als Symbol für Bewusstsein. Sind die Flügel geöffnet, so symbolisiert das die Erweiterung des Bewusstseins, wir könnten es auch die Entfaltung der Seele nennen. Welchen Weg wir auch einschlagen, um auf der spirituellen Reise voranzuschreiten, ob Religion, Okkultismus, Philosophie oder Mystik, es geht immer um die Erweiterung des Bewusstseins.

Was ist Bewusstsein? Wenn wir von einer „geladenen Pistole" sprechen, dann meinen wir damit, dass eine Kugel in der Pistole ist. Bewusstsein bedeutet geladene Intelligenz, Intelligenz, die mit Wissen aufgeladen ist, mit Eindrücken, die Ideen enthalten. Wenn wir von bewegten Bildern sprechen, wo sind diese dann? Auf der Leinwand; wir sehen aber die Leinwand nicht, wir sehen bewegte Bilder. Bewusstsein ist reine Intelligenz, die mit einer Idee getränkt ist, die sich von etwas bewusst ist. Und was ist Intelligenz? Intelligenz ist die Seele. Wir können keine andere Spur der Seele finden als die der Intelligenz. Oft sagen Menschen, die das nicht verstehen, der Sitz der Seele sei im Herzen oder in der rechten oder linken Körperhälfte zu finden; in Wirklichkeit jedoch gibt es etwas, das diesen Sitz viel besser beschreibt als die Körperhälften des Menschen, und das ist Intelligenz.

Eine Geschichte erklärt den Unterschied zwischen der Idee des universellen oder allgemeinen Bewusstseins gegenüber dem individuellen Bewusstsein: Es gab einen Magier, der sich vorstellte, flüssig zu sein; eine Flüssigkeit, die auf- und absteigt und ins Meer fließt. Weiter stellte er sich vor: „Jetzt bin ich fest“ – Atome, die zusammengeballt sind. Er gefror und wurde zu Eis. Dann dachte er: „Ich bin nicht so kalt. Ich kann versuchen, stabil zu bleiben und nicht zu schmelzen.“ Und er wurde zu Stein. Als Nächstes sagte er sich: „Jetzt will ich mich wandeln. Ich will nicht mehr Stein bleiben“, und er wurde zu einem Baum. „Aber“, sagte er sich, „ich bewege mich noch nicht, ich arbeite nicht.“ Und er wand und bewegte sich und wurde ein Insekt. Der Magier dachte weiter: „Wie hilflos ist das Leben eines Insekts! Ich würde gern spielen und singen!“, und er verwandelte sich in einen Vogel. Dann sagte er: „Ich will dichter und gröber werden und mich intelligenter fühlen“, und wurde zu einem Säugetier. Schließlich sagte er zu sich: „Ich will auf meinen Hinterbeinen stehen und meine Wirbelsäule strecken“, und er wurde zum Menschen.

Das ist das Phänomen dieses Magiers, der etwas wollte, sich etwas vorstellte, und dieses dann wurde. Man findet diese Idee auch in den Schriften. Im Qur‘an steht: „Sei, und es wurde.“ Das war das, was der Magier machte: Das, dessen er sich bewusst war, das wurde er. Zunächst war da das Bewusstsein, und dann wurde die darin enthaltene Idee zu einem Gebilde.

Es gibt aber noch eine andere Frage: Wenn der Magier so machtvoll war, etwas zu denken und sich dadurch dahinein zu verwandeln, warum blieb er sich dann selbst verborgen? Nun, wenn wir sagen: „Ich würde gern ausruhen und einschlafen“, so verlieren wir natürlich unsere Handlungsfähigkeit. Die Verwandlung in ein Gebilde setzte dem Bewusstsein, ob göttlich oder universell, Grenzen, und diese Begrenzung nimmt ihm das Bewusstsein von sich selbst. Dies ist die tiefste Tiefe der Metaphysik. Als das Bewusstsein zum Beispiel dachte: „Ich werde mich in einen Stein verwandeln. Ich bin ein Stein“, wurde es zu Stein. Das Bewusstsein verlor dabei nicht seine flüssige Beschaffenheit, aber die Intelligenz wusste nichts mehr von ihrer eigenen Existenz. Und dennoch: Was war es, das zu Stein wurde, als der Magier dachte: „Ich werde Stein.“ Nur ein kleiner Gedanke des Magiers. Nur wegen dieses Gedankens konnte er sich nicht selbst ausdrücken und nicht mehr auf die Art und Weise fühlen, wie er im Zustand des Magiers fühlen konnte. Als er sich in einen Fels verwandelte, fühlte er nicht mehr durch dieses Denken. Er fühlte gar nichts.

Je besser wir diese Idee verstehen, desto klarer werden wir erkennen, dass Bewusstsein in zwei verschiedenen Aspekten betrachtet werden muss. Einerseits ist das Bewusstsein in den dichten Formen der Schöpfung, wie in Bergen, Felsen, Bäumen, Pflanzen, Erde und Meer vergraben; andererseits jedoch ist das Bewusstsein, selbst in diesen dichten Formen, darauf ausgerichtet, hervorzubrechen, sich selbst auszudrücken. Wir können diese Ausrichtung erkennen, wenn wir mit der Natur in Berührung kommen. Diejenigen, die vor Felsen sitzen, in Berghöhlen oder Wäldern, und die sich frei von den Sorgen, Ängsten und Schwierigkeiten der Welt mit der Natur verbinden, erleben beispielsweise zunächst eine Art Frieden und Ruhe. Als Nächstes erfahren sie eine Art Kommunikation zwischen sich und der Natur. Und was drückt die Natur ihnen gegenüber aus? In jeder Aktion, im Auf und Ab der Wellen, im Aufwärtsstreben der Berge, in der eleganten Bewegung der Äste eines Baumes, im Wehen des Windes und im Flattern der Blätter, jede kleine Bewegung der Natur scheint ihnen etwas zuzuflüstern. Das ist das Bewusstsein, das hervorbrechen will; es will sich durch Bäume und Felsen, durch Wasser und Pflanzen entfalten und ausdrücken; denn es ist nicht tot, sondern es lebt, auch wenn es im Fels, im Baum, in der Pflanze, im Wasser, in der Erde und in der Luft verborgen ist. Jedes lebendige Wesen versucht zu kommunizieren und sich verständlich zu machen. Es versucht zu kommunizieren und bemüht sich viele Jahre lang, durch dieses dichte Gefängnis zu brechen, sich auf seine ursprüngliche Quelle hin zu entwickeln, genau wie der Magier, der sich mit Gewalt seinen Weg bahnen wollte, um da herauszukommen und sich selbst zu erkennen. Und in was verwandelte er sich? In einen Menschen.

Die Sufis sagen: „Gott schlief im Felsen, träumte im Baum, wurde sich im Tier bewusst, aber im Menschen suchte und erkannte Gott sich Selbst.“ Das bezeichnet den Hauptzweck des Menschen deutlich:

Welchen Beruf wir auch ausüben, was uns gefällt, was auch immer wir verehren, es gibt nur das eine Motiv, das sich entfalten will, und das heißt zu spüren: „Wie großartig und wunderbar ist, was ich geschaffen habe! Und wie herrlich, dass ich es sehen und erkennen kann!“ Dies ist die Ausrichtung einer jeden Seele. Ob jemand nun spirituell werden will oder nicht, unbewusst strebt jede Seele nach ihrer Entfaltung.

Was das menschliche Bewusstsein betrifft: Natürlich schränkt sich das Bewusstsein ein, wenn es sich in ein Gebilde verwandelt. Auch wenn das Bewusstsein der Menschen im Vergleich mit dem der Bäume, Pflanzen, der Felsen und Berge voll erwacht ist, so ist doch nicht jeder Mensch erwacht; die meisten sind noch in Gefangenschaft. Rumi sagt im Masnavi: „Der Mensch ist in einem Gefängnis eingesperrt“, und all unsere Anstrengungen, jeder unserer Wünsche ist darauf ausgerichtet, auszubrechen, um die Inspiration, die Größe, die Schönheit, das Glück und den Frieden zu erleben, die unabhängig von den weltlichen Dingen sind.“

Wir kommen alle früher oder später dorthin, doch es ist eine ständige Sehnsucht; ob nun weise oder närrisch, wir sehnen uns bewusst oder unbewusst alle danach. Manche von uns sind vielleicht sehr interessiert an sich selbst, ihrer Gesundheit, ihrem Verstand, ihren Gedanken oder Gefühlen oder ihren Angelegenheiten; ihr Bewusstsein reicht nicht über diesen kleinen Horizont hinaus. Das heißt nicht, dass das an sich nicht richtig ist. Sie nehmen dann genau diesen Raum im Wirkungsbereich ihres Bewusstseins ein. Andere haben sich selbst vergessen. Sie sagen: „Ich liebe meine Familie und meine Freunde.“ Ihr Bewusstsein ist größer. Wieder andere sagen: „Ich arbeite für meine Mitbürger, für mein Land, die Kindererziehung meines Landes, für die Gesundheitsversorgung der Menschen in meiner Stadt.“ Deren Bewusstsein ist noch größer. Es bedeutet nicht wirklich, dass ihr Bewusstsein größer ist, aber sie nehmen einen größeren Raum im Wirkungsbereich ihres Bewusstseins ein. Und so ist es nicht überraschend, wenn ein Dichter wie Nizami sagt: „Wenn das Herz groß genug ist, kann es das ganze Universum beinhalten.“ Ein solches Bewusstsein ist so immens, dass das Universum im Vergleich dazu klein ist. Der Wirkungsbereich eines solchen Bewusstseins ist das Absolute.

Es ist nicht so, dass aus den Menschen ein Stück Bewusstsein herausgeschnitten würde, aber die Menschen beanspruchen nur einen bestimmten Horizont, er geht jeweils so weit, wie sie sich ausdehnen können. Deshalb sind wir äußerlich individuell, aber in Wirklichkeit können wir nicht benennen, was wir sind.

Diese Idee steht auch hinter dem Bibelvers: „Seid vollkommen, wie Euer Vater im Himmel vollkommen ist.“ Das bedeutet, dass das uneingeschränkte Bewusstsein ein Zeichen für Vollkommenheit ist und wir nicht davon ausgeschlossen sind. Wir alle leben und bewegen uns darin. Aber wir nehmen nur so viel Horizont ein, wie in unserem Bewusstsein ist, oder dessen wir uns bewusst sind. Das sagt uns, dass sich jedes Individuum in einer eigenen Welt bewegt; und die Welt einiger ist dabei so groß wie ein Linsenkorn, die Welt anderer hingegen so groß wie die ganze Welt. Äußerlich hingegen sind alle Menschen mehr oder weniger gleich groß, einige ein bisschen größer als andere. In der inneren Welt gibt es jedoch keinen Vergleich dafür, wie unterschiedlich Menschen sein können. In den Welten der Menschen gibt es so viele Varianten, wie es Lebewesen zwischen Ameisen und Elefanten gibt.

Wie verhält es sich nun mit dem, was in den Schriften Himmel und Hölle genannt wird. Was ist das? Himmel und Hölle sind unsere Welt, unser Bewusstsein, in dem wir Tag für Tag und Jahr für Jahr leben, und das in der anderen Welt weitergeht. Wir erleben heute und jetzt, wozu wir unsere Welt auch immer gestaltet haben. Und wenn die Propheten sagen, dass nach dem Tod alles sichtbar werden wird, so heißt das nur, dass wir, dermaßen absorbiert von der äußeren Welt, uns in dieser Erdensphäre unserer eigenen Welt so wenig bewusst sind, dass wir nicht wissen, welche Welt wir in uns selbst erschaffen haben. Wir werden in der äußeren Welt so sehr beschäftigt, von unseren Wünschen, Ambitionen und Bestrebungen, dass wir unsere eigene Welt kaum kennen, ähnlich den Menschen, die in der Fabrik arbeiten: Sie sind nachts müde, und wenn sie nach Hause kommen, lesen sie ihre Zeitung.

So geht es uns allen. In unserem Leben gibt es so viel Attraktives in der äußeren Welt, Tausende von Anzeigen und Geschäfte, die elektrisch funkeln. Die Zeit wird kommen, da unsere Augen für die äußere Welt, die all unser Denken beschäftigt, geschlossen werden, damit wir uns der Welt im Inneren bewusst werden. Das ist die Bedeutung der Aussage in den Schriften: „Sie werden vorfinden, was sie erschaffen haben." Wir brauchen nicht zu fragen: „Was wird morgen aus mir werden?" Wenn wir fähig sind, unsere Achtsamkeit auf unser Inneres zu richten, können wir erkennen, was in unserem Bewusstsein ist, woraus es besteht, was es beinhaltet. Dann wissen wir heute schon, was uns im Jenseits erwartet.

Die Sufis aller Zeitalter haben ihr Bestes getan, um ihr Bewusstsein zu trainieren. Wie haben sie es trainiert? Zunächst wird es in der Fähigkeit der Analyse ausgebildet, und dann in der der Synthese. Die Analyse versucht das eigene Bewusstsein, mit anderen Worten, das eigene Gewissen zu erforschen und zu untersuchen. Wir befragen unser Gewissen, indem wir uns an es wenden: „Mein Freund, all mein Glück hängt von dir ab, genau wie mein Unglück. Wenn dich etwas erfreut, bin ich glücklich. Nun sag mir ehrlich, ob das, was ich mag und was ich nicht mag, deine Zustimmung findet." Wir sollten mit unserem Gewissen sprechen, als würden wir zu einem Priester gehen, um die Beichte abzulegen: „Schau, was ich getan habe. Vielleicht ist es falsch, vielleicht auch richtig; du kennst es und hast deinen Anteil daran; es beeinflusst dich, und dein Zustand ist mein Zustand, deine Erkenntnis meine Erkenntnis. Nur wenn du glücklich bist, kann auch ich glücklich sein. Ich will dich also glücklich machen; wie kann ich das?" Sofort wird eine lenkende Stimme aus dem Gewissen aufsteigen: „Du solltest das tun und das nicht; dies sagen und nicht jenes. Du solltest so handeln und nicht auf diese Weise." Und das Gewissen kann dich besser führen als irgendein Lehrer oder Buch. Es ist ein lebendiger Lehrer, der uns in unserem eigenen Gewissen erwacht ist. Die Aufgabe der Gurus, Lehrer und Murshids besteht darin, das Gewissen des Schülers zu erwecken; zu klären, was unklar und verwirrt war.

Manchmal nehmen diese eine solch wunderbare und sanfte Verhaltensweise an, dass selbst der Schüler sie nicht erkennt. Einmal ging ein Schüler zu einem Lehrer und sagte: „ Wollen Sie mich als Schüler annehmen?“ Der Lehrer schaute ihn zunächst an und sagte dann: „Ja, mit großer Freude.“ Aber der Mann antwortete: „Denken Sie noch einmal darüber nach, bevor Sie Ja sagen. Es gibt viele schlechte Dinge in mir.“ –„Welche schlechten Dinge?“ Der Mann antwortete: „Ich trinke gern.“ Der Lehrer: „Das macht nichts.“ – „Und ich spiele auch gern.“ – „Das macht nichts.“ „Aber“, sagte der Mann wieder, „es gibt noch viel mehr, es gibt zahllose Dinge.“ Der Lehrer erwiderte: „Das macht nichts.“ Der Mann war sehr glücklich. „Nachdem ich nun allerdings“, sagte der Lehrer, „all die schlechten Dinge, von denen Sie gesprochen haben, außer Acht gelassen habe, müssen Sie einer einzigen Bedingung zustimmen: Tun Sie nichts von all dem, was Sie als falsch ansehen, in meiner Gegenwart.“ Der Schüler meinte: „Das ist leicht“, und ging davon.

Tage und Monate gingen vorüber, und dieser Schüler, der sehr tief, fortgeschritten und eifrig war, kam strahlend zurück. Seine Seele entfaltete sich zu jedem Augenblick des Tages und er war glücklich, seinem Lehrer danken zu können. Der Lehrer fragte: „Nun, wie erging es Ihnen?“ – „Sehr gut“, antwortete der Schüler. „Haben Sie die Übungen gemacht, die ich Ihnen aufgab?“ – „Ja, sehr gewissenhaft.“ – „Und was ist mit Ihren Angewohnheiten, was geschah an den verschiedenen Orten, zu denen Sie gingen?“, fragte der Lehrer weiter. „Nun“, antwortete der Schüler, „ich habe oft versucht, zu spielen oder zu trinken, aber wann immer ich losging, sah ich Sie. Sie haben mich nicht in Ruhe gelassen; wann immer ich trinken wollte, sah ich Ihr Gesicht vor mir. Ich konnte es nicht tun.“

Das ist die sanfte Art, wie Lehrer ihre Schüler behandeln. Sie sagen nicht: „Du sollst nicht trinken und nicht spielen“; niemals. Die wunderbare Art des Lehrers ist, ohne Worte zu lehren; jemanden zu korrigieren, ohne irgendetwas zu sagen. Was der Lehrer sagen will, sagt er ohne zu sprechen: Wenn er es in Worte fasst, ist es verloren.

Und dann ist da noch das höchst wichtige Thema der Bewusstseinserweiterung. Es kann sich in zwei Richtungen oder Dimensionen ausdehnen. Die eine Dimension ist nach außen, die andere nach innen. Eine Dimension wird als waagerechte, die andere als senkrechte Linie dargestellt. Beide Dimensionen zusammen ergeben ein Kreuz, das Symbol für die christliche Religion. Aber vor der christlichen Religion bestand es schon in Ägypten und Tibet; auch in den alten buddhistischen und tibetischen Symbolbildern finden wir bereits das Kreuz.

Um uns nach innen auszudehnen, schließen wir die Augen und ziehen das Denken von der äußeren Welt ab – anstatt uns nach außen zu richten, richten wir uns nach innen. Die Seele erstreckt sich nach außen, oben und nach vorn, zur Seite und nach hinten oder in einer Ellipse. Sie ist wie die Sonne; ihr Licht strahlt in alle Richtungen, wohin sie auch immer Lichtströme hinsendet. Genauso sendet die Seele Ströme durch alle fünf Sinne. Aber wenn die fünf Sinne kontrolliert werden, wenn der Atem nach innen gerichtet wird, hören die Ohren nicht mehr und der Mund spricht nicht mehr. Denn die fünf Sinne sind nach innen gerichtet. Wurden die Sinne einmal mithilfe der Meditation verschlossen, wendet sich die Seele, die daran gewöhnt war, sich nach außen zu erstrecken, nach innen; so gewinnen wir von der inneren Welt auf die gleiche Weise Kraft und Erfahrung, wie wir sie früher von der äußeren Welt gewannen. Und so kann sich die Seele immer weiter nach innen ausdehnen, so weit, bis sie ihren Ursprung erreicht hat, den Geist Gottes. Das ist die eine Art, der Weg nach innen.

Und dann gibt es noch die Art, sich nach außen zu richten; wir erweitern uns dabei durch die Veränderung der Sichtweise. Weil wir begrenzt sind, ist unsere Sichtweise begrenzt. Wir denken: „Ich bin anders, die anderen sind anders." Wir machen unsere eigenen Wahrnehmungen zu Barrieren. Wenn wir mit den Seelen aller Menschen, aller Lebewesen kommunizieren und leben würden, würde sich unser Horizont natürlich so ausweiten, dass wir die Sphäre des Unsichtbaren in Besitz nehmen würden. Auf diese Weise wird spirituelle Vollkommenheit erreicht. Mit anderen Worten: Spirituelle Vollkommenheit ist die Erweiterung des Bewusstseins.

Was ist kosmisches Bewusstsein, was ist das Wesen dieses Zustandes? Es ist ein Zustand, der nicht gut mit Worten beschrieben werden kann. Soll eine Erklärung versucht werden, dann höchstens die: Wenn wir ganz sehen, hören wir nicht, und wenn wir ganz hören, sehen wir nicht. Auf diese Weise funktioniert jedes Sinnesorgan nur dann vollständig, wenn einzig dieser Sinn aktiv ist. Wenn wir eine Person sehen, während diese gleichzeitig mit uns spricht, sehen wir sie nicht vollständig. Ich kannte ein Kind, das sehr an Musik interessiert war. Es schloss immer die Augen, wenn Musik gespielt wurde; nur dann konnte es das Hören ganz genießen. Musik zu hören, während wir Limonade trinken und Eiscreme essen, ist etwas anderes.

Der Zustand der Meditation ist anders. Er wird durch nichts begrenzt. In der Meditation sind alle Sinne ebenmäßig ausbalanciert – sie sind gleichzeitig hellwach und schlafen. Wie es ist, wenn sie von außen verschlossen sind und doch gleichmäßig hellwach, kann nicht in Worten beschrieben werden; das müssen wir erleben.

Meditationsübungen werden individuell verschrieben; eine Methode, die für den einen gut ist, kann für eine andere nicht gut sein. Es gibt ein orientalisches Symbol, eine Art Spielzeug – die drei Affen: Einer verdeckt die Augen, der andere die Ohren und der dritte den Mund. Das ist der Grundgedanke der Meditation, der Schlüssel für die innere Ausdehnung. Wir können dieses Symbol im täglichen Leben jedoch auch ethisch betrachten, aus einem moralischen Blickwinkel, dann bedeutet es, nichts Schlechtes zu hören, nichts Schlechtes zu sehen und nichts Schlechtes zu sagen. Wenn wir dieses Gelübde ablegen, können wir damit viel erreichen; wenn wir diese drei Dinge im täglichen Leben praktizieren, kann uns das auf dem Weg weit bringen; niemals feindlich gegen jemanden sprechen, nicht zuhören, wenn gegen jemanden feindlich gesprochen wird, und niemals etwas Schlechtes sehen. Wenn wir aber unsere Augen schließen, ohne unsere Ohren und unsere Lippen zu verschließen, erreichen wir gar nichts.

Man könnte sich fragen, ob die Entwicklung des inneren Bewusstseins dazu führt, sich persönlich zu isolieren und von der Welt abzuwenden. Nun, wir sind in der Welt, und deshalb werden wir immer wieder auf die Erde zurückgeworfen, wie sehr wir auch versuchen, uns in spirituelle Sphären zurückzuziehen. Wir sind hier so lange gebunden, wie wir diesen irdischen Körper haben. Deshalb ist es das Beste, anders zu verfahren. Wir sollten innere Bewusstseinserweiterung gewinnen, und zweifelsohne müssen wir in dieser Zeit nach innen gehen und uns vor der äußeren Welt verschließen. Gleichzeitig sollten wir aber auch nach der äußeren Bewusstseinserweiterung streben. So entsteht ein Gleichgewicht.

Wenn wir uns nur spirituell entwickeln, entwickeln wir uns einseitig; wir erweitern nur unser inneres Bewusstsein, aber nicht das äußere. So geraten wir aus dem Gleichgewicht. Vielleicht haben wir dann ganz besondere spirituelle Kräfte, aber wir sind nicht in Harmonie. Das ist der Grund dafür, dass viele Leute denken, bei spirituellen Menschen stimme etwas im Kopf nicht. Wenn es tatsächlich das ist, was die Welt darin sieht, dann sollten wir äußerst behutsam sein, um der Welt keinen falschen Eindruck zu vermitteln. Wenn wir einen Beruf haben, im Geschäftsleben oder in der Industrie sind, sollten wir dort vollständig anwesend sein und der Welt beweisen, dass wir genauso praktisch und ökonomisch sein können wie alle anderen, ordentlich in jeder Weise, systematisch, ausdauernd und enthusiastisch. Wir sollten all diese Qualitäten aufweisen und uns gleichzeitig spirituell entwickeln; doch diese Qualitäten müssen der größte Beweis unserer Spiritualität sein.

HAZRAT INAYAT KHAN

Hazrat Inayat Khan wurde 1882 in Baroda, Indien, geboren. Schon als Kind erhielt er eine Ausbildung in klassischer hindustanischer Musik und wurde bereits in jungen Jahren Musikprofessor. Auf ausgedehnten Reisen durch den indischen Subkontinent gewann er große Anerkennung am Hofe der Maharajas und bekam vom Nizam von Hyderabad den Titel Tansen-uz-Zaman (bedeutendster Musiker Indiens) verliehen.

In Hyderabad wurde Hazrat Inayat Khan Schüler von Sayyid Abu Hashim Madani, der ihn in die Traditionen der Chishti-, Suhrawardi-, Qadiri- und Naqshbandi-Abstammungslinien des Sufismus einführte und ihm schließlich seinen Segen erteilte für den Auftrag, „in die Welt hinaus zu reisen".

Im Jahre 1910 begab er sich per Schiff in die Vereinigten Staaten von Amerika, begleitet von seinem Bruder Maheboob Khan und seinem Vetter Mohammed Ali Khan. Im Laufe der anschließenden sechzehn Jahre unternahm er weite Reisen durch die Vereinigten Staaten und Europa, wo er lehrte und den ersten Sufi-Orden im Westen gründete.

In London heiratete Hazrat Inayat Khan Ora Ray Baker. Sie hatten vier Kinder, die während des Ersten Weltkriegs in London und danach in Suresnes, Frankreich, aufwuchsen, wo um ihr Wohnhaus mit dem

Namen Fazal Manzil herum eine kleine Sufi-Siedlung entstand.

Die Türen standen offen für Menschen jeglichen Glaubens. Hazrat Inayat Khans Vorträge und spirituelle Anleitungen sprachen stärker die eigene Erfahrung seiner Zuhörer und Zuhörerinnen an als ihre religiösen Überzeugungen. Sie beleuchteten vor allem zwei miteinander verbundene Themen: die Gegenwart Gottes in der Tiefe der menschlichen Seele und die Vernetzung aller Menschen. Zahlreiche Bücher wurden sowohl während seiner Lebenszeit als auch posthum aus seinen Lehrreden zusammengestellt.

Im September 1926 nahm er Abschied von seiner Familie und seinen Anhängern und Anhängerinnen und kehrte nach Indien zurück. Am 5. Februar 1927 starb er und wurde in New Delhi begraben.

Hazrat Inayat Khan

Bücher für Menschen auf dem inneren Pfad

VERLAG HEILBRONN

Heilung aus der Tiefe der Seele

Mystik und geistige Heilung

In diesem Buch geht es vor allem darum, innerlich zur Ruhe zu kommen, das wahre Selbst in uns von falschen Identifikationen zu lösen und zu befreien, um es dann zu verwirklichen. Das wahre Selbst ist frei von jeglichen Krankheiten und Traumen, da es immer heil und göttlich ist. Die tiefe Weisheit der Worte von Hazrat Inayat Khan erreichen direkt das Herz der Leserinnen und Leser.

Die Seele – woher und wohin

Die Reise der Seele

Hazrat Inayat Khan beschreibt den Weg der Seele, die sich als ein Lichtstrahl aus der Einheit Gottes löst, sich ein Gewand aus Gedanken und Gefühlen zulegt und dann einen physischen Körper, um den Zweck der Schöpfung zu erfüllen, alles mit göttlichem Bewusstsein zu durchdringen.

Die Gathas – Weisheit der Sufis

Lehren für seine Schülerinnen und Schüler

Ursprünglich waren die Gathas für die Innere Schule der Sufi-Bewegung bestimmt.
Sie enthalten Anleitungen zu sieben verschiedenen Themen: Aberglaube, Bräuche und Volksglaube; Einsicht; Symbolik; Atem; Kultivierung des Herzens; Alltagsleben und Metaphysik.

Meisterschaft

Spirituelle Verwirklichung in dieser Welt

Viele Leserinnen und Leser halten das Buch „Meisterschaft" von Hazrat Inayat Khan für eines der hilfreichsten Werke seiner Lehren. Erfolgreich zu sein in weltlichen Angelegenheiten wird in diesem Band nicht als ein Hindernis auf dem spirituellen Pfad betrachtet. Vielmehr ist es ein geschicktes Mittel dafür, wie wir das erhalten, was wir uns wünschen. Dadurch erfüllen wir letztendlich auch die Bestimmung unseres Lebens.

Universaler Sufismus

Ein interreligiöser Weg zu spirituellem Wachstum

VERLAG
HEILBRONN

Ritterliche Tugenden im Alten Orient

Edelmut, Tapferkeit und mystische Suche
von Pir Zia Inayat-Khan

„Ritterliche Tugenden im Alten Orient ist eine geniale Darstellung der Sufi-Lehren, in kunstvoller Weise zum Ausdruck gebracht durch eine Gestalt aus dem tiefsinnigsten der mittelalterlichen Ritterromane rund um den Gral. Eine lohnende Leseerfahrung!"
Carl W. Ernst, Autor von How to Read the Qur'an

Musik und Meditation

von Pir Vilayat Inayat Khan
und Aeoliah Christa Muckenheim

Die Begegnung mit Pir Vilayat Inayat Khan verwandelt das Leben der professionellen Musikerin Aeoliah Christa Muckenheim.
Ein Praxisbeispiel über die heilende und transformierende Kraft von Musik und Meditation.

Firos Holterman ten Hove

Die Seele der Blumen

Heilende Blüten-Essenzen

Die Seele der Steine

Heilende Mineral-Elixiere

Das Heilige Buch der Natur

Spirituelle Ökologie

EDITION KALIM – Spirituelle Wegbegleiter | Geschenkbücher

Meditation – Ein Thema für jeden Tag
von Hazrat Inayat Khan und Pir Vilayat Inayat Khan

Bird Language
von Pir Zia Inayat-Khan

Gebet – Atem der Seele
von Hazrat Inayat Khan

Der Sinn des Lebens
von Hazrat Inayat Khan

Dem Einen entgegen
von Wim van der Zwan

Die Sufi-Botschaft der spirituellen Freiheit von

Hazrat Inayat Khan

Centennial Edition
13-bändige Jubiläumsausgabe

Die Werke von Hazrat Pir-o-Murshid Inayat Khan zählen zu den großen spirituellen Schätzen dieser Welt. Sie sind tief in der Sufi-Tradition verwurzelt und zugleich absolut einmalig in ihrem Erkenntnisgehalt und Ausdruck. Hazrat Inayat Khans Lehren sind heutzutage immer noch genauso wirkungsvoll und aussagekräftig wie vor einem Jahrhundert, als er sie zuerst vermittelt hat. Diese Lehren enthalten eine Botschaft, die den Verstand und das Herz eines jeden Menschen sowie die Menschheit als Ganzes anspricht.

„Worte, die die Seele erleuchten, sind wertvoller als Juwelen."
Pir Zia Inayat-Khan

Band 1
Das Innere Leben

Die Volumes der Sufi-Botschaft sind ein kostbarer Schatz.
Der erste Band beinhaltet folgende 4 Bücher:
Das Innere Leben
Die Seele – woher und wohin
Der Sinn des Leben
Der Weg der Erleuchtung

Verlag Heilbronn 2018 | 477 Seiten | ISBN 978-3-936246-34-6

Band 2
Die Mystik des Klangs

Wer das Geheimnis des Klangs kennt,
kennt das gesamte Universum.
Der zweite Band beinhaltet folgende 4 Bücher:
Die Mystik des Klangs
Musik
Die Macht des Wortes
Die Sprache des Kosmos

Verlag Heilbronn 2019 | 326 Seiten | ISBN 978-3-936246-39-1

Es ist geplant, jährlich einen der 13 Bände herauszubringen.
Band 3 erscheint 2020 – Englischer Originaltitel: The Art of Personality.

Weitere und aktuelle Informationen finden Sie unter: www.verlag-heilbronn.de

Weitere Informationen erhalten Sie über folgende Links

Der Inayati-Orden Deutschland e. V.
www.inayatiorden.de

Inayatiorden Österreich
www.sufiorden.at

Der Inayati Orden Schweiz
www.sufismus.ch

International Sufi Movement
www.sufimovement.org

Sufi-Bewegung Deutschland
www.sufi-bewegung.de

Sufi Ruhaniat International
www.ruhaniat.org

Sufi Ruhaniat Deutschland
www.ruhaniat.de

Tänze des Universellen Friedens
www.friedenstaenze.de

Abrahamic Reunion e.V.
www.abrahamicreunion.org

Musik für Frieden und Völkerverständigung e. V.
www.music-for-peace.net

Förderverein Sufi-Saint-School
www.sufi-saint-school-ev.de

Hope Project
www.hope-project.de

Buch und Mystik e. V .
www.buchundmystik.de

VERLAG
HEILBRONN

Verlag Heilbronn
www.verlag-heilbronn.de • info@verlag-heilbronn.de